U0604315

真实型领导与团队-员工创造力的实证研究

郭玮 著

Authentic
Leadership
and
Team
Employee
Creativity:
A
Multi-level
Study

社会科学文献出版社
SOCIAL SCIENCES ACADEMIC PRESS (CHINA)

摘　要

　　员工创造力决定了企业未来生存的潜力，富有创造力的员工是企业生存和获得竞争优势的关键。随着科学技术的综合化发展，基于群体协作甚至跨组织合作的 R&D 团队逐步取代孤胆英雄式的员工个体创新模式，成为组织创新的直接推动力量。与此同时，那些能够同时激发员工个体和团队整体创造力的领导者得到实务界的广泛推崇。另外，基于领导者个人品质、楷模作用和奉献而影响下属价值观与道德观的真实型领导（Authentic Leadership）理论，已成为西方领导学研究的前沿领域。该理论与强调领导者以"德"为先的中华传统文化正契合。因而，本研究围绕"真实型领导如何在员工个体和团队整体两个层次上对创造力产生影响"这一基本问题，运用多层次研究方法，对我国 113 个研发团队的领导者及其 574 名成员展开了实证研究。

　　第一，本研究将在中国情境下，开展对真实型领导的实证研究。在对领导者的评价方面，中国人对领导概念化的构成方式与西方人的理解也不尽相同，中国人虽然也认同领导者的工作职能和团队维系职能是评价领导行为有效性的最重要组成部分，但与之不同的是，中国人对领导者的道德品质充满着无尽的期待和较高的要求。人们往往期望领导者能做到"德才兼备"，认为德才兼备的领导者会为员工个体以及整个团队树立起先锋模范形象，并引导积极的个体行为和团队行为。因此，在中国情境下研究和探讨真实氛围、真实型领导对员工个体与团队整体行为的影响将有助于丰富领导行为的理论内涵，诠释领导者的非能力因素对员工行为以及团队行为的作用机理。

第二，本研究将真实型领导引入创造力研究领域。现有研究仍局限于员工个体层次，着重探讨变革型领导、支持型领导对员工创造力的影响和作用机制，这存在两点不足。一是在领导风格的选择上，仅重视领导者的"才"，即管理的有效性对员工创造力的影响，而忽视了领导者的"德"对员工创造力的影响。事实上，有效领导者的"德"，也会对下属的一系列态度产生影响。当下属感知到真实领导者的以身作则和知人善用等特质时，下属对领导者的上级支持感也会提高，进而有效地促进员工创造力的提升。二是在研究方法上仍局限于员工个体层次，既无法解释领导者如何通过影响团队整体的内在氛围对团队创造力产生作用，也难以说明此种氛围如何对员工创造力的跨层次作用。基于以上分析，本研究将构建真实氛围、真实型领导与创造力的多层次研究模型，着重探讨真实氛围与团队创造力、真实型领导及真实氛围与员工创造力之间的跨层次逻辑关系，探索和揭示个体层次的上级支持在真实型领导与员工创造力之间，以及团队层次的团队协力在真实氛围与团队创造力之间的中介作用，并进一步检验真实氛围如何通过上述中介变量对员工创造力产生跨层次的影响。

第三，本研究进行了西方量表的中国情境化检验。为了确保测量工具的效度与信度，作者采用国外顶级学术期刊上现有文献已使用过的量表作为实证资料的工具，为团队负责人和成员分别设计了两套问卷。由团队成员评价领导者的真实型领导、上级支持、团队协力、团队创造力，再请团队领导者为每个团队成员的个体创造力打分，还选取了反映员工和领导者个体特征以及反映团队特征、团队规模、团队发展阶段、团队任务进展状态等作为控制变量。在正式调查之前，笔者邀请了武汉市三个 R&D 团队的 2 名负责人（分别拥有 5 年、8 年的团队管理经验），以及平均工作年限在 3.15 年以上的成员 8 人，分 5 次与研究对象小组讨论（每次邀请 1~3 人），改进了问卷条目。2010 年 4 月至 8 月，笔者在北京、上海、深圳、武汉、荆门、成都、南京、苏州、呼和浩特等 13 个城市进行实地调研和问卷调查。

第四，在上述结论的基础上，本研究总结了员工个体、团队整体两个层次上真实型领导对创造力的作用机理，并指出其他控制变量对创造力激发的影响，证明了真实型领导能在不同层次上对创造力产生正向作用，发现了团队整体的团队协力、员工个体感知的上级支持是整合研发团队的资源优势，进而提升研发团队个体与整体创造力的路径与方法。

本研究结果对于丰富真实型领导、创造力理论，指导我国 R&D 团队领导者的实践工作具有重要意义。其创新点主要体现在四个方面：（1）将真实型领导的实证研究拓展到团队层次，证明了真实型领导普遍以真实氛围存在；（2）发现了真实氛围、真实型领导对创造力的多层次影响机制，为领导力与创造力的整合研究提供了新的方向；（3）探明了上级支持、团队协力在真实氛围影响员工创造力、团队创造力的过程中起中介作用，搭建了真实氛围与创造力研究的"桥梁"；（4）对西方学者提出的真实型领导理论进行了中国本土化的情境检验。

由于笔者个人能力有限，以及受各种客观原因的限制，本研究仍存在着横截面研究、抽样方式、调查对象、测量方法等方面的限制，希望后续研究能有所改进。

关键词： 真实氛围　真实型领导　创造力　多层次模型　R&D 团队

Abstract

Creativity of employee is a critical factor to the competitive advantage and organizational survival. With the comprehensive development of science and technology, collaborative community – based cross – organizational cooperation, has replaced the lonely hero's individual employee innovation model gradually and been the direct driving force for organizational innovation in a R&D team. Leaders, who can inspire employee creativity and team creativity at the same time, are widely commended in practice. Furthermore, authentic leadership theory, which based on the personal qualities of leadership, dedication and exemplary role and impact of Subordinate's values, has led the study of Western frontier. This "virtue" leader theory has a great agreement with Chinese traditional culture. Therefore, this research focuses on "How does the authentic leadership impact the creativity on the individual and team level".

Firstly, this research proves the existence of authentic leadership in China. When Chinese evaluated a leader, people tend to expect leaders can be "equal ability and virtue integrity". Although Chinese admitsthat the team organization and team sustain function remainthe necessary part of leaders' work, the leader's virtue quality also attracts special attentions. It's due to the different understanding of the leaders' conceptualization between Chinese and westerners. A leader having equal ability and virtue integrity can lead to positive the behavior of the individual and team behavior. Therefore, studies on the authentic leadership in the Chinese context leadership, employee behavior and the influence of team behavior will help us enrich theoretical.

Secondly, this research establishes the relationship between creativity and authentic leadership. All previous work sfocused on individual level study, such as transformational leadership, supportive leadership and individual employee creativity. There are two disadvantages in these studies: (1) caring "Efficiency", the effectiveness of management of the impact on employee creativity, too much; but ignore the impact of leader's "virtue" on employee creativity. In fact, leader's "virtue" will also affect the attitude of subordinate series. When subordinates perceive the authentic leader by example, they will feel more superior support, thus this feeling will promote the upgrading of employee creativity. (2) The research methods in previous works were limited at individual－level. All these works can't explain how the leader affects the team creativity by the internal climate of the whole team and the effect of authentic climate on employee creativity. Based on the above analysis, this study will build a relationship between the authentic climate, authentic leadership and creativity on the multi－level perspective, which will focus on the logical relationship among the authentic climate, authentic leadership and employee creativity.

Thirdly, this research tests the western scale in the context of China. To guarantee the reliability and validity of the measurement instrument, the author tried to adopt the existing scales developed in previous works as the empirical evidence. In this test, employees will evaluate the authentic leadership, superior support, team mutual and team creativity, and also team leaders can evaluate the employee creativity. In this test, some controlling variables, such as employee and leaders' individual characteristics, team characteristics of team size, team development stage and task progress status, were selected. Before large scale investigation, in order to achieve the research objectives the author invited two team leaders (one with 5 years', another with 8 years' team leader experience) and eight R&D team members (average with 3.15 years' R&D team work experience) who work in Wuhan to take part in our research. Then, the author divided them into five groups (each group invite one to three) to have a face – to – face discussion group. Some changes were made on questionnaire items, question sequence, word expressions according to the result of pretest. The date was collected from 13 cities and 113 R&D teams during the period of April to August 2010.

Finally, according to the above analysis, this research has a deeply insight into the mechanism between the employee creativity and individual – level/ team – level authentic leadership. It proves that the authentic leadership has a positively relationship to employee creativity at different level. The research also shows that team mutual action and superior support are the effective methods to improve the creativity of the R&D team.

The destinations of this dissertation are to enrich authentic leadership and creativity theory and have a great significance to guide China's R&D

team leader's practice work. The four contributions of this work are focused on: (1) Developing authentic leadership's empirical study from individual level to team level, and proving authentic leadership in the team; (2) Finding a multiple levels mechanisms among the authentic climate, authentic leadership and creative, a new direction for the integration of leadership and creativity research; (3) Proving that superior support can mediate positively between authentic climate and employee creativity, team mutual action has a positively affect between authentic climate and team creativity, and building a "bridges" between authentic climate and creativity; (4) Testing the theory of authentic leadership which was developed by the western scholars in the Chinese Localization.

Finally, due to the limitation of the author's knowledge and ability, as well as some external limitations, this research remains some limitations such as nonrandomized sampling, cross – sectional research and limited survey objectives. Much improvement is needed in future studies.

Key Words: Authentic Climate; Authentic leadership; Creativity; Multi – level model; R&D team

前　言

本研究的创新点主要体现在以下四个方面。

第一，本研究将真实型领导的实证研究拓展到团队层次，证明了真实型领导普遍以真实氛围存在。作为一种新兴的领导风格，真实型领导理论的实证研究成果十分有限，且局限于员工个体层次的研究，如多探讨其对下属工作、情感产出的影响，缺乏团队层次的真实型领导实证研究。本研究的实证结果表明，真实型领导在团队层次上是客观存在的，并且普遍地以真实型氛围出现。同时，无论是在团队层次还是在个体层次上，真实氛围比真实型领导对创造力更具有预测作用。这些观点在一定程度上拓展了真实型领导理论的研究层次，深化了对真实型领导的理解，丰富了真实型领导理论。

第二，本研究发现了真实氛围、真实型领导对创造力的多层次影响机制，为领导力与创造力的整合研究提供了新的方向。关于领导力与创造力的已有研究仅局限于员工个体层面，着重探讨变革型领导、支持型领导对员工创造力的影响及其作用机制，这种单一层次的研究，既无法解释领导者如何通过影响团队整体的内在氛围对团队创造力产生作用，也难以说明此种氛围如何对员工创造力的跨层次作用。因此，本研究采用多层次模型，实证了个体层次的真实型领导与团队层次的真实氛围对创造力的影响机制。研究发现，个体层次的真实型领导对员工创造力有正向的影响，弥补了两者关系的实证研究；团队层次的真实氛围不仅对员工创造力有正向的影响，而且对团队创造力也有正向的影响。基于研究结论，本研究构建了真实氛围、真实型领导与创造力的多层次影响模型，这为真实型领导与创造力的整合研究提供了新启示。

第三，本研究探明了上级支持、团队协力在真实氛围影响员工创造力、团队创造力过程中的中介作用，搭建了真实氛围与创造力研究的"桥梁"。本研究首次将真实型领导引入创造力研究领域，证明了真实氛围、真实型领导对创造力的正向作用，并进一步挖掘了个体层次、团队层次上的不同作用机制。本研究结果表明：对员工个体而言，真实型领导能直接作用于员工创造力，而团队层次的真实氛围则通过上级支持影响员工创造力；对团队整体而言，当成员感知到其领导者在团队中营造的真实氛围时，团队中将产生更多的团队协力行为，如成员间互助和人际支持，进而激发团队创造力，即真实氛围是通过团队协力影响团队创造力的。这一研究发现增加了对真实氛围与创造力中间关系的理解，在一定程度上打开了真实氛围与创造力之间的"黑箱"。

第四，对西方学者提出的真实型领导理论进行了中国本土化的情境检验。本研究以我国 R&D 团队为研究对象，在借鉴和修订国外成熟量表的基础上开发了适合我国 R&D 团队的真实型领导及创造力等多项量表，并进行了规范的实证研究。这是一种情境研究，有利于验证基于西方实践发展起来的相关理论的外部效度，将本土化的研究结果与西方现有的研究理论进行跨文化比较，支持并深化已有西方研究成果。

目录
CONTENTS

图目录

表目录

第一章

❧❀❧

绪　论

　　创新是一个民族进步的灵魂，是一个国家兴旺发达的不竭动力，也是中华民族最深沉的民族禀赋。[①] 纵观中华民族五千余年的发展史，先后涌现出印刷术、指南针、火药和造纸等多项领先世界的原始创新成果，本身就是一部不断创造、持续创新的创造力发展史。党的十八大在科学分析国内外形势、全面判断国家战略需求的基础上，明确指出"科技创新为提高社会生产力和综合国力的战略支撑，是国家发展全局的核心"，对科技创新在建设中国特色社会主义总布局中的重要作用进行了高度概括，进一步明确了新形势下的科技创新工作定位。[②] 作为科技创新载体的科技工

---

① 习近平在欧美同学会成立 100 周年庆祝大会上的讲话，广西新闻网，2013 年 10 月 21 日，http://www.gxnews.com.cn/staticpages/20131021/newgx52650e77 - 8791342 - 2.shtml。

② 《学习贯彻党的十八大精神：发挥好科技创新的战略支撑作用》，《科技日报》2012 年 11 月 23 日。

作者，他们解决问题的新方法、新思路既是其创造力的体现，也是推动我国科技创新能力提升的智力引擎。如何最大化地激发和挖掘科技工作者的创造力，培养大批出类拔萃、思维敏捷、勇于创造的人才，决定了我国科技事业发展的成败。

特别是科学技术的综合化发展风潮出现后，基于群体协作甚至是跨部门、跨组织合作的 R&D 团队工作方式，逐步取代单个员工独立工作的创新模式，成为各类组织创新的直接推动力量。为了寻找最富领导效能的团队领导者，学术界和实业界将关注焦点转向可以同时激发员工创造力与团队创造力的领导者。近年来，西方学者继道德型领导、伦理型领导、变革型领导之后，又提出了一种融合积极心理学、积极组织学和道德学等多个学科领域最新成果的真实型领导理论。它通过不断增强领导者的自我意识、内化道德观、持续提升与下属工作关系的透明度，来逐步实现下属与其自身积极自我发展的领导方式（Luthans & Avolio，2003；Avolio & Gardner，2005；Walumbwa，Wang，Wang，Schaubroeck & Avolio，2010；郭玮，李燕萍，杜旌，陶厚永，2012），这与我国传统文化中，以"德"为先的文化有着较好的契合。这是由于东方文化中，人们普遍对领导者的道德品质有着较高的要求和期待。例如，身先士卒、上勤下顺等成语都折射出领导者个体品质对员工行为的影响。中国人多认为，领导者只有做到"德才兼备"才能在组织中、团队中起到先锋模范作用，通过自身的榜样模范作用，促进员工个体与团队整体工作效能的提升。因此，本书试图研究中国情境下，团队领导者如何通过自身的个人品质、领导行为和领导方式对下属的价值观和道德观产生影响，揭示领导者的非能力因素对员工个体和团队整体行为的作用机理（郭玮，李燕萍，杜旌，陶厚永，2012）。进而，为增强我国一线科技工作者的创造力，提升研发团队领导者的科研领导能力，提出有针对性的政策与建议，为我国培养一支规模宏大、善于创新、不断进取的科技创新人才队伍做贡献。

本章旨在介绍本书研究选题的背景、研究目的与研究意义的基础上，提出本书的研究内容、研究方法、技术路线以及主要创新点。

第一节 研究背景、目的与意义

一 研究背景与目的

（一）激发创造力是实现"中国梦"的内在要求

创造力是指新奇且有用的想法或事物，包括生产新的产品、革新服务方式、改进生产流程及管理过程再造等。它是一个组织、一个民族、一个国家在激烈的竞争中得以生存、革新和发展的基石（Amabile，1988；郭玮，李燕萍，杜旌，陶厚永，2012），是人类社会发展的动力之源。回首过去，是"中国制造"异军突起、突飞猛进的三十余年。短短数十载，中国成为全球最大的贸易国、最大的高新技术产品出口国和最大的专利申请国，不仅稳坐世界工场的头把交椅，更跃升为仅次于美国的全球第二经济大国。在经济、社会、文化等诸多领域中，都孕育着中国式创造力的萌芽。[1] 然而，粗放的经济增长模式，也让我们付出了高昂的代价，从脆弱的生态环境污

----

[1] 马光远：《中国创造力报告（2012~2013）：创新驱动中国梦》，社会科学文献出版社，2013。

染（如弥漫大半个国土的雾霾、饱受重金属污染的土壤、缺水和水污染问题等[①]）到日益拉大贫富差距[②]，正逐步滑入中等收入陷阱，这一切亟须完成由"中国制造"向"中国创造"的转变。

党的十八大报告先后 19 次提到"创新"，反复强调要"将科技创新作为提高社会生产力和综合国力的战略支撑，必须摆在国家全局的核心位置""牢牢把握发展实体经济这一坚实基础，推进更加有利于实体经济发展的政策措施"。力争到 2020 年，我国"基本建成适应社会主义市场经济体制、符合科技发展规律的中国特色国家创新体系，原始创新能力明显提高，集成创新、引进消化吸收再创新能力大幅增强；关键领域的科学研究实现原创性重大突破，战略性高技术领域技术研发实现跨越式发展，若干领域创新成果进入世界前列；创新环境更加优化，创新效益大幅提高，创新人才竞相涌现，科技支撑引领经济社会发展能力大幅提升，进入创新型国家行列"[③]。2013 年，党的十八届三中全会报告指出，建设创新型国家要激发人民的积极性、主动性和创造性[④]，以科技创新推动改革；要加快推进国家创新体系建设；建立以企业为主体的创新技术体系；要全面深化改革，突出自主创新能力，大幅提高国家竞争力；创造良好氛围，实施国家高层次人才特殊支持计划等培养造就一大批富有创新精神

---

① 《中国环境污染现状分析》，中商情报网，2013 年 3 月 19 日，http：//www. aski. com/news/2013/19/1911441429186. shtml。

② 《研究者称中国基尼系数连续上升，贫富差距逐步拉大》，中国新闻网，2009 年 5 月 18 日，http//news. china. com/zh. cn/domestic/945/20090518/15486331. html。

③ 《胡锦涛十八大报告》（全文），中国网，2012 年 11 月 20 日，http：//news. china. com. cn/pohtics/2012－11/20/content_ 27/65856. htm。

④ 《全面把握群众路线与实现中国梦的内在联系》，《经济日报》2013 年 7 月 9 日，http：www. qstheory. cn/zl/blyx/201307/t20130709－247232. htm。

的社会主义建设者；鼓励文化创新、科技创新，努力培育全社会的创新精神；解决科技和经济"两张皮"、关键技术自给率低、科技人员创造力难以发挥的问题。[①] 李克强总理的首次《政府工作报告》更指明建设创新型国家要靠完善创新体系和科技创新激励机制；要坚持改革和创新双轮驱动。[②]

因此，建设创新型国家，是中国从大国走向强国，实现中华民族伟大复兴"中国梦"的必经之路[③]。作为创新第一步的创造力，它的强弱决定了中国的未来，决定了我国社会经济、文化和谐发展的进程，是实现"经济建设、政治建设、文化建设、社会建设、生态文明建设"五位一体和谐发展的内驱力。这是一场方兴未艾的产业革命，是一场开创未来的社会革新，也是一场包罗万象的文明创新。在经济结构调整、产业升级、社会治理创新的深度改革背景下，发现推动中国经济、文化、社会进步的创造力，需要政府、企业和科技工作者的共同努力。如何将科技创新从国家宏观政策落实到具体的企业管理、团队管理和员工创造力激励中，让科技创新在构建社会主义和谐社会、建设有中国特色的社会主义社会中起到关键性的作用，使科技创新成为实现"中国梦"的"发动机"，推动我国经济、社会可持续发展，为中华民族的伟大复兴和腾飞提供源源不断的强大推动力，创造出无愧于祖国、无愧于人民、无愧于时代的

---

① 《践行创新驱动发展战略》，漳州新闻网，2013 年 11 月 9 日，http：//www. 22news. cn/zhuanti/syslem/2013/11/09/010157217. shtml。

② 2014 政府工作报告《坚持稳中求进，改革创新双轮驱动》，凤凰网，2014 年 3 月 6 日，http：//finance. ifeng. com/a/20140306/11814642_ 0. shtml。

③ 晓明江：《为实现中国梦凝聚强大力量》，《经济日报》，2013 年 11 月 15 日，http：//theory. people. com. cn/n/2013/1115/c359404 - 23552039. html。

光辉业绩，这是企业经营者和科技工作者义不容辞的光荣使命与时代担当。

(二) 激发员工创造力是我国建设创新型国家的迫切需求

"科技兴则国家兴，科技强则国家强。"[①] 2008 年爆发的金融危机对世界经济发展已经产生巨大影响。近年来，中国政府采取了一系列积极稳健的经济政策。但是，从科技创新周期和经济发展规律来看，它是全球经济从工业化时代逐步转向以知识密集型服务业创新为代表的技术革命浪潮的反映（王黎萤，2009）。这次危机不可避免地带来了巨大的经济和社会动荡，也使我国加大对科技创新的投入、加快对新兴技术和产业发展的布局，力争通过发展新技术、培育新产业，创造新的经济增长点，为我国率先走出危机，抢占新一轮经济增长的战略制高点提供了机遇[②]。

然而，与发达国家相比，我国的科技事业还存在以下方面的不足。首先，科技人才的创新性不足，是我国人才队伍存在的一个突出问题。目前，我国现有科技人力资源总量已达 3200 万人，研发人员总数达 105 万人，分别居世界第一位和第二位，也已经具备一定的自主创新能力，在生物、纳米、航天等重要领域开发能力已跻身世界先进行列。但我国科技创新能力相对较弱却是不争的事实。据有关研究报告，2004 年我国科技创新能力在 49 个主要国家（占世

---

① 《习近平强调"科技强则国家强"语重心长》，人民网—中国共产党新闻网，2013 年 7 月 18 日，http：//cpc．people．com．cn/pinglun/n/2013/0718/c241220－22241078．html。

② 万钢：《把握产业调整机遇发展战略性新兴产业》，中财网，2010 年 1 月 2 日，http：//www．cfi．net．cn/p20100102000133．html。

界 GDP 的 92%) 中居第 24 位，处于中等水平。其次，科技进步对经济增长贡献率长期低于 30%，[①] 发达国家科技进步对经济增长的贡献率已达到 70% ~ 80%。两者相比存在巨大差距。[②] 最后，在国际竞争中，我国还存在关键技术自给率低、自主创新能力不强；高新技术产业在整个国民经济中所占的比例不高，产业技术的一些关键领域存在较大的对外技术依赖，不少高技术含量和高附加值产品主要依赖进口等问题。[③]

为了应对国内外经济形势的不断变幻和日益激烈的国际竞争压力，"创新驱动发展战略"首次被写入党的十八大报告中。该战略创造性地将"科技创新"作为提高社会生产力和综合国力的战略支撑，将其置于国家发展全局的核心位置。这一方面表明我国已在创新型国家建设方面取得一些较为显著的成效，由"中国制造"向"中国智造"、"中国代工"向"中国创造"的转变速度有所加快；另一方面，也表明未来的科技创新中将更多地融入国际化、大科学的外部因素，以全球视野谋划和推动创新，持续提升我国的原始创新、集成创新和引进消化吸收再创新能力，在未来的产品研发、科技创造中更加注重多主体、多学科、多形式的协同创新。

在新的经济形势下，让企业成为从事研究与开发活动的创新主体，才能创造更高、更多、更好的产品和服务，真正提升我国的自

---

① 吴建强：《经济增长理论与技术进步对中国经济增长的贡献分析》，四川省社会科学院，2008 年 4 月 9 日，http：//www. sass. cn/news. asp？NewsID = 6124。

② 穆荣平：《创新型国家建设的若干问题》，《第五届中国科技政策与管理学术年会大会报告》，2009 年 10 月 16 日。

③ 《胡锦涛在全国科学技术大会上的讲话》（全文），新华网，2006 年 1 月 9 日，http：//news. xinhuanet. com/pelitics/2006 – 01/09/content_ 4031533. htm。

主创新能力。正如《世界是弯的》作者戴维·斯密克所建言的：从长期来看，中国经济的未来取决于创新思维和日益提升的科技创造力。可见，员工创造力不仅是建设创新型国家的动力之源，更是企业获得竞争优势的前提。数以万计的善于创新的科技人力资源既是企业创造力的源泉，也是推动我国理论创新、科技创新和市场创新的主力军。为了实现建设创新型国家这一宏伟战略目标，克服我国目前科技创新能力的不足，就必须坚持"科技创新，人才为本"，构建一支规模宏大、富有创造力的科技人才队伍，将我国科技人力资源大国的数量优势转变为科技人力资源强国的质量优势，最大限度地激发每个科技工作者的工作积极性，激励他们运用自身知识创造性地开展工作。因此，深入探析制约我国科技工作者创造力发挥的因素，寻求激发其创造力的方法，已成为我国建设创新型国家的迫切需要。

（三）提升 R&D 团队整体的创造力亟待研究

爱德华·波顿曾说"毫无疑问，创造力是最重要的人力资源。没有创造力，就没有进步，我们就会永远重复着同样的模式"。回眸人类历史的千年沧桑，是第一盏灯点亮了人类照明的新时代，是第一台蒸汽机撞开了工业革命的大门，是第一代留声机记录了人类的声音，是第一代光纤技术带领人类走向数字生活。从瓦特、爱迪生、斯科特到高锟，每一个创造者自身蕴含的巨大创造力，都以其对新颖性和创造性的要求改变着整个世界，成为人类科学技术进步史上不可缺少的推动力量。然而，伴随着大科技时代的来临，科学研究对象的复杂性越来越高，呈现多学科并进、交叉和融合式发展，并由此产生了新的科学前沿和新兴学科，出现了许多交叉学科、边缘学科和横断学科共同发展的态势。创造力的运行发展必须依赖于高效的组织和管理，诸如爱迪生、牛顿般的创造发明和科学发现方式很难出现。从科技研发的对象来看，其复杂性越来越高，来自经济和社会发展中的实践问题也常常需要运用多学科的知识才能够有效地解决，单科孤立发展已经变得越来越困难。为了完成一项复杂程度远远超出个体认知水平，且需要大量的信息处理和决策判断的科研任务，团队内部必须高效整合不同人员的科技优势资源，鼓励员工与多个具有不同专业知识的个体合作完成，以团队的工作方式来催生重大创新成果。因此，以组织化方式开展的团队创造行为日益普及，R&D 团队逐渐成为知识创造和技术创新的主体力量。

由于一项复杂的科学研究活动所涉及的知识过于广泛，在可以预计的情况下，大量新想法和新解决方案往往会来自不同的领域知识的碰撞，需要有多种知识背景的员工发挥创造力。因此，R&D 团队创造力不是个体创造力的简单加总（Simonton，2000），而是以团队内部成员之间知识、技能的相互共享、彼此交叉和进一步整合为路径，为团队成员创造基于问题情境的知识、技能共享空间，通过促进团队内外互补性知识、技能的相互转换和整合，进而发挥出比单个员工更大的知识协同效应和组合优势，完成个体员工所不能实现的团队创造力（Wang Ruan，2007）。

然而，在实际应用中，团队的整体创造力的发挥却常常出现两种截然不同的结果。一种团队的整体创造力高于个体员工创造力之和，能够产生更高效益，而另一种团队的整体创造力并不总能带来"1 + 1 + 1 > 3"的协同效应（Taggar，2002），中国古语中的"三个和尚没水吃"、"一人是龙，三人是虫"再次得到验证。由此可见，如何聚合团队中个体员工的创造力使他们发挥出大于个体之和的协同效应，不仅是实业界关注的焦点，也是亟待理论界解决的一个问题。

（四） 真实型领导是未来领导学发展的新方向

近年来不断涌现出安然事件、世通公司等丑闻和管理渎职案的曝光，企业管理者的各种不真实行为引起了学术界和企业界的广泛关注，企业界和学术界都开始了关于领导者"真实"问题的思考。2004 年 6 月，在美国内希拉斯加州的内希拉斯加林肯分校召开了第一届盖洛普领导研究所峰会（Inaugural Gallup Leadership Institute Summit），召集了不同背景的学者和管理者共同探讨真实型领导及其发展。此次大会提出了大量的原创性观点，加速了真实型领导基础理论的产生。大会共收到了八十余篇论文，其中七篇通过《领导学季刊》（*Leadership Quarterly*）的标准论文审核程序后，发表于《领导学季刊》2005 年第 16 期的《真实型领导》特刊。对于大会收到的另外一部分高质量论文，经汇集后作为一部关于真实型领导的论文集由 Elsevier 编辑出版（Avolio & Gardner，2005）。盖洛普领导研究所大会的召开及其会议论文成果的陆续发表，标志着西方领导学研究者对该新兴理论的重视。

真实型领导（Authentic Leadership）理论以积极心理学、积极组织学、道德学等相关领域的最新研究成果为基础，与强调领导者以"德"为先的中华传统文化有着较好的契合（郭玮，李燕萍，杜旌，陶厚永，2012）。它以一种员工认可"真实"的工作方式，即通过员工对领导者个人品质、楷模作用和无私奉献的认可来影响下属的价值观和道德观，帮助员工取得更好的个人绩效。在评价一个领导时，中国人对领导概念的理解与西方人不同，中国人尽管也认为组织的工作职能和团队维系职能是领导行为评价体系的必要部分，但领导者的道德品质却受到特别的重视。人们往往期望领导者能做到"德才并重"（凌文辁，方俐洛，艾卡尔，1991；任真，王登峰，2008）。那么，在中国情境下，西方学者所认为的领导者的"真实"是否一定能带来下属绩效的提高？与其他领导风格相比，它又是通过何种作用机制影响下属绩效的？这些都是需要实证研究来回答的问题。

（五）学术界急需关于领导力与创造力的实证研究

在当今组织面临的动态环境下，促进员工个体和团队整体的创造力成为当代领导力的特点之一。因此，越来越多的学者试图在理论和实证上探讨这一话题——在创造力情境中的领导力意味着什么（Mumford，Scott，Gaddis & Strange，2002；Shalley & Gilson，2004；Shalley，Zhou & Oldman，2004）。

尽管考察领导力与创造力的研究与日俱增，然而，到目前为止，这一领域的研究尚处于起始阶段，缺乏一个组织框架将创造力与领导力的相关研究归纳进来，以更好地衡量领导力对创造力产生的作用。虽然，现有研究已经从理论上提出了领导力可能对创造力产生影响的多层次性（Drazin，Glynn & Kazanjian，1999）。但领导力是如何在团队整体和员工个体两个层次上对创造力产生作用的，以及这两种作用的路径是什么还有待进一步研究。学者呼吁未来研究应着重检验领导力－创造力之间的关系是否都发生在"层次内"，探讨个体导向的领导力对个体员工创造力的影响（Madjar，Oldman & Pratt，2002；Oldman & Cummings，1996；Shung & Zhou，2003），或者团队层次上的领导力对团队创造力结果的影响（Kahai，Sosik & Avolio，1997；2003），或者探讨领导力可能存在的跨层次影响（Woodman，Sawyer & Griffin，1993）。

本研究的目的在于从真实型领导理论出发，聚焦于 R&D 团队中员工个体和团队整体的创造力这两个结果变量，从个体与团队两个层面上，分别研究真实氛围、真实型领导对员工创造力，真实氛围对团队创造力的作用关系及其作用机制。具体而言，一是检验三种直接作用，分别是真实型领导在团队内部形成的真实氛围对团队创造力及员工创造力产生影响的方向和大小，真实型领导对员工创造力的影响方向及大小；二是检验同一层次的两个中介效应，即真实氛围经由团队协力作用于团队创造力，真实型领导经由上级支持作用于员工创造力；三是检验跨层次的两个中介效应，即真实氛围经由团队协力（团队层次）作用于员工创造力，真实氛围经由上级支持（个体层次）作用于员工创造力。以构建真实氛围、真实型领导与创造力的多层次作用模型，探索真实型领导与创造力之间的作用关系及方向，找出提高 R&D 团队个体员工和团队整体的创造力被视为有效途径，为组织管理者、团队领导者提供建议。本研究将弥补以往研究的不足，进一步发展和完善领导力理论与创造力理论，为我国 R&D 团队的管理、科技活动人员的个体创造力开发和提升组织创新能力提供新的思路。

二　研究意义

真实型领导与创造力是领导学与组织行为学领域的两个新兴主题，它们正日益受到国内外学者的重视，但关注中国情境下真实型领导的实证研究尚付阙如，尤其是真实型领导与创造力这两者关系的检验缺乏。本研究将揭示真实型领导对 R&D 团队及其员工创造力的影响方向及大小，这无疑对真实型领导和创造力的理论与实践具有重要参考价值。

(一) 理论意义

本研究预期的理论意义主要体现在以下三个方面。

第一，发展中国情境下的真实型领导理论。作为一种新兴的领导风格，真实型领导理论的实证研究成果十分有限。西方学者的研究多局限于员工个体层面的研究，如探讨其对下属工作、情感产出的影响，我国学者的研究则更多是介绍型和文献综述型的理论研究，缺乏更高层次（如团队层次、组织层次）的真实型领导实证研究。本研究在中国情境下，将真实型领导扩展到了团队层次。

第二，探究真实氛围、真实型领导与员工创造力，真实氛围与团队创造力之间的中介效应，进一步完善创造力理论。已有研究多关注领导者的"才"，即管理的有效性对员工创造力的影响，忽视了领导者的"德"对员工创造力的影响。事实上，有效领导者的"德"，也会对下属的一系列态度产生影响。本研究以 113 个 R&D 团队的 574 名员工为研究对象，以与中国传统文化有着较好契合的真实型领导及其在团队内部形成的真实氛围作为自变量，以团队整体和员工个体的创造力为因变量，运用多层次研究方法，对上述变量之间的关系及作用机制进行研究，将进一步证实团队协力在真实氛围、真实型领导与员工创造力之间的中介作用，上级支持在真实氛围与团队创造力之间的正向作用，揭示了真实氛围、真实型领导与创造力之间关系的作用机制并提供有益的探索，完善和丰富了创造力理论。

第三，基于真实型领导、创造力理论对 R&D 团队的员工及整体创造力进行规范化的实证研究，有利于深化我国科技人力资源的创造力理论研究。本研究对基于西方管理实践而建立的真实型领导理论进行中国本土化检验。由于中国特定的传统文化与西方有着较大差异，人们对领导者"德才兼备"的内在期望与西方人只重视领导者的"才"有着较大区别，开展情境化研究非常重要。由文献检索可知，真实型领导正逐渐成为领导学研究的焦点。但我国相关的研究较少，且仅局限于文献式或介绍式的研究，缺乏对真实型领导的实证研究。本研究拟采用问卷调查法探讨 R&D 团队的真实型领导及真实氛围对员工创造力，真实氛围对团队创造力的影响，无疑有利于在借鉴国外现有研究理论的基础上，与西方研究结论进行跨文化的比较，对可能产生的差异进行解释，这将有利于深化真实型领导理论。

（二）现实意义

本研究通过探讨真实氛围对团队创造力及员工创造力、真实型领导对员工创造力的影响，为组织管理者和团队领导者提高 R&D 团队的个体创造力及整体创造力、科学研究人员个人创造力开发提供了重要的启示和借鉴，实践意义如下。

第一，管理者应该加强自身的道德修养，以个人道德感召力来领导下属。在管理 R&D 团队时，领导者应时刻以高道德标准要求自己，通过自身的道德模范作用，对员工的态度和行为产生积极影响；即使面对团队外部的压力也能做出与其内在价值观一致的行为；有意识地培养自己具有乐观、坚毅的个性特征，自信地面对创新过程中各种可能出现的失败与意外；深刻了解、认识到自身的优点和缺点，在创造性工作中扬长避短；勇于承认自身不足并对自己的行为负责，愿意为下属个人职业成功做出承诺；与员工共享团队决策所需的信息和知识；征求团队成员的反馈意见以改进上下级之间的互动关系；与下属保持亲近关系，展现自己的真实意思；鼓励下属发表不同意见；激发下属成就动机；提升下属自我效能感，不断改进现有领导方式。总之，真实型领导者应"严于律己，宽以待人"，以增强下属对其价值观的认同来实现对员工的感召力，进而作用于员工创造力的提升。

第二，管理者应重视团队内部真实氛围的营造。例如，领导者在团队中展现出的公共行为，以及团队中关于信息共享的各种政策、做法和程序。在团队工作情境下，团队成员更多地通过他们所处的团队情境来获得对真实氛围的感知。例如，某些员工可能由于工作原因与领导者见面、接触的机会较少，他们对领导者的了解更多的来自同事的评价。此时，同事对领导者领导风格的感知决定了员工个体对其风格的感知。因此，对于 R&D 团队而言，领导者在团队中着重营造一种"彼此信任、相互真诚"的氛围。在这种有利于团队内部信息、知识、情感共享的氛围下，一方面，有利于团队成员之间形成互帮互助的良好协力；另一方面，有利于员工增强领导对下属创新的上级支持感知，进而促进员工个体和团队整体创造力的共同提升。

第三，挖掘个体特征与团队特征的控制变量对创造力的多层次影响，为组织管理者及团队领导者的实践工作提供指南。首先，对组织管理者而言，①在招聘员工时，除了考察应聘者必需的工作技能和经验外，员工的受教育程度也要纳入重点考核指标，尽量录取获得本科以上学历的员工。②在选择团队领导者候选人时，应重"德"胜于重"学历"。③应为不同年龄、不同资质、不同学历的团队领导者设计不同的职业生涯管理。④应依据团队生命周期设计绩效考核体系。其次，对团队领导者而言，①团队领导者应注重自身的"德"对员工创造力和团队创造力的影响。②团队协力的中介作用表明来自团队内部其他成员的帮助和支持是提升团队整体创造力和员工个人创造力的重要途径，领导者应该鼓励团队内部成员之间的帮助和支持行为。

第二节　研究内容与研究方法

一　研究内容

本研究内容包括：回顾与评述国内外多层次导向的真实型领导、创造力研究以及领导风格、上级支持与员工创造力的相关研究，团队氛围、团队协力与团队创造力的相关研究，发现已有研究的贡献与不足或有待研究的问题；基于社会交换理论、内在动机理论、行为整合理论、组织认同理论和知识创造理论，构建真实氛围、真实型领导与创造力的多层次假设模型，并提出相应假设；采用问卷调查的研究方法，收集被试团队数据，再对数据进行整理和分析；基于对问卷的数据信息进行初步处理，系统揭示被试团队的整体特征，把握研究假设中各个变量的简单相关关系；验证真实氛围、真实型领导对员工创造力，真实氛围对团队创造力的直接效应和间接效应；运用多层次数据分析法，实证检验本模型中的四个中介作用，一是团队协力在真实氛围与员工创造力之间的中介作用，二是团队协力在真实氛围与团队创造力之间的中介作用，三是上级支持在真实型领导与员工创造力之间的中介作用，四是上级支持在真实氛围与员工创造力之间的中介作用。结合相关理论来解释这些重要结论，发现其背后的深层原因，由此提出对组织管理者和团队领导者的新启示。

二 研究的技术路线

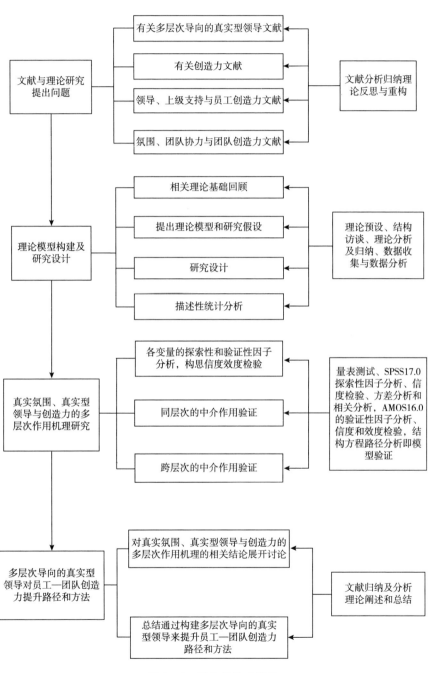

图 1-1 研究的技术路线

三　研究方法

本研究在研究方法的选择上，做到两个结合，即定量研究方法与定性研究方法相结合，理论分析方法与实证研究方法相结合。在研究过程中遵守以下五个步骤：第一步是发现问题；第二步是回顾已有文献；第三步是基于理论基础提出研究假设；第四步是研究设计及实证研究；第五步是数据分析。以上步骤中，本研究采用的具体研究方法说明如下。

（一）文献研究

文献研究是科学研究中最基本的手段与途径之一。笔者借助学校图书馆的多个电子资料数据库，通过"EBSCO，JASTOR，Wiley InterScience，Springer LINK，Blackwell"等英文数据库，以及"Google 学术搜索""Social Sciences Research Network（SSRN）"等数据库，检索了"authentic leadership/employee creativity/team creativity/superior support/team mutual/team help"等关键词语及组合。在中文文献方面，笔者通过中国知网的中国期刊全文数据库、中国博士学位论文全文数据库等中文数据库就"真实型领导、员工创造力、团队创造力、上级支持、团队协力、R&D 团队"等关键词及其组合进行了检索，广泛收集了与本研究相关的各种文献及资料。在已有文献收集的基础上，本研究基于相关概念的界定、划分、测量及经验研究进行了回顾与梳理，对真实型领导、创造力等理论有了较为清晰而全面的认识，发现了前人研究的空白之处，确立拟解决的主要理论问题。本研究立足于个体、团队两个层次，探索真实氛围、真实型领导对员工创造力，真实氛围对团队创造力的可能影响及其影响机制。从个体层次、团队层次，分析了上级支持在真实型领导与员工创造力之间的中介作用、上级支持在真实氛围与员工创造力之间的中介作用、团队协力在真实氛围与团队创造力之间的中介作用、团队协力在真实型领导与员工创造力之间的中介作用，从而打下了扎实的理论基础，并提出相应的研究假设。

（二）方法论：实证主义

社会研究的方法论是指社会研究过程中蕴含的逻辑与社会研究的哲学基础。社会研究中，最基本也是相互对立的研究方法论有实证主义方法论与认为主义方法论两种。实证主义方法论，认为与开展自然科学研究一样，社会科学的研究也应经由具体、客观的观察、测量，得出经验性的归纳、概括，进而得出普遍性的一般规律。认为主义方法论，主张将社会科学的研究对象定位于社会现象和人们的社会行为，社会科学的研究既要充分考虑到"人类活动"的特殊性，体现社会现象与自然现象之间的差别，但在研究过程中，也需要与自然科学研究一样，重视研究者主观性的发挥。本研究采用认为主义方法论进行复杂现象的探索性研究。

（三）研究方式：调查研究

研究方式，是指为了达到研究的目的，研究者选取何种具体形式或采用定性研究或定量研究方式对研究问题进行剖析。组织行为学中，常见的研究方法主要有实验研究、调查研究、实证研究、评估性研究和无干扰研究等。结合本论文研究问题的性质和特点，本研究选取了定量研究方式中的问卷调查法。采用团队领导与员工一一对应的方法，请员工评价领导的领导风格、团队创造力、团队协力与上级支持，请领导评价员工的创造力。力求通过不同来源的数据，有效避免实证研究中的同源误差。

（四）具体方法及技术：多元回归、结构方程模型、线性模型

在理论界定与明确各变量的基础上，通过对已有相关量表的测量项目的合并、整理及修订，完成问卷设计工作。以高等学校、科研院所、企业中的 R&D 团队为样本，分别对团队成员和领导进行相互独立的问卷调查。本研究的问卷调查分为五个步骤：（1）依据国外成熟量表，设计中国情境中的调查问卷。（2）访谈。在调查之前，笔者采用访谈法对武汉市的两名团队负责人（分别拥有 5 年、8 年的团队管理经验）及成员 8 人（参加研发工作的平均年限为 3.15 年）分 5 次与研究者进行面对面的小组讨论（每次邀请 1～3 人），对调查问卷的部分题项进行了词语表达、提问顺序等修正，力求所调查者能清晰、明确地领会每个题项。（3）展开正式调查。运用统计学中的便利抽样法与滚雪球抽样法（Snow Ball），依靠笔者的同学、老师、朋友的帮助，进行大样本问卷调查（邮寄、E‐mail）与访谈（面对面访谈）。（4）分析统计结果。运用信度效度分析、基本描述性统计分析、频数分布分析、相关分析、独立样本 T 检验和方差分析等统计数据处理方法，对领导问卷和员工问卷的数据信息进行初步处理，描述被试团队的整体样本特征与行业分布，了解各个变量间的简单相关关系。（5）对团队层次的数据进行聚合检验。鉴于本研究中团队层面的研究，在验证相关假设之前，需要通过 Rwg、ICC（1）、ICC（2）等组织行为学中常用到的聚合指标，进行组内一致性检验，从而将个体数据加总到团队层面的数据。

最后是假设的检验。运用 SPSS 17.0 软件对数据进行相关分析、多元回归分析，运用 HLM 6.08 软件进行多层次线性分析来检验假设。

第三节 研究的创新点与不足

一 论文的创新点

本书的创新点主要体现在以下四个方面。

第一，将真实型领导的实证研究拓展到团队层次，证明了真实型领导普遍以真实氛围存在。作为一种新兴的领导风格，真实型领导理论的实证研究成果十分有限，且局限于员工个体层次的研究，如多探讨其对下属工作、情感产出的影响，缺乏团队层次的真实型领导实证研究。本研究的实证结果表明，真实型领导在团队层次上是客观存在的，并且普遍地以真实型氛围出现。同时，无论是在团队层次还是在个体层次上，真实氛围比真实型领导对创造力更具有预测作用。这些观点在一定程度上拓展了真实型领导理论的研究层次，深化了对真实型领导的理解，丰富了真实型领导理论。

第二，发现了真实氛围、真实型领导对创造力的多层次影响机制，为领导力与创造力的整合研究提供了新的方向。已有对领导力与创造力的研究仅局限于员工个体层面，着重探讨变革型领导、支持型领导对员工创造力的影响及其作用机制，这种单一层次的研究，既无法解释领导者如何通过影响团队整体的内在氛围对团队创造力产生作用，也难以说明此种氛围如何对员工创造力的跨层次作用。

因此，本研究采用多层次模型，实证了个体层次的真实型领导与团队层次的真实氛围对创造力的影响机制。研究发现：（1）个体层次的真实型领导对员工创造力有正向的影响，弥补了两者关系的实证研究；（2）团队层次的真实氛围不仅对员工创造力有正向的影响，而且对团队创造力有正向的影响。基于研究结论，本研究构建了真实氛围、真实型领导与创造力的多层次影响模型，这为真实型领导与创造力的整合研究提供了新的启示。

第三，探明了上级支持、团队协力在真实氛围影响员工创造力、团队创造力过程中的中介作用，搭建了真实氛围与创造力研究的"桥梁"。本研究首次将真实型领导引入创造力研究领域，证明了真实氛围、真实型领导对创造力的正向作用，并进一步挖掘了个体、团队层次上的不同作用机制。本研究的结果表明：（1）对员工个体而言，真实型领导能直接作用于员工创造力，而团队层次的真实氛围则通过上级支持影响员工创造力；（2）对团队整体而言，当成员感知到其领导者在团队中营造的真实氛围时，团队中将产生更多的团队协力行为，如成员间互助和人际支持，进而激发团队创造力，即真实氛围是通过团队协力影响团队创造力。这一研究发现增加了对真实氛围与创造力中间关系的理解，在一定程度上打开了真实氛围与创造力之间的"黑箱"。

第四，检验了中国情境下的真实型领导。本研究以我国 R&D 团队为研究对象，在借鉴和修订西方成熟量表的基础上开发了适合我国情境的真实型领导及创造力等多项量表，并进行了规范化的实证研究。对西方理论的中国情境检验，有助于丰富基于西方实践发展起来的相关理论，将本土化的研究结果与西方现有的研究理论进行跨文化比较，支持并深化西方已有研究成果。

二　论文的不足

尽管本研究采用了 113 个团队的大样本研究，但由于笔者个人能力有限，以及各种客观原因的限制，本研究仍存在局限。

第一，虽然笔者运用了访谈、问卷调查等多种方式获取信息，还在问卷设计上采用员工报告自变量、中介变量、员工个人控制变量，领导报告员工个人因变量、领导者个人控制变量和团队控制变量的措施，但由于完成博士学位论文的时间限制，本研究中的问卷题项绝大多数在同一时间点完成，即本研究只采用了横截面研究的方法。这种数据收集的方法，虽然能够较好地克服同源误差的影响，但对于因果关系的推论和作用机制的检验相对于纵向研究（追踪研究）而言，说服力较弱，难以反映出真实型领导、团队协力、上级支持影响员工创造力的动态过程。

第二，本研究采用便利抽样法，借助"滚雪球"（通过同学、朋友、亲戚、熟人的帮助联系到被试所在的团队）的方式获取 R&D 被试团队。尽管笔者在抽样时，综合考虑了地区、行业、团队规模、员工性别、年龄等多因素的分布，但是，相对于统计学中的非随机抽样法，本研究的便利抽样方式削弱了研究结果的效度。

第三，在样本的选择上，笔者仅选择了最具创造力的 R&D 团队的领导者和成员作为研究对象，却未考虑到成员个体特质，如五大人格等因素对领导者行为感知的影响。

第四，在因变量的测量上，本研究和大量已有研究保持一致——让最熟悉员工创造力的直属上级报告。虽然，这是员工创造力研究学者最常用的方式，但笔者并不能保证领导对每个下属的个体创造力都能准确地判断，尤其是艺术创作、科学研究等充满开创性的创新领域，如哥白尼的日心学说并不被当时的人们所认可，后来才被当成天才的创举。

第五，本研究试图探索真实型领导在个体、团队两个层次上对员工创造力产生影响这一作用机制，但这只是初步的探索性研究，还有很多问题值得进一步深入研究。

本章小结

作为本书的初始篇章，本章首先将研究视角构建在后金融危机时代和建设创新型国家的时代背景之下，从我国科技工作者个体创造力低下和整体创造力不足的现状出发，关注领导者的"德"与员工个体和团队整体创造力的关系。本研究的理论意义体现在三个方面：（1）发展中国情境下的真实型领导理论；（2）探究真实氛围、真实型领导与员工创造力，真实氛围与团队创造力之间的中介效应，进一步完善创造力理论；（3）基于真实型领导、创造力理论对 R&D 团队的员工及整体创造力进行规范化的实证研究，有利于深化我国科技工作者的创造力理论研究。通过探讨真实氛围对团队创造力及员工创造力、真实型领导对员工创造力的影响，为组织管理者和团队领导者提高 R&D 团队的员工个体及团队整体的创造力、科技工作者提升个人创造力提供了新的启示。

本书将回顾与评述国内外真实型领导与创造力已有研究，以及领导风格、上级支持与员工创造力的相关研究，团队氛围、团队协力与团队创造力的相关研究，发现已有研究的贡献与不足或有待解决的问题；基于社会交换理论、内在动机理论、行为整合理论、组织认同理论和知识创造理论，构建真实氛围、真实型领导与创造力的多层次假设模型，并提出相应假设；通过问卷调查法，收集被试 R&D 团队并对数据资料进行初步整理与分析，揭示被试 R&D 团队的整体特征，把握研究假设中各变量的简单相关关系；验证真实氛围、真实型领导对员工创造力，真实氛围对团队创造力的直接效应与间接效应；验证团队协力在真实氛围与员工创造力关系之间能否起中介作用，团队协力在真实氛围与团队创造力关系之间能否起中介作用，上级支持在真实型领导与员工创造力关系之间能否起中介作用，上级支持在真实氛围与员工创造力关系之间能否起中介作用，从而对假设一一做出检验和分析。

本义的主要创新点在于：（1）将真实型领导的研究拓展到团队层次，证明真实型领导普遍以真实氛围存在；（2）发现了真实氛围、真实型领导对创造力的多层次影响机制，为领导力与创造力的整合研究提供了新方向；（3）探明了上级支持、团队协力在真实氛围影响员工创造力、团队创造力的过程中起中介作用，搭建了真实氛围与创造力研究的"桥梁"；（4）对西方学者提出的真实型领导理论进行中国本土化的情境检验。本文的不足之处体现在横截面数据、抽样方式、样本选择、因变量报告以及探索性的中介变量选择上。

第二章

文献综述

本章介绍了真实型领导与员工-团队创造力模型构建的基础：社会交换理论、内在动机理论、行为整合理论、组织认同理论及知识整合理论五个相关理论基础；回顾和评述了国内外真实型领导与创造力的多层次研究，以及领导-上级支持与员工创造力的相关研究、真实氛围-团队协力与团队创造力的相关研究；基于以上分析，总结了已有研究的贡献与不足，提出了有待研究的问题，为第三章研究模型的构建提供理论基础。

第一节　相关理论基础

一　社会交换理论

社会交换理论（Social Exchange Theory，SET）兴起于 20 世纪

60 年代，以人类学、经济学和行为经济学为理论基础。Homans 和 Blau 是该理论的代表学者。

　　Homans（1958）基于操作性条件发射理论提出了"社会交换"的概念。他将社会交换定义为包含着成本与收益的两人或两人以上的交换活动，人类社会的所有行为都可以看成是个体与外界的交换（Homans，1961）。其中，既有外在收益（如工资、薪金、商品等有形的物质性奖励），也有内在收益（如获得来自对方的关爱和赞美、个人专享服务、社会地位等无形的非物质性奖励）。交易成本是指当事人单方由于参与此次交换，而放弃的可替代选择或机会成本。Homans 以回溯式（Retrospect）的研究视角对社会交换行为进行了解释，认为行为者当前行为发生变化的原因是受过往行为产生收益或成本的影响（Cook & Rice，2003）。他强调人的需求和心理因素，侧重于个体层次的心理学角度分析，具有浓郁的行为主义色彩。

　　社会交换行为是指个体出于获得他人回报驱动而产生的自愿行为（Blau，1964）。Blau 基于前瞻式（Prospective）的功利主义研究视角定义了这种自愿行为。他认为，个体会对这种自愿行为带来的回报进行预期评价，并能从经济人视角出发，自发地选择一种收益最大化的行为。由于这种预期的回报在承担责任和享受回报时间上的不确定性或不对等性，Blau（1964）将个体的交换行为分为经济交换行为和社会交换行为两类。其中，个体之间的经济交换行为，多以货币数量或所需工时作为契约交换的基础计量单位。若交换双方权责清晰明了，每一次的交换行为都可看成是一次独立交换行为。与此相反，若一方的付出不能获得对方同等的报酬，会破坏双方未来交换行为，使这种交换关系不可持续。因此，经济交换行为的产生并非完全相互孤立，而是交易双方通过若干次的交换行为产生相互信任，进而形成双方长期稳定的互惠交换关系。这种互惠关系会进一步影响双方未来可能的交换行为（Blau，1964）。除此以外，Blau 也对人际互动交换如何影响社会结构的形成与发展、权力如何产生及分化、社会结构如何制度化等宏观层次的问题进行了探索。

社会交换理论从心理学、经济学和社会学视角，较好地解释人们在社会交换过程中的交换行为。Gouldner（1960）提出互惠原则（Reciprocity Principle）是促使并维持这种行为最核心的社会规范，基本思想是当个体从他人获得某种利益时，就会产生回报他人的义务。它强调回报义务，确保了社会交换中双方行为的可预期性，保证了社会交换行为的产生和持续；却没有规定双方付出与回报必须相等，只要双方认知的价值相等，付出与回报的东西既可以是同质的，也可以是不同质的。

组织行为学中，社会交换理论常被用来研究员工与员工之间、员工与组织之间的关系。学者采用这一理论观点研究了组织忠诚（Eisenberger，Huntington，Hutchison & Sowa，1986）、亲社会组织行为（Brief，1986）、组织公民行为（Bateman，1983）、组织投入（Gould，1979）等组织中员工的态度与行为问题。基于互惠原则，当员工感知到组织提供的外在报酬（薪资、福利等）和内在报酬（自尊、关怀等）时，就会对组织产生忠诚、满意的积极情绪，自觉履行工作，并认为个人有义务以回馈组织（Bateman，1983）。

二　内在动机理论

认知心理学者将动机划分为内在动机与外在动机两种。外在动机是指个体参加工作任务的目的是得到工作任务之外的某些奖励，如报酬奖励等。内部动机是指个体行为主要由工作任务本身的某些特性引发并持续（Remedios，2005）。早在 20 世纪 70 年代，学者已关注到除了金钱等外在激励外，内在动机对员工个体创新行为也有激励作用（Lepper，1973；Deci，1971）。研究显示，内在动机不仅有助于激发员工个体创造力、提高学习和工作效率，还能增强个体的工作成就感、自我效能感和工作满意度（Burton，Stagl，Klein，Goodwin Stanley Halpin，2006）。

但学者们在对内在动机理论的看法上，依然存在明显差异。一部分学者认为内在动机是与人的某些精神需要相联系的（Kanfer，1990）。如 Maslow（1967）认为内在动机的核心内容是主张发挥自我潜能满足自我实现的需要，Deci Connell & Ryan（1989）比较强调能力、自主性和人际关系需要等三种内在需要。另一部分学者主要从个体行为的归因来对内在动机进行构念，认为内在动机决定员工有效工作的自我激励程度，一个内在动机强烈的员工往往在有效工作时更能体会到自身的积极情绪（Hackman，1975）。若个体自愿做某项工作，那么其主要的工作动机来自内在动机。这些员工会认为自身能力在工作中得到了发挥，对工作本身产生兴趣而不追求一些明显的外在报酬。

在组织行为学中，内部动机理论被作为研究员工个体、员工与领导之间、员工与组织之间的基础理论，常用这一理论解释员工个体的创造力（Zhou，2003）、自我效能感（David，2006；Bandura，2003）、工作任务特征（Potosk，2002）、外在激励与反馈（Eisenberger & Armeli，1997；Remedios，2005）；员工与领导之间的上级支持感（Amabile，2004）、领导部署交换（Tierney Schatzel，Moneta & Kramer，Farmer & Graen，1999）；员工与组织之间的组织授权与组织支持（Rhoades & Eisenberger 2002）等问题和现象。学者在创造力方面的研究表明，具有强烈内在动机的员工更容易产生高创造力、高自我效能感，当领导和组织更多地激发员工内在动机时，如给予员工更多的上级支持、心理授权、组织支持等鼓励时，员工将回报以更高的个人创造力。

三 行为整合理论

Hambrick（1994）在提出高管团队综合性研究框架的基础上引入了行为整合（Behavioral Integration）的概念，反映了团队参与集体性互动的过程。

McGrath（1964）提出的"输入—过程—输出"（IPO）模型得到学者的普遍认同，并作为研究团队有效性及其影响机制的基础框架（Kozlowski & Ilgen，2006）。伴随着创造力研究的深入，个体、团队、组织三个层次上的输入性因素及其作用机制逐渐成为学者研究的热点。有学者从团队沟通与合作（Pinto & Pinto，1990）、团队心智模型（Klimoski & Mohammed，1994）等不同方面对团队的创新过程进行了研究。同时，研究者也意识到团队创新过程涉及多个相互联系的动态过程机制（Simsek，Veiga，Lubatkin & Dino，2005）。因此，学者提出了行为整合理论（Hambrick，1994），以更全面地解释团队创新过程的整体性。

Hambrick（1994）基于高管团队的研究，提出了团队行为整合应包含三个相互强化的要素：协作行为、信息交换和联合决策。其中，行为整合的社会性维度——协作行为是指团队成员之间主动地相互帮助；行为整合的任务性维度——信息交换是指团队成员之间能充分地交流和共享大量精准、及时的信息；行为整合的任务性维度——联合决策是指团队成员之间对彼此的需要、期望、要求以及共同面对的问题有清晰的理解并能共同做出正确决策（Simsek，Veiga，Lubatkin & Dino，2005）。当前，学者对行为整合的研究主要聚焦于高管团队（Carmeli，2008；Carmeli & Halevi，2009；Carmeli & Schaubroeck，2006；Ling，Simsek，Lubatkin，2008；Lubatkin，Simsek，Ling，2006；Simsek，Veiga，Lubatkin，2005）。就一般工作团队和创新团队而言，行为整合的关键要素可能有所区别或侧重点有所不同，如一般工作团队的行为整合主要强调协作行为和信息交换；创新团队的行为整合还包含创新行为的整合（王怡然，2007）。

行为整合作为一个综合式概念（Meta - Construct），既包含团队过程中的多个重要因素，也强调这些要素间的整合与协调。研究发现，团队的行为整合对团队适应外部环境变化，进行灵活创新至关重要。在行为高度整合的团队，成员之间相互协作、相互协调适应，以应对环境的突然变化（Magni，Proserpio & Hoegl，2009）；并通过分享信息，获取关于环境变化的有效信息，缩短团队整体对环境变化形成共同理解的时间（Hambrick，1998）；同时，在决策过程中的共同参与，能使团队快速地在环境变化调整战略的问题上达成一致（Hambrick，1994），增强团队成员对此项决策的承诺，能推动团队决策的执行（Ling & Simsek，2008）。可见，在团队面对外部环境快速且不可预期的变化时，行为整合对团队整体绩效尤为重要（Car-meli & Schaubroeck，2006），缺乏行为整合的团队在动态多变的环境中会处于劣势（Hambrick，1994）。在团队创新方面，行为整合可以促进产品开发中创新性解决方案的形成（Li & Zhang，2002）。Ling等（2008）学者指出，团队内部的信息交流、协作和相互调适对新想法的形成至关重要，只有通过开放的信息交流和持续的集体互动，存在于成员个体的潜在知识才能为他人所用，并创造性地结合产生团队整体的新知识、新想法；之后，再通过相互协作和调整适应，使团队整体的创新性想法得以实现。若团队缺乏行为整合，即使单个员工具有充分的信息、智慧和能力，也很难将这些散在于个体成员之中的资源转化为团队的创造力和创新能力。

四　组织认同理论

20世纪70年代，Tajfel等学者将"社会认同"定义为：个体将他（她）自己归属于特定的某一个社会群体，并认可这一身份为他（或她）带来的积极情感与价值感知（Tajfel, 1978）。之后，Turner和Tajfel（1986）又进一步提出了"自我归纳理论"，完善了"社会认同理论"。在自我归纳理论中，他们对"个体认同"与"社会认同"两个不同的概念予以区分，认为"个体认同"是个体对自我的认同，或是对自我的描述和参照；"社会认同"则是社会对某一群体的认同，或是由某一类社会群体全体成员得出的一种相似的自我描述（张莹瑞，佐斌，2006）。

社会认同理论最突出的贡献是，首先，它区分了个体的人际关系和群体的整体行为，并从员工个体、群体整体两个层次上，将"认同"概念从理论上区分为个体认同和社会认同两种相互独立的自我知觉水平。其次，它通过对员工个体和群体整体的比较，将个体自尊与集体自尊进行区分。"个体认同"与"群体认同"的概念区分，对组织行为学和社会心理学的研究产生了较为深远的影响。它开启了一个新的研究视野，将个体对于自身的理解置于"社会"中的某一个群体背景下。这种将"群体认同"置于"个体认同"最核心的位置的社会心理学研究视角，深刻地揭示了个体的社会心理。

就组织行为学而言，社会认同理论被广泛地运用于以下两个方面。

一是解释组织中的个体行为。早期研究多从员工的社会化、角色冲突、组织内部群体之间关系三个角度来解释组织行为。例如，Blake 和 Ashforth（1989）在前人的研究基础上，整合了组织中的社会认同理论。他们认为社会认同理论存在于组织中，并使具有相同组织认同感的个体具有某些相似的行为。组织认同能将自我概念提升到群体水平，并促进组织内部合作（Dukerich，Golden & Shortell，2002）。最近的研究发现，组织通过发放工资薪金、晋升更高的职位、提供公费培训等方式向员工表达来自组织的支持与关心，进而提升员工对组织的认同感（Morgan Reynolds，Nelson，Johanning-meier，Griffin & Andrade，2004）。组织氛围也能显著地影响组织认同（Smidts，Pruyn & Van Riel，2001）。如同事关系或上下级关系，即员工与员工或领导与员工之间和谐友爱的人际关系，也有助于提升员工的组织认同感（Morgan Reynolds，Nelson，Johanningmeier，Griffin & Andrade，2004）。还有研究证明，员工对感知组织文化与组织认同有显著的正相关关系。组织文化还含有团队合作、道德、信息流等与组织认同相关的维度，尤其是当员工从同事口中或行为中，感知到组织成员中存在着共享"道德"氛围时，他们对组织如何对待成员的感知，以及对组织认同的感知会显著提升（Schrodt，2002）。

二是研究不同领导风格和群体之间的互动过程。在工作中，领导者与追随者分享他们对事物的认知，经由下属对领导者价值观的认同，不断地成功改进员工工作绩效（Reicher & Hopkins，1996）。明确领导者如何通过其自身的自我分类和社会认知来影响团队内成员的互动过程，有助于我们理解在何种条件下，采取哪种领导方式，让团队成员最容易接受领导者。此研究的目的在于揭示领导者如何创造一种与内部成员之间的沟通方式。学者分析了各种风格的领导行为方式在常规情况下对团队成员的影响（Kirkpatrick & Locke，1991）。例如，领导者用聪明才智去激励跟随者，或是用其他方式与他们的追随者发展人际关系（Graen & Scandura，1987），以期望通过成员对团队共同价值观的认同，激发下属克服或削弱不利于增强群体特征或性能的因素，提升领导者的管理效能（Naomi, Dick & Alexander, 2004）。因而，社会认知理论有助于解释领导与团队内部之间互动的团队行为，本研究中以该理论分析领导与员工情感的互相认同、付出和投入具有重要意义。

五　知识创造理论

知识创造揭示了组织中知识是如何创造出来的重要问题，已成为知识管理研究与实践领域关注的重要内容之一。日本学者野中郁次郎（Ikujiro Nonaka）和竹内弘高（Hirotaka Takeuchi）于 1995 年在他们合著的《创新求胜》（*The Knowledge - Creating Company*）中第一次完整地提出了基于知识创新过程的 SECI 模型。该模型描述了知识创新的知识场，介绍了知识创新的结果与支撑，并对如何实现知识资产进行全面的论述。他们强调隐性知识和知识环境对团队知识创造和共享的重要性，认为组织内同时存在隐性知识（Tacit Knowledge）和显性知识（Explicit Knowledge）两种知识。前者指信仰、直觉、思维模式和经验，即难以用语言表达出来的知识；后者指"能明确表达出来的知识"，如专利、软件和数据库等可以被编码和识别的知识。

团队知识的创造过程实际上就是隐性知识和显性知识二者相互转化、相互作用的过程。其中，共分四个阶段：潜移默化（Socialization）、外部化（Externalization）、整合汇总（Combination）、内部升华（Internalization）（见图2-1）。但SECI模型忽视了知识引入的情况下，显性知识也可以作为知识转移和创新的出发点。

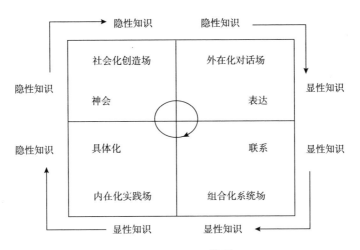

图2-1 SECI模型

资料来源：野中郁次郎（Ikujiro Nonaka）、竹内弘高（Hirotaka Takeuchi）：《创新求胜》（*The Knowledge - Creating Company*），1995。

Nonaka I., Konno N.. The Concept of "Ba": Building a Foundation for Knowledge Creation. *California Management Review*，1998，40（3）：40 - 54.

为了克服SECI模型的不足，我国学者夏维力、陈晨（2009）等从复杂适应性理论角度提出了CAS - SECI模型。此模型结合SECI模型对组织知识创造复杂过程进行了系统的整合和创新，从个体、团队、组织、组织间四个层次进行了分析（见图2-2）。他们强调在组织知识创造的过程中，组织及其成员及时改变自身的认知，一起创造、共享组织知识，并以内化知识指导组织行为，进而更好地适应外部环境的持续变化。从生物的演化规律出发研究系统的复杂性的起源，将组织和外部的宏观相联系。在微观方面，该理论最大的贡献是创造了反应模型。该模型考虑了具有适应能力的、主动的"创新主体"——员工与外部环境的一些变量（如组织制度、信息流的供给等因素）之间的交互作用。在宏观方面，该模型充分考虑了以上创新主体组成系统的交互作用，如涉及在"创新主体"——多个员工之间以及"创新主体"——员工与外部环境——团队环境或组织环境之间的交互作用，着重探讨创新在宏观系统中的分化、涌现的繁杂演化过程。

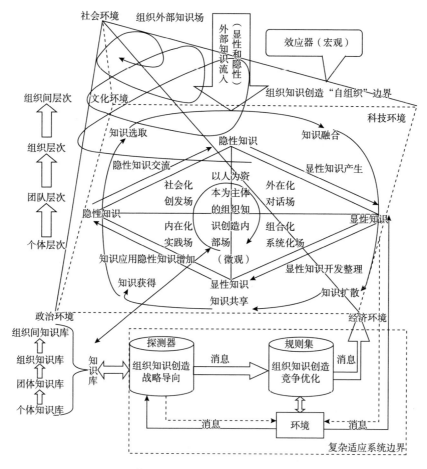

图 2 – 2　基于复杂适应性理论的 CAS – SECI 模型

资料来源：夏维力、陈晨、钟培：《基于复杂适应系统理论的组织知识创造机制研究》，《情报杂志》2009 年第 6 期，第 126 ~ 130 页。

第二节　多层次导向的真实型领导

一　真实型领导的概念界定

（一）真实型领导的定义

领导，本为普通词语，在尚未精确地重新定义的情况下转变为一个科学研究的技术性词语，带来了大量概念模糊的解释（Gary Yukl，2004）。研究者通常按照个人的理解，从他们最感兴趣的视角定义领导。本文中的领导力（Leadership），是指某一正式群体中，具有影响群体中其他成员为实现群体共同目标而努力的独特素质和能力。这种素质和能力往往体现在领导与下属互动实现群体目标的过程中，又称为领导行为或领导风格。

表 2-1　真实型领导定义归纳

定义角度	学　者	年份	定　义
过程观	Luthans 和 Avolio	2003	真实型领导将自身的积极能力和组织发展战略高度结合，以领导者的自我意识及自我调节的积极行为，促进下属和自身积极自我的发展。
	Shamir 和 Eilam	2005	将"真实型领导"视为一个过程，其中不仅包括领导者真实地对待下属，还包括真实型下属，以及下属因为认可领导者的真诚而模仿、追随领导者，进而形成上下级间真实的互动关系的过程。
	Begley	2004	真实型领导者是一个包含特质、状态、行为、情境和归因的综合体（王震，宋萌，孙健敏，2014），在一定程度上体现了动态过程视角。
	Cooper，Scandura 和 Schriesheim	2005	

续表

定义角度	学　者	年份	定　义
维度观	Ilies，Morgeson 和 Nahrgang	2005	真实型领导由自我意识（Self–Awareness）、无偏过程（Unbiased Processing）、真实行为/行动（Authentic Behavior/Acting）和真实关系定向（Authentic Relational Orientation）四个维度组成。
特质观	Rome 和 Rome	1967	在一个科层制的组织中，真实型领导具有以下特质：（1）善于处理自己管理职责范围内，不确定性强的紧急事务；（2）有能力做出负责任的选择；（3）能正确认识自己的错误；（4）对组织进行创造性的管理；（5）不仅为组织负责，还为组织外部的利益群体如公司股东、公司所在社区负责任。
	Bhindi 和 Duignan	1997	真实型领导具有以下特质：（1）在组织情境中，能真实反映自我；（2）能在既定的组织框架和组织流程下，为下属提供强有力的上级支持；（3）是面向未来的领导者，善于与下属分享价值观和信息，能很好地整合现有的各种资源，最大限度地激励员工；（4）勇于对下属的职业发展承诺，一视同仁地对待每一个下属，愿意与其发展良好的人际关系；（5）重视下属的个人感情需求，极大地激发下属的愿望和需求；（6）对生活和工作持开放的心态，符合全球化的趋势；（7）善于分权，鼓励组织中出现多元化的领导。
	George	2003	真实型领导致力于组织的长远发展，具有明确的目标，忠于自身的内化价值观，能满足多方利益相关者需求，并乐于服务他人。

续表

定义角度	学　者	年份	定　义
特质观	Avolio，Gardner，Walumbwa，Luthans 和 May	2004	真实型领导是指那些有着清晰的自我意识，能客观了解自己内化的价值观和道德观，明确知道自身优缺点的人。他们自信、充满希望、乐观、有韧性，道德品质高尚，能在不确定的外部动态情境下进行领导活动。真实型领导可以属于指导性、参与性和独裁性中的任意一种。行为风格本身不是其和非真实型领导者的本质区分。
	Lord 和 Brown	2004	真实型领导者具有识别下属优、缺点的能力，并以直接、有效的方式帮助他们，如为下属安排合适的位置和工作，帮助他们完成任务。领导者对下属的自我认知也会产生间接影响，而这些影响会反作用于领导者的自我意识。
	Avolio 和 Gardner	2005	真实型领导所指的"真实"，是指领导者自身拥有、了解和接受的自我内在的价值观、情感、信念和偏好，并以一种与这些想法相一致的方式行事。
	Shamir 和 Eilam	2005	真实型领导者具有以下特质：（1）领导角色是其自我概念的核心部分；（2）具有清晰的自我概念；（3）具有高度的自我调节能力；（4）能约束自我行为。
	谢衡晓	2007	真实型领导者具备下属导向、循规蹈矩、领导特质、诚实不欺和正直无私五个方面的品质。
	George 和 Sim	2007	真实型领导者"致力于在自己与真实型下属（与其信念真实一级的下属）之间构建真实、互信关系，并鼓励下属取得高绩效。真实型领导者遵循真实自我的感召，而不是为满足其他利益群体（如股东、上级领导等）的期望行事，在对事情结果的考虑上，他们并不在乎自己是否能够取得职业上的成功，而是更多地考虑如何服务和发展他人"。

续表

定义角度	学 者	年份	定 义
特质观	Walumblwa, Avolio, Garden, Wernsing 和 Peterson	2008	真实型领导是一种源自积极心理能力和正面道德氛围的领导行为。他们与下属的工作互动过程，既是积极自我发展过程，也是不断完善自我意识、内在道德观，平衡处理关系和关系透明化的过程。这个过程同时促进了领导和下属的积极心理能力和组织正面道德氛围的发展。
	Whitehead	2009	真实型领导的三个特点：（1）有清晰的自我意识，为人谦逊，不断坚持寻求进步；（2）通过营造组织内的道德氛围成员之间培养高度的信任关系；（3）能做出符合社会价值观框架的、以实现组织成功为目的的承诺，对组织成功有高度的承诺。
其 他	Bass 和 Steidlmeier	1999	用真实型领导的概念来区别真伪变革型领导。他们认为，真实型领导者坚持高道德标准，做正确的事情。
	Avolio 和 Gardner	2005	真实型领导以下属认同的"真实"行为，与下属发展出真实的上下级关系。

通过表 2 – 1 可以看出，学者分别从过程观、维度观、特质观、其他（真实型领导与下属的关系及与其他领导风格的区别）四个角度对真实型领导进行了定义，尚未得出统一的结论。但取得一定的共识，体现在以下方面。

1. 真实型领导是所有积极领导的源构念（Root Construct），也是积极领导的典型代表。在组织中，真实型领导者将高度发展的组织情境（Highly Developed Organizational Context）与自身的积极心理能力（Positive Psychological Capacities）相结合（Luthans & Avolio, 2003）。Luthans 等（2003）从领导过程观视角，定义了真实型领导。

他们认为，在领导与员工的互动中，真实型领导不仅能激发领导者的潜能帮助其取得成功，也能实现员工的个人成长和自我发展。

真实型领导者在自己和追随者面前展现出"真实"的自我是实现有效领导的关键（Bass & Steidlmeier，1999）。领导者的优秀品质，如清晰的自我认知、对未来充满希望，性格乐观自信、坚毅又富有韧性，始终坚守高尚的品德要求且立足未来（Future – Oriented）；在面临极大的内外部压力时，仍能坚持自己的信念、价值观和道德规范；善于在复杂、多变的工作情境中工作等行为都是领导者言行合一"真实"的构成要素（Luthans & Avolio，2003）。

2. 真实型领导所指的"真实"取决于下属对他的认同、看待和归因，并不是领导者与生俱来的一种内在品质（Avolio & Gardner，2005；Harter，Snyder & Lopez，2002）。"真实"由领导者的经历和想法引发，使其了解、接受自己的情感、价值观、信念以及偏好，并以与其内化价值观一致的方式行事。另外，真实型领导者结合瞬息万变的外部情境，主动获取各种信息，努力提高自己对动态环境的适应能力，并在一定程度上掌控自己的"真实"程度（Crant，2000）。"真实"还确切地反映了一个人的内在自我和外部镜像（Deci & Ryan，2000）。领导者可以在一定程度上控制自己的真实程度，这种"真实"反映了他的内在自我；他也可以选择在何时、何地向何人展现出自己某一种人格特质（Goffee & Jones，2005）。

3. 真实型领导者的工作方式分为指导性、参与性和独裁型。不能简单地依据领导者的行为风格将真实型领导者和非真实型领导者加以区分。真实型领导者坚持以内化价值观、信念指导自己在团队中的言行进而树立个人威望；通过与员工之间的互动建立良好透明的人际关系而赢得其尊重和信任，并以一种被下属认同的"真实"

方式展开工作。通过领导者与下属这一互动过程向其传递类似的价值观和行为方式。随着时间的推移，真实氛围就有可能成为组织文化的基础（Avolio, Gardner, Walumbwa, Luthans & May, 2004）。

在中国，对于真实型领导的研究还刚刚开始，由于国内学者对于 Authentic Leadership 的翻译不同，有学者将它理解为诚信领导或诚信型领导进行讨论（詹延遵，凌文权，2006；罗东霞，2008）。但总体来说，作为一个新兴的领导风格，国内研究的学者还非常少，研究结论也十分有限。现有研究多停留在对国外真实型领导的相关文献归纳及理论介绍的引进阶段，实证研究刚刚开始。谢衡晓（2007）基于凌文辁的 CPM 理论，首次结合中国传统文化进行了真实型领导本土化的内容结构探索，虽然与西方学者 Walumbwa 等提出的构念不完全一致，但是也有部分相互交叠的内容。

（二）真实型领导的特点

真实型领导者具有自信、乐观、充满希望，且富有韧性的品格。他们立足未来、品德高尚，对自己的思想、行为以及所处的工作环境具有深刻的认识；在工作中，不完全受环境的束缚与影响而做出改变，却能积极改变环境，时刻采取主动性以掌握环境、获取信息，不断提高自己对组织和工作的适应力（郭玮，李燕萍，杜旌，陶厚永，2012；韩翼，杨百寅，2009）。学者普遍认为，真实型领导者最为耀眼的特点是即使面临来自外部的巨大压力，或面对诱发非真实行为的强大诱惑，也依然选择真实行为（Harvey, 2006）。因此，真实行为是指领导者的行为与其内化价值观保持一致（Behave with Integrity），而不是遵从某些潜规范或组织外部社会压力的结果。Luthans 等（2003）总结了真实型领导者的三个显著特点。（1）自我意识，是指领导者对自我情绪、价值观和信念的了解深刻和洞察，具有准确评估自己长处与不足的能力。自我意识既是真实型领导者发展的先决条件，也是进行积极自我调节的基础。（2）积极的自我调节，是指领导者通过给自己设置一系列内在标准，不断评估该标准与可能或实际结果之间的差距，并寻找弥补该差距的可能途径而表现出的自我控制与自我调节能力。领导者通过自我调节将积极心理能力运用在一些具有挑战性的工作中，并时刻监控自己的行为以确保能顺利完成工作。（3）积极心理能力，是指真实型领导者具有自信乐观、对未来充满希望和柔韧的个性等。May 等（2003）指出，以上积极心理能力可帮助真实型领导者清晰地界定什么是"道德两难情境"，并能按照自己的行为规范坦然地对之做出反应，进而成为组织中的道德楷模。

学者基于领导力的过程观提出，在真实型领导与下属的互动过程中，领导者善于发挥自身的榜样作用，经由增强下属对其价值观和道德感的认同，与其发展一对一的动态、互动的"真实"关系而提升下属的个人工作产出（Luthans & Avolio，2003）。我国研究者在Walumbwad 等学者的研究成果上提炼出了真实型领导鼓励创新的三种核心行为。（1）内化的价值观（Internalized Moral Perspective），是指领导者的行为受到其内在价值观的指引，即使面对来自同事、组织和社会的巨大外部压力，也能做出与其内在价值观一致的行为。（2）关系透明（Relational Transparency），是指领导者在上级、利益相关者和下属等面前都能展现真实的自我，如与其分享信息、表达真实想法、增强彼此之间的信任等行为。（3）自我意识（Self - awareness），是指领导者对自身优缺点及动机的了解。这种优缺点包含了内部和外部两方面的参照物（Walumbwa，Avolio，Gardner，

Wernsing & Peterson，2008）。内部参照物是指领导者自身的信仰、目标、感情，而外部参照物则是指领导者"自我形象"的反映，来自下属对领导者的评价。它们共同构成和强化了真实型领导者的自我意识，并使之成为一个有效的领导者（郭玮，李燕萍，杜旌，陶厚永，2012）。

我国内隐领导理论研究显示，中国人认为领导者"个人品德"应包含诸如"诚实""表里如一""实事求是"以及"以身作则"等，与上述真实型领导三种核心行为有着较好的契合（郭玮，李燕萍，杜旌，陶厚永，2012；凌文辁，艾卡尔，1991）。

（三）真实型领导的维度

在真实型领导的维度划分上，学者普遍认同 Ilies（2005）等人在前人基础上提出的一个真实型领导的四维模型：自我意识、无偏见加工、真实行为和真实关系导向（韩翼，杨百寅，2009）。自我意识，是指个体对自我个人特征、价值观、动机、情感及认知的正确感知与判断；自我调节，包括内化调节、平衡加工信息、关系透明和真实行为等成分。作为讨论真实型领导结构的一个维度，Kernis 使用了无偏见加工，而 Gardner 等人建议使用平衡加工进行替代。平衡信息加工，是指以一种能够虑及他人观点的方式，对已有信息的加工和理解，使领导者能够更加客观地评估和接受各种正面和负面的信息（Gardner，Avolio，Luthans，Douglas & Walumbwa，2005）。真实行为是指领导者以一种与其真我相一致的方式行事。它意味着领导者的行为与其价值观、偏好和需要时刻具有内在一致性，而不是仅通过虚假取悦他人以获得回报或逃避惩罚。真实型领导的第四个成分——真实关系导向，是指重视领导者努力做到其与下属关系保持坦率、真诚。它是领导者自我展现和发展相互亲密及信任的积极过程。当领导者熟知自己的优点和缺点时，他们更倾向于在下属面前展示出高水平的稳定性。这样的领导者对于周围其他人将会更加透明、开放并保持亲近关系，更愿意与他人分享他们的想法和情感。但笔者认为使用"关系透明"形容真实型领导与下属关系比使用"真实关系导向"更好，因为关系透明更有效地描述了领导者和追随者彼此分享信息与形成亲密关系的特点，能更好地反映上下级之间的关系透明性与信息共享性。

（四）真实型领导与其他积极型领导的区别与联系

真实型领导与变革型领导、魅力型领导、愿景型领导、伦理型领导和服务型领导的构念之间有一些重叠之处。真实型领导的构成要素与其他领导风格对比结果参见表2-2。

表2-2　真实型领导与其他类型领导的比较

真实型领导的构成要素	TL	CL（B）	CL（SC）	SVT	SP	EL
积极心理资本	★	★	★		★	
积极道德视角	■	■	■	■	■	■
领导的自我意识						
领导的价值观	■	■	■	■	■	★
领导的认知	■	■	■	■		★
领导的情感	■	■	■	■		★
领导的自我管理						
领导价值观与行为的内化	■		■		■	■
领导者对信息、决策的平衡过程	■					
领导者与下属之间的关系透明	■					
领导者的真实行为	★	★	★	■		★
领导的过程或领导者行为						

续表

真实型领导的构成要素	TL	CL(B)	CL(SC)	SVT	SP	EL
领导者的积极榜样	■	■	■	■	★	■
个人和社会认知	■	■	■	★	★	■
领导者的情感传递						
支持自我决策	■	■	★	■	■	■
积极社会交换	■	★	★	★	★	★
下属的自我意识						■
下属的职业发展				■	■	■
组织内外部环境						
决策情境的不确定	■	■	■			★
领导者的内涵	■				■	
领导者的个人伦理	■					
基于积极、强项				★		
可持续的领导行为	■	■				■
超出预期的领导绩效	■	■			■	■

备注：■表示主要成分，★表示争论中，TL—Transformational Leadership Theory，代表变革型领导理论，CL（B）—Behavioral Theory of Charismatic Leadership，代表基于行为的魅力型领导，CL（SC）—Self‑concept Based Theory of Charismatic Leadership，代表基于自我概念的魅力型领导，SVT—Servant Leadership Theory，代表服务型领导，SP—Spiritual Leadership，代表愿景型领导，EL—Ethical Leadership，代表伦理型领导。

资料来源：Avolio, B. J., & Gardner, W. L. 2005. Authentic leadership development：Getting to the root of positive forms of leadership. Leadership Quarterly, 16（3）：315 – 340.

韩翼、杨百寅：《真实型领导：理论、测量与最新研究进展》，《科学学与科学技术管理》，2009（2）：170 – 175.

1. 与变革型领导、魅力型领导相比较，真实型领导更关注自身的积极心理能力、平衡加工信息的能力、真实行为以及领导者与持续的工作产出之间的关系。他们依靠自身的优秀品质、无私奉献和模范作用，增强下属对其的认同，并对下属的价值观、道德观和信仰产生影响。因此，真实型领导者不是靠鼓舞人心的个人魅力或其他形式的印象管理，而是通过下属对其的主观认同，实现领导者对下属的主观感召力（Fry，2003）。但变革型领导并不过于强调领导者自身的积极心理资本、真实行为与关系透明对下属工作产出的影响，而是特别突出对下属的个性化关怀，通过对员工个体进行差异化的内在激励，达到提升下属绩效的目的。魅力型领导不强调领导者的自我调节，却重视领导者的个人魅力或职位权力影响下属的自我概念，以使下属认同领导者的价值观和意识形态（Novicevic，Harvey，Ronald & Brown - Radford，2006）。

2. 与伦理型领导相比较，真实型领导的自我意识和自我调节来自领导者内化的价值观。尽管受外部环境的影响，真实型领导仍是领导者个体经历与外部环境的循环互动过程。这一循环互动过程，是当前现实的领导者个体与外部环境一次互动的结果，也是过去的领导者个体与外部环境一次互动的结果。"真实"或"不真实"不涵盖其他人或外部压力对领导者自我的改变，只是一个连续体或相对的成分（Novicevic，Harvey，Ronald & Brown - Radford，2006）。他们富有更多积极的心理特征，如希望、韧性、乐观，能从多个视角依据自己的道德价值做出正确判断。而伦理型领导侧重道德管理和他人意识，并不包含领导者的自我意识，可能由于外部压力、社会互动和社会诱致展现出非完全真实的自我。

3. 与愿景型领导相比较，真实型领导会刻意考虑解决问题情境中蕴含的伦理问题。真实型领导者通过领导者与下属之间的互动行为，在领导过程中增强下属对领导者的主观感知，提升领导者对追随者的感召力。相同的是它们都强调正直、价值、信仰和希望（Reave，2005）。愿景型领导理论是基于宗教信仰、伦理和价值观而提出的，通过其价值、态度和行为向自我和下属描绘一个愿景（Fry，Vitucci & Cedillo，2005）。它着重强调领导者向下属描述的愿景，通过下属对组织愿景的认同，向其展现实现愿景的希望、信念，进而构建一个关爱的组织氛围。

4. 服务型领导关注领导者移情和愿景。它的首要倾向是如何服务他人，领导者与下属之间的关系是服务与被服务。真实型领导着重探讨自我意识和自我调节在其发展中的不同功用。在实践中，服务型领导有一个逐步升华的过程，他们先为下属提供指导和服务、描绘愿景，再赢得下属的信任，直至提升下属的工作绩效水平（Faring, Stone & Winston, 1999）。然而，服务型领导在这一逐步升华的过程中，很大程度上缺乏相关理论和实证研究的支持。此外，已有研究较少考虑到服务型领导研究与外部环境互动的匹配性，而真实型领导则重复考虑到外部环境对领导者和下属的影响（Sendjiaya & Sarros, 2002）。

因此，上述各种领导风格的现有研究都不能完全反映真实型领导的核心要素。本研究认同 Avolio 等学者（2004）对真实型领导的定义，认为真实型领导者是将行动理论和宣称理论达到一致的人。他们根据个人价值观和信仰进行决策，建立与追随者的相互尊重和信任。

二 真实氛围与真实型领导

在组织行为学的研究中，任何构念都可以存在于个体、团队甚至组织三个层次中的某一个层次，或者是同时存在于两个或三个层次之中，且这些构念可以是个体层次的，也可以是团队层次的（张志学，2010）。因此，本研究中的真实型领导和真实氛围均来源于同一个自变量，均为下属对真实型领导风格的评价（Hackman, 1992; Hofmann, 1998, 讨论的完全一致的多层次模型; Liao & Rupp 2005;

Naumann，2000，研究中运用此模型构建的公平氛围；Liao，2007，研究中的变革型领导与变革氛围）。不同的是，它们分别代表了员工个体和团队整体对真实型领导的感知。具体而言，笔者将真实型领导视为员工个体感知的领导构念。它仅指每个团队成员对团队领导者"真实型领导"的个体感知，是团队中不同的成员对真实型领导行为的评价，且这种感知会因个体感知差异而有所不同（郭玮，李燕萍，杜旌，陶厚永，2012）。

笔者将团队整体感知的领导构念命名为真实氛围。它是指团队成员一致感知到的，在团队中公开的一些关于信息共享的政策、做法和程序（Schneider，White & Paul，1998）。在团队中，成员更多地通过他们所处的团队情境来获得真实氛围的感知（Schneider & Reichers，1983），真实型领导者不只是为向下属传达一种信息共享的观点（Avilio，Jung，Murry & Sivasubramaniam 1996）。这是由于，真实型领导者在团队中的公共行为会在团队中"凝聚成为一种内在一致的模式"（Zohar，2000），并促进团队中鼓励信息共享的"真实氛围"（Hackman，1992）。

三　真实型领导的相关理论模型与研究

随着学术界对真实型领导研究的不断深入，研究重点逐渐由最初的理论构建、核心维度界定逐渐转向外部影响因素。近年的研究热点主要集中于以下几个方面：①构建真实型领导的多层次模型；②探讨真实型领导的前因变量；③研究真实型领导的结果变量；④真实型领导的跨文化研究。综合看来，现有研究都不够深入、具体，很多观点仍然停留在理论探讨阶段，缺乏实证研究的支持。现将部分典型的真实型领导相关模型归纳如下。

（一）真实型领导的多层次模型

Yammarino 等 （2008） 基于近年来发表的 27 篇真实型领导理论的相关研究成果，从理论上首次提出了真实型领导在组织中的作用机制的多层次模型，如图 2 - 3 所示。他的研究表明，占 43% 的理论研究 （10 篇/23 篇） 提到了要从多层次角度来分析组织中的真实型领导，但是在现有文献中却鲜有体现。另外，已有研究多关注情境变量对真实型领导者自身发展的推动作用，或是真实型领导者对下属个人或组织结果变量的影响，对各个变量之间的相互关系及各个层次之间的区别界定不清。为数不多的实证研究中，虽提出了真实型领导的多层次模型，但研究重点依然停留在个体层次 （Dasborough & Ashkanasy, 2005）。而 Eigel （2005）, Pittinsky & Tyson （2005） 和 Walumbwa 等 （2008） 的研究也只阐述了真实型领导理论的多层次性及其与实践之间的关系，研究的重点仍停留在个体层次。可见，基于多层次理论的真实型领导研究刚刚起步。现有实证研究尚未将真实型领导扩展到个体层次以上的组织情境中，也尚未探明通过何种作用机制对团队绩效产生影响，更未能发现团队层次上的真实型领导通过何种作用机制对员工绩效产生跨层次的影响。

（二）真实型领导与下属结果的作用机制研究

目前真实型领导研究多从下属的角度探讨领导者对员工个体的工作产出 （Avolio, 2004）、心理资本 （Rego, Sousa, Marques & Cunha, 2012, 2014; Woolley, Caza & Levy, 2011; 韩翼，杨百寅，2011; 王勇，陈万明，2013）、情绪情感 （Ilies, Morgeson & Nahrgang 2005; Peterson, Walumbwa, Avolio & Hannah, 2012; Weis-

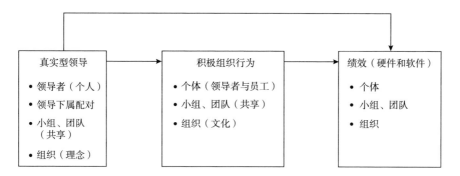

图 2 - 3　真实型领导的多层次作用模型

资料来源：Yammarino, F. J., Dionne, S. D., Schriesheim, C. A. & Dansereau, F.. 2008. Authentic Leadership and Positive Organizational Behavior：A Meso, Multi - level Perspective. *Leadership Quarterly*, 19：693 - 707。

cher, Weibler & Petersen, 2013）、组织/领导认同（Wong, Laschinger & Cummings, 2010；谢衡晓, 2007；张蕾, 于广涛, 周文斌, 2012）、组织/领导信任（Hassan & Ahmed, 2011；Weicher, Weibler & Petersen, 2013；Wong & Cummings, 2009；Wong, Laschinger & Cummings, 2010；谢衡晓, 2007）、建言行为（Wong & Cummings, 2009；邹竹峰, 杨紫鹏, 2013）、任务绩效（刘芳, 王纯孝, 张秀娟, 陈为新, 2010；王勇, 陈万明, 2012；谢衡晓, 2007；Peterson, Walumbwa, Avolio & Hannah, 2012；Walumbw, Avolio, Garden, Wernsing & Peterson, 2008；Wang, Sui & Luthans, Wang & Wu, 2012）的影响。

在员工个体的工作产出方面，Avolio 等（2004）学者关注真实型领导对下属态度和行为的过程机制，基于认同理论、以真实型领导的特征（如可以为下属带来希望、积极情绪和信任）为切入点，研究了真实型领导者对员工工作态度、行为和绩效的影响。结果表明，真实型领导者能通过在组织内部传递积极情绪，营造一种"真实"的氛围。这种氛围可巩固领导者与下属之间的信任关系，增进下属的组织认同感。

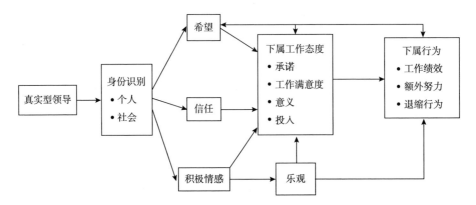

图 2 - 4　真实型领导与下属态度和行为的关系

资料来源：Avolio，B. J.，Gardner，W. L. & Walumbwa，F. O.. 2004. Unlocking the Mask—a look at the process by which authentic leaders impact followers' attitudes and behaviors. *Leadership Quarterly*，15（6）：801 - 823。

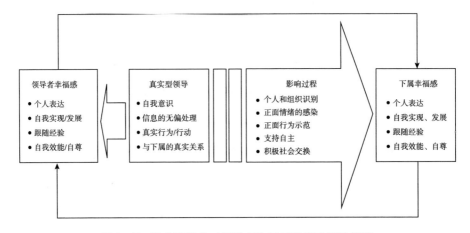

图 2 - 5　真实型领导对领导者和下属幸福感影响模型

资料来源：Ilies，R.，Morgeson，F. P. & Nahrgang，J. D.. 2005. Authentic Leadership and Eude-monic Well - being：Understanding Leader - follower Outcomes. *Leadership Quarterly*，16：373 - 394。

在员工个体的情感产出方面，Ilies 等（2005）学者除了考虑到真实型领导对下属幸福感的影响，也考虑到真实型领导对自身的影响。相对于 Avolio 等（2004）学者的研究，他们所论述的真实型领导者与真实型下属之间的影响过程机制更加详细。

由于真实型领导理论起源于西方，国内学者这方面研究起步较晚。学者对真实型领导结果变量的实证研究较少，且多在国外学者的研究基础上进行部分改进。例如，郑航芝，刘志华（2008）在 Ilies 的模型基础上，从两者作用过程视角，发展了真实型领导对追随者幸福感影响模型，却并未发展真实型领导理论，如图 2 - 6 所示。孔芳、赵西萍（2010）基于角色榜样理论、社会学习理论和 CAPS 理论等提出了真实型领导的扩展模型，仅用理论解释了真实型领导与真实型下属之间的循环互动机制，但还缺乏实证的检验，如图 2 - 7 所示。

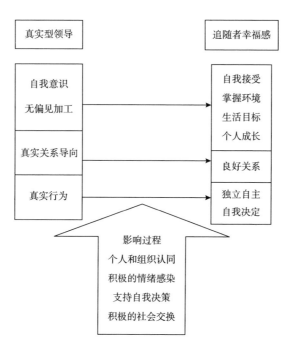

图 2 - 6　真实型领导下追随者幸福感的实现过程

资料来源：郑航芝、刘志华：《诚信领导对追随者实现幸福感的作用机制研究》，《科技情报开发与经济》，2008 年第 31 期，第 176 ~ 178 页。此文中 "authentic leadership" 被翻译为 "诚信领导"，为了本研究的需要，笔者将文中的 "诚信领导" 统一认定为 "真实型领导"。

综上所述，现有真实型领导的结果变量研究正处于萌芽阶段，多关注个体层面上真实型领导的开发、形成，及其与下属的情感、工作产出等。虽然，已有研究肯定了真实型领导者可以在团队和组织内部形成一种积极的氛围，但仍然停留在理论构建阶段，尚未把

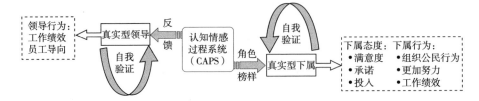

图 2 - 7　真实型领导与真实型下属之间的循环互动机制

资料来源：孔芳、赵西萍：《真实型领导及其与下属循环互动机制研究》，《外国经济与管理》2010 年第 12 期，第 50 ~ 56 页。

真实型领导者的研究引入更为广阔的实证研究领域。

（三）团队共享的真实型领导与团队结果的作用机制研究

与关注真实型领导与个体结果的成果相比，研究团队共享的真实型领导与团队结果的研究出现较晚，且较为稀少。在团队产出方面，学者主要考察了团队共享的真实型领导对团队绩效（Clapp - Smith, Vogelgesang & Avey, 2009；Hannah, Avolio & Walumbwa, 2011；Hmieleski, Cole & Baron, 2012；Walumbwa, Luthans, Avey & Oke, 2011）、团队组织公民行为（Walumbwa, Luthans, Avey & Oke, 2011）和团队创新（Walumbwa, Luthans, Avey & Oke, 2011）虽然，已有实证研究开始关注团队层次或组织层次上，真实型领导对团队绩效或组织绩效的作用大小及方向。但是，现有研究还未能说明上一层次领导力（如团队整体感知到的领导力或是组织内部感知到的领导力）对同一层次产出（如对组织整体产出或团队整体产出）及下一层次产出（组织层次相对于团队层次，团队层次相对于个人层次）的作用方向是否一致，以及对比团队整体共享的领导力对团队创造力与对个体创造力的作用哪一个影响更大。

因此，学者对于团队共享的真实型领导与团队结果作用机制的研究，还处于探索阶段。目前研究仅从团队自省性（罗瑾琏，赵佳，张洋，2013）、知识共享（Hannah，Avolio & Walumbwa，2011）、团队心理资本（Walumbwa，Luthans，Avey & Oke，2011）、团队效能（Rego，Sousa，Marques & Cunha，2013）、团队信任（Clap – Smith，Vogelgesang & Avey，2009；Peus，Wesche，Streicher，Braun & Frey，2012；Walumbwa，Luthans & Oke，2011）和团队氛围（Henderson & Brookhart，1996；Hsiung，2012）等方面对团队共享的真实型领导与团队结果作用机制进行了实证研究，对团队成员之间的人际关系、安全氛围等方面仍未涉及。

（四）真实型领导的中国情境研究

截至 2011 年初，国内仅有两篇博士论文进行了中国情境的真实型领导的实证研究。谢衡晓（2007）在凌文辁 CPM 理论的基础上，结合真实型领导与我国文化中对领导者诚信的理解，开发出包括下属导向、循规蹈矩、领导特质、诚实不欺和正直无私的真实型领导五因素模型及量表，并以此为基础，用实证方法探讨了真实型领导与相关变量的关系。虽然，他的量表在中国大陆与台湾地区都进行了实证，取得较高的信度和效度，并在此基础之上考察了与多个结果变量的关系。但是，由于他所提出的真实型领导概念与西方学者差异很大，如不包括 Walumbwa 等学者一直以来强调的"自我意识"和"内化道德观""关系透明"等核心内容，因此不能算是真正意义上的中国情境研究。

周蕾蕾（2010）在改进谢衡晓（2007）开发的中国真实型领导量表的基础上，融入西方研究者的"自我管理"和"内化道德观"两个核心维度，并进行了信度、效度检验，着重检验了领导成员交换质量（LMX – mean）在真实型领导对组织公民行为的影响过程中

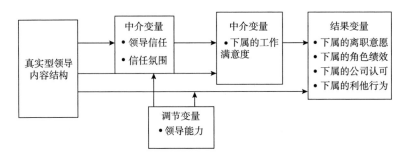

图 2 - 8　真实型领导内容结构及相关关系示意

资料来源：谢衡晓：《诚信领导的内容结构及其相关研究》，暨南大学 2007 年博士学位论文。

的中介作用，为真实型领导的本土化进行了有益的探索。但是，在她的研究中，对真实型领导的概念界定与西方学者仍然有出入，不能用作跨文化的对比研究。另外，周蕾蕾的研究仍然关注真实型领导者对个体员工产出的影响，未能拓展到团队和组织层面（见图 2 -9）。

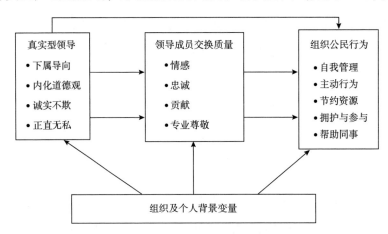

图 2 - 9　企业真实型领导对员工组织公民行为影响研究

资料来源：周蕾蕾：《企业诚信领导对员工组织公民行为影响研究——以领导－成员交换为中介变量》，武汉大学 2010 年博士学位论文。

（五）真实型领导的作用机制

依据王震、宋萌、孙健敏（2014）的研究，根据已有实证研究的论证逻辑和研究中出现的具体变量，针对真实型领导对下属行为和态度的影响效果，将真实型领导的核心作用机制归纳为积极组织行为学视角、社会学习视角、社会认定视角和社会交换视角四种。

第一种：积极组织行为学视角。

积极组织行为学（Positive Organizational Behavior）是构建真实型领导理论的基础，也是解释真实型领导对员工个体产出、团队整体产出及组织整体产出的重要理论框架。Yammarino 等人（2008）首次提出了多种视角下的真实型领导理论与组织行为学的整合框架，并指出真实型领导先作用于积极组织行为结果，再作用于积极组织行为结果的产出。换言之，积极组织行为学是真实型领导与其结果变量之间的传导机制。经由此种传导机制，真实型领导不但在个体层次上起作用，也能在较高层次（团队层次、组织层次）上对员工结果变量（自我效能感、心理资本、幸福感、情绪智力等）产生影响。较高层次上的真实型领导（本文称为真实氛围），可以通过集体效能、团队共享心智模型、团队氛围、团队情绪智力、组织工作特征等团队或组织层次上的变量对员工结果变量（自我效能感、心理资本、幸福感、情绪智力等）产生跨层次的影响。现有实证研究多从单一层次上，如员工个体层次或团队整体层次对真实型领导的因变量（如效能感、心理资本、积极情绪等变量）进行研究。学者发现，上级支持和效能感都能较好地解释真实型领导对下属工作产出的作用机制。一是真实型领导通过激发下属对领导支持感或是员工自我效能感，帮助员工提升个人工作绩效。二是同事对领导支持（员工自我效能感）作为下属对领导支持（员工自我效能感）的另外一个重要来源，将会极大地增强下属对领导支持感（员工自我效能感），进而让员工展现出更多的积极心理态度与工作行为。上级支持、个体效能、集体效能的中介作用已被学者在不同文化情境下证实（Ôzkan & Ceylan，2012；邓子鹃，王勇，蒋多，2012；邹竹峰，杨紫鹏，2013；郭玮，李燕萍，杜旌，陶厚永，2012）。

学者还发现，团队心理资本在团队层次的真实型领导与团队组织公民行为和团队绩效中起中介作用（Walumbwa, Luthans, Avey & Oke，2011）。在员工个体层次上，真实型领导经由增强员工心理资本进而提升下属态度、行为和绩效（Peterson, Walumbwa, Avolio & Hannah，2012；Rego, Sousa, Marques & Cunha，2012，2014；王勇，陈万明，2013）。此外，学者也实证了真实型领导理论中蕴含的积极情绪和情感也是其影响下属态度和行为的内在动因之一。真实型领导者通过在组织情境中宣扬积极个体情绪来增强他们应对工作、生活中负面事件和焦虑情绪所需的智力能力、心理资本、身体体力等多种资源，再以更加积极、正面的态度和行为面对危机（Ilies, Morgeson & Nahrgang，2005；Hsiung，2012；Peterson, Walumbwa, Avolio & Hannah，2012；Rego, Sousa, Marques & Cunha，2014）。最近的研究证实了高层管理团队共享的真实型领导，可经由团队积极情感氛围提升组织客观绩效（Hmieleski, Cole & Baron，2012）。除此以外，团队幸福感（ôzkan & Ceylan，2012）、团队道德（Hannah, Walumbwa & Fry，2011）、团队积极氛围（Walumbwa, Avolio, Gardner, Wernsing & Peterson，2008；李先江，2011）等中介变量也被真实型领导的实证研究所证实。

第二种：社会学习视角。

学者多引入社会学习理论解释在领导过程中，真实型领导如何改变下属或团队的态度、心理状态和行为（Gardner, Avolio, Luthans, May & Walumbwa，2005；Hannah, Walumbwa & Fry，2011；Ilies, Morgeson & Nahrgang，2005；孔芳，赵西萍，2009）。

具体而言，在领导过程中，真实型领导者作为员工、团队中的榜样，将对员工个体和团队全体成员起到一个模范示范作用，受到员工个体和团队群体的积极模仿（Positive Modeling）。研究者发现，真实型领导者的积极品质，如正直、公正、一视同仁等特质，将对下属产生极强的主观感召力，让员工个体和团队群体争相认可、模仿领导者的利他行为，内化领导者值得信任、公正无私、时刻以组织利益为先的形象，在员工个体层次和团队整体层次上都产生积极的影响。具体表现在，在团队成员之间形成一种畅所欲言、鼓励创新的真实氛围，也可表现为让团队成员展现出更开放、乐意帮助同事的个人积极行为。最终，在员工个体和团队整体两个层次上，使员工个体和团队整体的态度、心理、行为发生变化。

第三种：社会认定视角。

社会认定是指社会成员对社会和自我身份的定义方式（客体对主体）。社会认定是社会认同的必然结果，社会认同需要通过社会认定才能得以实现（魏钧，陈中原，张勉，2007）。学者将社会认定理论与认同过程相结合，从过程观的视角分析真实型领导对下属的态度、行为的改变（Avolio，Gardner，Walumbwa，Luthans & May，2004；Gardner，Avolio，Luthans，May & Walumbwa，2005）。这类研究表明，尽管真实型领导可以直接作用于下属的态度、行为，但领导行为是通过提高下属的自我概念（如自我意识、自我知觉、自我决定等）而增强下属对领导者的认同感，将对下属的态度和行为产生更大的作用效果（Avolio，Gardner，Walumbwa，Luthans & May，2004）。据此观点，研究者进一步发现，真实型领导先作用于员工个体与领导者之间的人际认同，再改变员工的内在情绪（如希望、信任、情感等），最终对下属的态度和行为发生改变（Ilies，Morgeson &

Nahrgang，2005）。换言之，员工认同感是真实型领导对其态度、行为产生影响的中介变量（Walumbwa，Wang，Wang，Schaubroeck & Avolio，2010；张蕾，于广涛，方俐洛，2012）。但王震、宋萌和孙健敏（2014）的研究也指出，运用社会认定视角解释真实型领导对下属产出的影响过程仍有一些不明晰之处，特别是不能厘清"人际认同和社会认同的中介机制是否相同"这一核心问题。例如，有学者发现真实型领导会通过下属的领导认同，对员工的信任和工作投入产生影响，但社会认同在这一过程中的中介作用却未得到证实。该研究揭示了真实型领导并不能直接作用于下属的社会认同感，与另一些学者的学术观点相悖（Avolio & Gardner，2005）。对于造成这一差异的解释，部分学者认为，可能是由于并非全部员工将领导者作为组织的直接代理人，因此，尽管领导者的真实型领导能提高员工的认同度，却不一定增进这部分员工的组织认同——可把领导者视为组织代理人。

第四种：社会交换视角。

依据社会交换理论，在领导过程中，真实型领导者关心下属的职业发展，充分尊重下属的意愿和感受，鼓励下属参与组织决策，以赢得下属回报，即积极的工作态度和良好的工作绩效。

一是高质量交换关系的中介作用（Ilies，Morgeson & Nahrgang，2005）。有学者从领导–部属交换关系形成的 3 个不同阶段揭示真实型领导有助于领导–部属间的高质量交换关系。还有学者将领导–部属交换进一步细分为情感、专业尊敬和贡献三个维度，并逐一验证了领导—部属交换在真实型领导与下属组织公民行为之间的中介作用（周蕾蕾，2010）。也有学者证实了高质量的领导–部属交换关系在真实型领导促进下属建言行为中的正向作用（Hsiung，2012）。

二是人际信任、信任氛围的中介作用。在领导过程中，真实型领导经由提高下属个体的人际信任水平，或在团队中营造良好的信任氛围，提升下属个体、团队整体的工作满意度、组织承诺、组织公民行为，减少越轨行为、不道德行为等（Wong & Cummings，2009；Wong & Giallonardo，2013；Wong，Laschinger & Cummings，2010；Hassan & Ahmed，2011；谢衡晓，2007；刘芳，汪纯孝，张秀娟，陈为新，2010；Clapp - Smith，Vogelgesang & Avey，2009；Walumbwa，Luthans，Avey & Oke，2011）。

三是情感承诺的中介作用。在真实型领导与下属的互动过程中，领导者的积极品质和行为将会提升下属对其的情感承诺。在团队中，这种下属对领导的情感承诺还能被其他同事所感知，最终形成团队共享的情感承诺氛围，进而提升团队整体效能（Rego，Vitória，Magalhães，Ribeiro & Cunha，2013；Leroy，Anseel，Gardner & Sels，2012）。

四　真实型领导概念的测量

真实型领导概念的测量有多种方式，如在密闭环境的实验室研究中，采用向被试者呈现刺激材料的方式；对结构化访谈的被访者质化访谈材料，运用三维编码法等。王震、宋萌和孙健敏（2014）总结了近十年来国内外重要理论文章和67项实证研究的学术论文，发现学者采用量表对真实型领导的概念进行测量是一种最为常见的方法。以下分别从测量量表、测量方式和测量主体三方面对真实型领导的实证研究进行梳理。

（一）测量量表

从已有研究看，真实型领导的量表测量已有 13 种，大致分为三种类型（王震，宋萌，孙健敏，2014）（见表 2 - 3）。第一种类型是，对真实型领导理论的初步测量。如 Henderson 和 Hoy（1983）最早在教育情境中开发的领导真实性量表，后被用于其后的系列研究之中（Henderson & Brookhart，1996；Hoy & Henderson，1983）。此类量表多形成于实验室条件下，对测量主体的专业性要求较高，也有着极强的情境依赖性。因此，此类测量方法的内容效度和通用性较低。第二种类型是，借用其他概念的量表测量真实型领导。例如，Jensen 和 Luthans（2006）选用多因素领导问卷、企业家导向问卷和道德氛围问卷中的部分题项加工成真实型领导问卷。然而，简单借用其他概念测量隐含了一个重大缺陷，即会使真实型领导与其他概念无法区分，难以通过信度、效度的检验。第三种类型是，由真实型领导概念出发，开发针对性的问卷。如 Walumbwad 等（2008）基于 Kernis（2003）、Gardner 等（2005）、Ilies 等（2005）、Shamir 等（2005）学者研究开发的 ALQ 量表经过美国、中国两个独立样本的数据测试，通过了信度和效度检验，具有一定的说服力。他们运用演绎和归纳法形成相应题项，再与同事探讨真实型领导的主要成分，划分了最初的 5 个维度：自我意识、平衡信息加工、关系透明、积极道德观和内化调节。最终，确定了自我意识、关系透明、内化的道德观、平衡信息加工 4 个维度，共 16 个题项。通过来自中美两国样本的验证性因子分析，证实了真实型领导 4 个维度的较好的区分性。此后的两次实证研究，厘清了真实型领导、伦理型领导和变革型领导三种领导风格之间的区分效度。研究发现，在预测下属的"组织公民行为""组织承诺"与"上级满意度"三个结果变量上，真实型领导比伦理型领导和变革型领导的预测效果更好，路径系数更高。

表 2 - 3　真实型领导测量量表

研究者	编制背景和量表结构
Henderson 和 Hoy（1983）	在教育情境下，开发了一组三维度测评领导者角色重要性、对下属的操控水平以及是否愿意为组织或者员工个人的行为结果或错误负责的问卷，共 32 个题项量表。
Jensen 和 Luthans（2006a）	基于 Avolio 和 Luthans 等人 2004 年提出的理论框架，选取多因素领导、企业家导向和道德氛围问卷中的部分题目，形成一组三维度涉及领导者行为、面向未来的领导者以及组织道德氛围的问卷，共 45 个题项量表。
Wong 和 Cummings（2009）	选取领导力实践问卷中的 7 个题项对真实型领导进行测评。包括领导者的自我意识；与上下级、同事之间一视同仁的关系；平衡处理信息的能力；在组织中的道德行为；值得他人信赖的品质；对员工、组织的支持行为；善于向员工授权的 7 个特征。
Gerber（2006）	基于真实型领导理论，开发了一组五维度测评题问卷：对领导者的自我了解能力；与他人的坦诚沟通程度；在员工面前展现出的正直品质；领导者在组织中的利他行为；帮助他人实现成功的意愿等进行测评，共 18 个题项量表。
Lagan（2007）	基于 Ilies 等人（2005）对真实型领导结构的阐述，编制了一组四维度测评领导者问卷：对领导者的自我意识、平衡处理信息的能力、领导者的真实行为以及与下属关系透明度进行测评，共 19 个题项量表。
Tate（2008）	以 Geogre（2005）对真实型领导理论的阐述，开发了一组四维度测评领导者的自我控制能力、遵循的道德标准、与下属形成积极关系的能力以及对实现组织目标的热忱与激情的问卷，共 17 个题项量表。

续表

研究者	编制背景和量表结构
Walumbwa 等 （2008）	以 Kernis 等人（2006）的真实型领导理论和结构为基础，开发了一组四维度测评领导者的问卷：对领导者的自我意识、关系透明、内化的道德观和平衡加工能力进行测评，共 16 个题项量表。
Toor 和 Ofori （2009）	在真实型领导量表的基础上，编制了一组四维度测评领导者问卷：对领导者的自我意识、关系透明、内化道德观和信息平衡加工进行测评，共 45 个题项量表。
Neider 和 Schriesheim （2011）	基于 Walumbwa 等人（2008）的研究，开发了一组四维度测评领导者问卷：对领导者的自我意识、关系透明、内化价值观和信息平衡加工进行测评，共 14 个题项量表。
Černe 和 Škerlavaj （2013）	基于 Walumbwa 等人（2008）的研究，开发了一组三维度测评领导者问卷：对领导者的自我意识、自我调节力和积极模仿测评，共 13 个题项量表。
谢衡晓（2007）	借助访谈与文献研究，结合 CPM 领导理论，编制了一组四维度测评领导者问卷：关注下属需求；符合自我价值观的言行；正直、无私、利他的人品特质；待人诚实可信，共 23 个题项量表。
周蕾蕾（2010）	在谢衡晓和 Walumbwa 等人（2008）编制量表的基础上，开发了一组 5 维度测量领导者问卷：关注下属需求；符合价值观的言行（内化价值观）；正直、无私、利他的人品特质；待人诚实可信赖，共 17 个题项量表。
王勇、陈万明 （2012）	通过文献研究、深度访谈和问卷调查，编制了一组四维度测评领导者问卷：以真诚的态度对待员工；与下属保持真诚、信任的关系；实践真诚的价值观；以真诚的态度对待工作，共 9 个题项量表。

资料来源：此表根据王震、宋萌、孙健敏：《真实型领导：概念、测量、形成与作用》的相关研究改编。

真实型领导的现有实证研究中，Walumbwa 等人（2008）开发的 ALQ（Authentic Leadership Questionnaire）是运用最为广泛的测评工具。该量表由自我意识（Self - awarenes）、关系透明（Relational Transparency）、平衡加工（Balanced Processing）、内化价值观（Internalized Moral Perspective）四个维度组成，共 16 个题项。目前，该量表在美国、加拿大、英国、中国、日本等多个国家得以运用，具有较高的信度、效度和跨文化适用性。

（二）测量方式

组织行为学中，测量方式主要有直接测量和间接合成两种。本研究中，采用直接测量方法测评个体层次上员工感知的真实型领导，即请测评人直接对个体层次上员工感知的真实型领导进行评价，并进一步分析员工感知的真实型领导对他们的影响（Hannah，Avolio & Walumbwa，2011；郭玮，李燕萍，杜旌，陶厚永，2012）。

（三）测量主体

测量主体是指真实型领导的测评人，通常有领导者自我报告、下属评价、观察者报告三种。从实证研究的已有论文来看，为了避免同源误差，研究者多请下属填答真实型领导问卷，或实验研究中由观察者报告，也有少数研究邀请领导者自报告（Hannah，Walumbwa & Fry，2011；Spitzmuller & Ilies，2010）。本文采用下属报告领导者真实型领导分值的方式。

此外，学者还对比了员工（第三方）评价领导者与领导者自我评价的差异性。这些研究同时邀请员工和领导者对真实型领导进行评价。学者发现了一些有趣的现象。当领导者自我报告和下属感知的真实型领导者均处于高水平，且两者相互匹配时，真实型领导对员工产出的作用效果最强。王震等学者认为，从现有研究来看，尽管自我报告与他人报告的真实型领导存在一定的关联性，但它们的影响因素和效果存在一定差异，突出表现在与领导者自我报告相比，下属感知的真实型领导对员工个体、对团队的影响更大。换言之，受到下属感知并认可的真实型领导对员工个体、团队整体都有着更大的影响。另外，其他领导理论，如领导 - 部署交换理论，也指出过领导者自我评价与他人评价结果的不一致，可以对由于评价主体不同而产生的结果差异进行解释。

五　真实氛围概念的测量

（一）测量量表

与真实型领导测量量表一致，本研究中的真实氛围测量量表也选用 Walumbwa 等人（2008）开发的 ALQ 中自我意识、关系透明、平衡加工、内化价值观共 16 个题项的四个维度量表。

（二）测量方式

本研究中，采用间接测量方式测量团队层次上，员工感知的真实氛围。在具体操作上，研究者先在个体层面上请不同的个体对自我感知的真实型领导进行评价，进而再将同一单元（如同一部门、同一团队）中不同个体的成员感知聚合到团队或部门层次（Rego，Vitoria，Magelhaes，Ribeiro & Cunha，2013；郭玮，李燕萍，杜旌，陶厚永，2012），再进一步分析高层次（团队层次、部门层次）上的真实型领导对员工个体层次的跨层次影响（Hsiung，2012；郭玮，李燕萍，杜旌，陶厚永，2012）。

此外，为了检验数据聚合的效度，在整合成员的回答到团队层次之前，作者采用 Bliese（2000）所提出的组织一致性 Rwg（Within - Group Agreement）、组内相关 ICC（1）［Intra Class Correlation（1）］和 ICC（2）［Intra Class Correlation（2）］三个在多层次理论研究中常用的指标，以确认聚合有理论与实证的支持。其中，Rwg 指标用于衡量团队内部中，不同的个体对构念有相同的反应程度，取值范围在 0 ~ 1 之间，若它的值大于 0.70，表示该构念的聚合有一致度（Bliese，2000）；ICC（1）指标用于检验聚合个别回答到团队层次之前，不同的组别之间是否具有足够的组间差异，取值范围在 0.00 ~ 0.50 之间，中位数为 0.12；ICC（2）指标用于测量将个体层次变量聚合成团队层次变量时，此变量的群体平均数的信度，取值最好大于 0.7（James，1982；James，Demaree & Wolf，1984；郭玮，李燕萍，杜旌，陶厚永，2012）。

（三）测量主体

与个体层次上，请员工对真实型领导进行评价的方式相同，本研究中的真实氛围来自团队中所有成员对真实型领导感知的均值。

第三节　创造力的多层次研究

一　创造力的概念及层次

学者对于创造力的研究最早可以追溯至 1869 年高尔顿《遗传的天才》一书的出版。令人遗憾的是，从 19 世纪 60 年代到 20 世纪 50 年代，有关创造力的研究缺乏实质性进展。关于创造力的科学研究正式兴起于 20 世纪 50 年代，直至 80 年代后创造力才受到学术界的关注。近年来，由于创造力逐渐成为决定组织生存和发展的关键，加之研究方法的进步，创造力研究才开始繁荣发展起来。

（一）创造力的概念

早期研究中，学者将"创造力"界定成一种新颖且有价值的想法，而并未将其进行可操作化的定义（Ford，1996）。既有用又有新意是判断一个新想法是否属于创造力的最佳法则。少数人可能认为对一个问题产生一些新奇的、原创性的新想法就是有创造力，但这并不符合学者对创造力的定义。一个新想法必须有用才能称之为富有创造力。一个创新的想法，若不能运用于实践，就不能算是创造力（Zhou & George，2003）。

研究者对人们为解决商业中涌现的各种问题、商业战略选择、改进工作流程中展现出来的创造力进行了实证研究（Ford & Gioia，2000；Taggar，2002）。研究显示，从小到工作流程的细小改进，大到某一领域的重大突破，都会带来新产品与新流程的创新（Mumford & Gustafson，1988）。Gardner（1993）将一些用于改善我们日常生活的创造称为"小 C 创造力"，将一些由于非常偶然出现重大突破的创造称为"大 C 创造力"。Boden（1991）用 P 创造力（Psychological Creativity）和 H 创造力（Hisorical Creativity）对创造力进行了区分，他认为产生于单个个体或者被用于单个个体的创新是 P 创造力，一些"对整个人类历史有着推动作用的，富有原始性、基础性的创新"是 H 创造力。因此，学者普遍认为，创造力是新奇且有用的想法或事物，包括新的产品、服务、制造方法及管理过程等（Amabile，1996；Ford，1995；Oldham & Cummings，1996；Shalley，1991；

Zhou, 1998；郭玮, 李燕萍, 杜旌, 陶厚永, 2012)。

在对学术界"创造力"的界定进行区分之前, 首先, 我们应厘清"创造力"与"创新"两个存在着紧密联系的学术概念。作者整理了相关研究, 发现两个概念之间有些部分甚至有重叠, 但两者之间却是不能相互替代的 (Baek - Kyoo, Gary & Yang, 2013)。在学术研究中, 学者运用不同的研究方法和研究模型对"创造力"和"创新"两个概念进行严格的区分。在"创造力"的研究中, 学者常使用心理学研究方法, 从员工个体层次进行研究；在"创新"的研究中, 学者常使用经济管理学的研究方法从组织层次上进行研究。组织行为学家对"创新"的定义是："某一个人、某一个团队或是某一个组织, 出于为个人、团队、组织甚至整个人类社会谋利的目的, 有意引进新的思维方式以提升产品质量, 或是改进工艺流程、调整生产程序, 达到增强整个生产流程适应性的目的。"(West & Farr, 1990)

当创造力与产品创新且与任何领域有用思想相联系的时候, 创新被定义为"在组织内部, 成功地实现富有创新力的想法"(Am-abile, 1996)。创造力本身是创新得以实现的重要条件之一。可以说, 创造力是实现创新的种子。

尽管,"两个概念之间没有直接的、线性的相关性", 但是, 创新型组织也通过引进新的技术、持续改进管理方式, 不断提升产品、服务的质量, 总是比竞争对手更好、更快地达到组织目标。富有创造力的个体可在创新的全过程对组织绩效产生影响, 但达到组织创新的要求却比发挥员工个体创造力难得多。组织内部和外部的诸多因素, 如内部监管、市场营销方式与行为等, 都可以决定创新的成败。因而, 创造力要求有用的思想, 创新可能基于这些有用且新奇的思想，但创新的关键还是这些有用且新奇的思想是否能适应组织的内外部环境。因此，创造力是产生创新的重要条件，却不是实现创新的充分条件。

在厘清"创造力"与"创新"两个不同的学术概念后，依据学者对创造力研究视角的不同，大体上可分为"过程观"和"结果观"两大流派（George & Zhou，2001；Shalley，1995；Tierney & Farmer，2002）。

1. 对创造力界定的"过程观"

一部分学者认为创造力是产生创造性思维的"过程"。在这个过程中，创造力的大小取决于个体持续地发现问题、解决问题，不断地改进和实施新的解决方案的能力（Basadur & Graen，1982；Basadur，2004）。与此同时，创造力的产生也是一个不停地思考、行动、改进、寻求反馈、实验和尝试新方法的循环往复的过程，而不是只依赖于某一个体的习惯、经验或直觉的行为。Koesler（1964）认为创造力产生的过程，是一个通过员工对某一个问题的深入思考，逐步将两种没有直接、间接关联的想法或事物联系在一起的过程。在这个过程中，员工以独特的视角对事物重新审视以产生新的见解或发现。因而，创造力也是员工识别信息、加工信息以及利用信息解决新问题的能力。

学者还将这一创造力产生的过程划分为不同的阶段。例如，Wallas（1926）将创造力划分为：发现（确定要解决的问题和目标）、酝酿（反复思考与反思）、启发（想法的诞生——"灵光一现"）、确认（用逻辑和知识将创意变成可行的解决方案）四个阶段。Ambile（1983）将创造力划分为五个阶段：设立目标（通过外部或内部刺激产生问题）、准备（收集相关信息解决问题）、创意产生（可能的应对方法）、创意验证（检验各种创意的合理性）、评估结果（选择一个可行方案）。Parnes，Noller & Biondi（1977）将创造力划分为找出事实、发现并界定问题、提出新创意、提出新解决方案和选择解决方案五个阶段模型。Hogarth（1980）将创造力划分为：准备、产生创意、评估和实施四个阶段。综合来看，尽管部分细节不尽相同，但大致包括几个类似的阶段，即它们都涵盖了识别问题或机会、采集信息、提出新创意和评估新创意四个阶段。虽然，创造性的研究过程并不一定能产生富有创造性的成果，但它有时的确带来新的想法、诞生新的产品或改进现有流程。

依据过程观，在组织行为学中，创造力被学者视为创新（Innovation）的创意产生部分，即创新同时包括产生创意和应用创意（实施）。就员工个体而言，创造力的过程是指员工将个体的新想法、新创新等用于自身的工作之中，并为组织带来绩效的增长。就团队整体而言，这个过程相较于员工创造力更为复杂。学者多从团队层面的特有属性来界定团队创造力（杨志蓉，2006；赵卓嘉，2009）。例如，Kirk & Kirk（1988）认为团队创造力是团队形式的创造性思维过程。它由若干个同在某一正式组织中的个体一起，以集体思考的方式尽可能多地提出新想法，再由团队从无数新想法中挑选一个适合、可行的方案。Drazin，Glynn & Kazanjian（1999）将团队创造力界定为，在团队层次上发生的，复杂且交互影响的创新过程，也代表了为实现团队目标，团队集体创新过程的新颖程度。团队创造力的产生经历了团队全体成员的材料准备与资料收集、团队集体头脑风暴、集体思维孵化、集体聚焦型思维与选择合适的集体创意想法的完成过程（Leonard & Swap，1999）。杨志蓉（2006）认为团队整体是创新主体，其整体品质及其创新过程是团队创造力的重要体现。周耀烈、杨腾蛟

（2007）、傅世侠等（2005）将团队创造力定义为，以团队工作方式整合多个成员的创造力的过程。在这一过程中，成员在正式组织的工作方法规范下，发挥出群体创新的协同效应所表现出的整体特性。丁志华等（2005）认为团队创造力是在领导者的协调下，以团队工作方式整合、发挥多个成员协同工作能力的创新表现。比如，科技团队领导者通过甄选团队成员、改进组织创新制度，选拔一些专业互补、善于合作的团队成员，并鼓励他们在完成团队目标的过程中，提出各种新颖且独特，又富有社会价值和社会意义的创新成果。

2. 对创造力界定的"结果观"

另一部分学者认为创造力是一种结果。在组织行为学中，持"结果观"的学者认为创造力会产生一些新颖且具有实用功能的新想法或新流程（Amabile，1988；Mumford & Gustafson，1988；Shalley，1991）。例如，Rogers（1954）将"创造力"定义为，在一定的工作场所情境下，或为了完成某一事件、任务，员工结合自己的特质、经验与专长，提出一些具有新意的相关产出。Amabile（1983）认为，创造力是由各种创新主体（可以是个人，也可以是团队整体，甚至还可以是一个组织、一个行业）提出的新颖且有用的想法。独特性是区分新颖想法与一般想法的关键。有用性，是指该想法在长期或短期实践中有升值的可能。因此，创造力既可以是对流程的渐进性改进的建议，也可以是突破性的革命（Mumford & Gustafson，1988）。

这是由于，组织与员工的高创造力在外往往表现为一种内在的统一性。例如，在实践中，高创造力的员工即使在面对一些从未处理过的新情况，也能表现出将各种松散、杂乱无章的信息、知识等进行整合创新的能力。如 Robinson 所言，如果一个组织中的员工能自发地提出一些新颖且有潜在实用价值的成果，那么，富有创造性的组织便产生了。

员工创造力的成果对企业的长期生存和成功至关重要，并最终转变为改进（对已有的变革）和创新（对组织而言是完全崭新的行动）。就团队整体而言，有学者将员工的个体创造行为看作团队创造力的"投入"函数（Taggar，2002；Woodman，1993），表现为一起工作的个体在复杂社会系统中创造出有价值、有用的新产品、服务、方法和流程。也有学者将团队创造力界定为某一时点上团队内部成员创造力的平均值或加权平均值（Pirola-Merlo，2004），突出团队整体在服务、流程、产品方面提出新的有用的方法、方案，既认可团队针对业务问题提出富有创造力的解决方法，又肯定对工作流程进行富有创造力的改进。本研究中，作者将创造力界定为，改进一个产品的新想法、服务、实践、过程、流程，既包括原创性的新想法，也包括能被直接运用到实践中，或将转化到实践中的有用想法（Zhou & Shalley，2003；Baek-Kyoo Mclean & Yang 2013）。

（二）创造力的层次

创造力是少数几个可以在多层次上定义的概念之一（Drazin，Glynn & Kazanjian，1999）。不论是作为结果还是作为过程，它都具有在不同层次上分析的意义（Chen，Mathieu & Bliese，2004）。例如，作为结果的创造力是指员工个体、团队或者组织产生的新奇且适用的产品或服务。作为过程的创造力造就结果的步骤或行动。创造力的过程同样可以在员工个体、团队和组织三个层次上实现。同时，创造力还表现出既同构又同源的特性。一方面，同构性体现在研究者可以在不同的层次上定义创造力，且这些概念的结构不会由于层次不同而改变。产生新想法或者试验新想法——这一核心的概念在员工个体、团队和组织三个层次都可以体现。另一方面，同源性表现在不同层次上的创造力有着相似的关系（Chen，Bliese & Mathieu，2005）。员工个体创造力的影响因素也会对团队整体创造力产生作用。例如，个体和组织的目标都可以影响创造力（Gilson & Shalley，2004；Shalley，1991）。本研究中，作者同时选取员工个体创造力与团队整体创造力作为创造力多层次研究的因变量。

从结果观的视角，将员工创造力定义为员工个体产生的新奇且有用的想法；从过程观的视角，团队创造力被定义为，通过一系列的团队互动过程，将团队成员的多样化知识和技能等投入要素，整合为团队整体创造性的产品、工艺、服务或流程，既包括团队整体产生新的想法，也包括将这些新的想法运用到实践中。

二 员工创造力的多层次相关研究

从多层次的观点来看，员工创造力受到个体、团队和组织三个层次的影响。结合本研究需要，笔者关注员工的个体差异、员工感知的环境差异以及两者之间的相互匹配，将员工创造力研究界定为同层次的相关研究，将聚焦团队整体氛围以及组织共享情境与员工个体创造力的研究界定为多层次的相关研究。

（一）同层次的员工创造力研究

从学者对"同层次的员工创造力"研究的发展阶段看，先后经历了侧重个体能力与技能的"特质观"阶段、考虑多种因素混合作用的"关联观"阶段和综合工作环境影响的"情境互动观"三个阶段。

1. "特质观"阶段

创造力的概念界定，经历了一个漫长的心理学研究发展过程。起初，一些学者从个体具有的特质视角研究，即具有何种能力和资质的人在识别问题、整合新信息上比其他人更具效能，更适合做一些富有创造力的工作（Shalley & Gilson，2004）。因此，个体层次员工创造力的研究注重对个体差异的关注，多突出个体的人格特质、认知过程、动机、情感等方面特质对员工创造力的影响。研究者假设创造力是个体孤立时顿悟的产物，也是一个发生于个体内部的过程。此外，学者还关注如何通过测试或者学习识别富有创造力的个体，或是探寻可以提升个体创造力的一些训练方法和训练技巧（Shalley & Gilson，2004）。

研究发现，与一般人相比，富有创造力的个体更加独立、自信、兴趣爱好广泛、高成就导向，以更开放的心态面对新事物，勇于打破常规、甘愿承担创新失败的风险（Ford，1995；Simonton，2000）。富有创造力的员工倾向于从多层次、多角度探索、寻找问题，并创造性地解决问题（Csikszentmihalyi & Getzel，1988）。从个体视角来看，研究者多关注员工的特质、特征、技能、经历、动机和智力等对个体创造力的影响（Joo，Gary & Yang，2013）。

（1）高创造力的人格品质特征

研究者试图从一些可以测量的内外部因素（如智力、性格、创造力因素等），来寻找高创造力员工的特质。例如，Guilford（1959）试图找出和测量"创造力"的特质。另外，还有很多学者将创造性成果与人的性格特征联系起来（Barron，1981；Gough，1979；Machinnon，1962；Torrance & Khatena，1970）。通过研究发现，富有创造力的员工具有以下典型特征：他们拥有高创造性的自我意识、对自己的工作能力充满自信，容易被复杂性的工作所吸引、倾向于选择自主性较高的工作；能公正独立地判断和处理各种信息；兴趣爱好广泛，较一般人更愿意承担创新中可能出现的各种风险（Amabile，1988；Eysench，1993；Shalley & Gilson，2004；Sternberg & Lubart，1999）。他们积极主动地寻求各种潜在机遇，勇于将新的想法运用于工作实践中，持续不懈地面对各种挑战。最终，把自己利于创新的各种品质发挥出来，为个人和公司赢得最佳的成就（Crant，2000）。

（2）高创造力的认知风格

研究者重点研究创造力所需要的认知技能。比如，Newell，Shaw和Simon（1962）使用信息处理的研究方式，将创造视为打破僵局的捷径。Kirton（1976，1994）提出创造力适应理论，认为个体有一种寻找解决问题的偏好。他提出一个两极连续的认知方式：适应者和创造者位于相反的两个极端上。前者倾向于在已有的流程和范式中进行操作定义，而后者则打破传统方式，自我创造出一种新的解决办法。也有一些测验被用来了解创造力的形成过程。Guilford（1963，1967）的可选用途任务（Alternative Uses Task）测试就是用来检验智力结构理论（Guilford，1959）中的发散思维。还有学者基于以上研究成果，开发出与之相应的培训课程来促进个体创造力的认知过程。Osborn（1953）提出的头脑风暴法，包括不得以任何方式来评估他人的想法、鼓励疯狂的想法、鼓励更多的想法和根据他人的想法进行思考或改进四个规则。基于此，再筛选得到出现频率最高的想法。Parnes，Noller和Biondi（1967）设计了一系列个体和团队的训练项目，来培训员工创造性解决问题的能力。总体来说，许多测验可以用来评估个体的创造力，也有很多课程可以培训和开发员工的创造力。

（3）高创造力的个人动机

员工对工作本身的内部成就动机，如工作对员工职业发展的助力、员工出于对某种工作的热爱而产生了强烈的职业认同感，能够显著促进组织内个体创造力的提升。与之相反，一些来自工作本身以外的外部动机，如一味增加物质奖励等，则可能有碍于个体创造力的提升（Hulsheger，Anderson & Salgado，2009）。有学者发现，即使是持保守价值观的员工，在变革性领导激发下，也能发挥出高创造力（Shung & Zhou，2003）；变革型领导和员工学习倾向经由自我效能感影响员工创造力（Gong & Huang，2009）；员工的内部动机能经由风险态度影响个体创造力（Dewett，2007）。

此外，心理授权也能显著影响员工的工作动机，促进或抑制员工个体创造力的发挥。心理授权感强的员工倾向于选择自主性高的工作，较少地受到"条条框框"的束缚，期望激发出较高的自我效能感，并在工作中表现出较高的创造力（Gretchen，1995）。心理授权感强的员工倾向于选择"条条框框"束缚少的高自主性工作，并在这一自主工作的过程中，表现出较高的个人创造力（Gretchen，1995）。

（4）高创造力的个体技能特征

取得高创造力需要一系列与创新相关的技能（Ambile，1988），学者将其简要地归纳为：①思想力：产生创新性的思想、善于运用发散性思维；②想象力：产生可替取代旧工艺的新想法；③判断力：面对复杂环境、迅速作出判断的能力（Shalley & Gilson，2004）。研究表明，创造力要求一种独特的"认知知觉"，而以上技能对创造力的产生起着决定性作用。学者认为，一个人要在工作实践中产生高创造力，不仅要有精准的记忆力，还要善于采用启迪式的方法，能对一个较长时间段的、不同来源的信息进行有效整合（Amabile，1988）。此外，个体所具有的其他能力，诸如发现问题、识别问题、构建问题、整合问题的能力，也是产生高创造力的重要因素（Mumford，Baughman，Maher，Costanza & Supinski，1997）。

（5）高创造力与知识的广度 – 深度研究

对特殊领域的专业知识掌握程度，能反映个人的教育背景、培训经历、在某一个特殊领域的专业知识结构（Gardner，1993）。人力资源发展计划（Human Resource Development，HRD）能直接或间接地影响员工个体创造力的高低。例如，教育背景显示出个人的大量知识基础、专业观点和学习经历。学者还通过实验检验了多视角、多样化学科背景对个体解决问题、发现问题和构建理论的能力影响。研究表明，拥有多视角、多样化学科背景的个体更善于解决复杂、模糊的问题。创造力培训能教会员工如何通过使用一些模式化的常规方法逐步提升自己在日常工作中的思考模式和解决问题的能力，进而提升员工的个体创造力（Shalley & Gilson，2004）。因此，从某种意义上说，创造力也可以通过后天的训练而习得，相关培训课程能极大地提升组织中的员工个体创造力。

（6）高创造力与员工个人经历的关系

研究表明，如果对某个领域的常规工作流程或现状缺乏了解，个体也将很难在这一领域表现出高创造力（Shalley & Gilson，2004）。因此，员工对某一领域的工作经历是其发挥创造力的必要条件。虽然熟悉的工作可能带来一些习惯性绩效（Ford，1995），但富有创造力的员工也可以通过改进某项技能和行为，而取得更好的个体工作绩效。

（7）高创造力与压力的关系

员工由工作挑战而产生的内在压力与创造力的产生有正向关系。大量研究表明，内在动机与高创造力是正比例关系（Amabile，1988）。例如，持自我决定论观点的员工认为，当他的胜任力与所接受任务的难度相匹配时，这种情况最能激发其创造力（Baek – Kyoo，McLean & Yang，2013）。再如，一项针对研发团队专业人员的创造力研究表明，创造力的高低与员工个体的内在动机密切相关（Amabile & Gryskicz，1989）。

（8）高创造力与智力的关系

仅有部分外部效度有限的研究表明，智力与创造力之间有正向关系（Nickerson，1999）。智力可能在一定程度上，增强员工个体创造力。但是，当一个员工的智力达到或超出他本职工作的要求时，个体智力与创造力之间的正向关系就开始变得微弱（Robinson & Sten，1997）。

（9）高创造力与个人情感的关系

Geoger 和 Zhou（2007）的情绪投入研究表明，在一定的情境因素下，员工感知到的积极情绪和消极情绪都可能对个体创造力产生正向或负向的影响。当员工处于支持性的组织情境时，消极情绪也能提高个体创造力。

由此可见，心理测量和认知方法学，是最初学者对"创造力"研究的常规视角。人们认为不太容易培训出来的创造力，却一直蕴含在个体之中，当受到某种随机的影响（比如，灵感一现）而意外地产生（Baek - Kyoo，McLean & Yang，2013）。

2. "关联观"阶段

该观点认为，工作情景是个体创造力与团队创造力的预测变量之一。这是由于，在某一个特定环境中工作的人，往往具有一些共同的特点和行为规范（Amabile，Conti，Coon，Lazenby & Herron，1996）。尽管学者不可否认，组织情境中的员工创造力可以经由激励、练习、培训的方法来得到提升这一事实。例如，一个经理可以在有效的管理幅度下，对下属的员工创造力进行实时监督。但是，组织工作环境，却是影响团队、员工产生创造力的最核心因素。因为创造力的产生不可能，也不会在一个真空中出现。它是由一个包含员工个体能力，承担一定压力、资源和掌握一定社会技术手段的复杂体系完成的（Mumford, Scott, Gaddis & Strange, 2002）。

学者将除员工个体能决定的因素以外的其他因素，如工作环境中各种潜在的、可能对员工创造力产生影响的因素都归为工作情境因素（Shalley, Zhou & Oldham, 2004），主要包括工作岗位设置、任务安排，以及员工与同事之间、员工与上司之间的社会关系等。在理论上，工作情境由一系列可能对创造力产生促进或抑制作用的相关因素组成。从工作情境的研究视角来看，为了透彻分析员工创造力的影响因素，研究者需要借助心理学、社会学、经济学、人类学以及其他社会科学类的学科知识。工作情境大体上可分为任务情境、人际情境、文化情境和组织结构四个方面。

（1）任务特征

创造力与工作任务相关的研究主要集中在工作本身的复杂性、常规性、依赖性，依据员工对工作任务的自我控制感等领域。当员工认为其所承担的工作具有复杂性时（高自主性、有反馈、多样性）（Hackman & Oldham, 1980），就有可能通过激发员工的内部动机，帮助员工提出更多更好的新想法。尤其是，员工的兴趣和动机与工作相匹配，且员工具有完成该工作必需的能力时，员工创造力将得到更大的提升。例如，Tierney 和 Farmer（2002, 2004）以岗位说明书（Roos & Treiman, 1980）所指的工作内容为工作复杂性的客观衡量指标的研究发现，工作复杂性与员工创造力呈现出显著正相关。与事务性的常规工作相比，高挑战性和高复杂性的工作任务更能激发员工强烈的内在动机，让他们感到该项任务是富有创新性和意义的，会提升员工的个体创造力（Choi, 2007）。任务的常规化对创造力有着或正向或负向的影响：较简单、易解决的常规性任务，会阻碍员工创造力的发挥

（Choi, Anderson & Veillette, 2009），复杂的、需要较多思考才能完成的常规性任务，却能促进员工创造力的提升（Ohly & Sonnentag, 2006）。此外，当员工自己能够控制任务进度、顺序和过程时，其个人创造力水平则较高（Amabile, Conti, Coon, Lazenby & Herron, 1996）。

（2）人际关系

对于人际情境与创造力关系的研究主要集中在领导行为、同事关系两个方面。

第一，领导行为与员工创造力。大量研究证明了领导行为与员工创造力之间的正向关系。有学者从内在动机理论角度解释了支持型的领导风格更能激发内在动机，而领导的控制行为会削减下属的内在动机与个体创造力（Deci & Ryan, 1985）。当领导对员工创造力的支持是更多地关注员工的感受，为他们提供公正的、积极的信息反馈，并鼓励他们表达自己的观点时，员工个体创造力会有显著的提高（Deci, Connell & Ryan, 1989）。相反，控制型领导紧密关注员工行为，不考虑员工意见而做决定，对员工制定各种苛刻的规章和制度，都会抑制员工个体创造力的发挥（Deci, Connell & Ryan, 1989）。此外，领导者乐于接受员工提出的新想法、对团队整体目标设定清晰，也将有助于提升员工创造力（Amabile, Conti, Coon, Lazenby & Herron, 1996）。

第二，同事的关系与员工创造力。与领导的支持行为研究结果一致，同事之间的支持和帮助行为也能通过内在动机影响员工个体创造力的发挥。从角色认识理论来解释，当员工认可同事对他的创新期望时，来自同事之间的帮助和支持，都能显著提升他的内在动机。相反，同事之间的不支持行为和竞争关系都将磨灭员工的内在动机，降低他们的创造力。另外，当员工与创造力高的同事一起工作时，他会自觉地将该同事看成个人今后工作创新中的榜样，通过对其的观察、模仿获得提高自身创造力的方法（Zhou, & George, 2003）。Amabile, Conti, Coon, Lazenby 和 Herron（1996）通过研究工作小组中同事之间的互助行为，发现团队成员之间开放的、真诚而无敌意的沟通，相互学习与工作相关的各项技能，能显著提升员工创造力。类似的，还有 Zhou 和 George（2001）研究同事之间的互助及信息反馈对员工个体创造力的正向作用。但也有些研究未能证明以上观点。例如，George 和 Zhou（2001）发现同事之间沟通不畅与在工作中为同事提供有建设性的实质性帮助并不影响单个员工的创造力。

（3）奖励

对此，学者持有两种不同的观点。一部分学者认为一些或有的奖励对员工个体行为存在一定的导向性，会降低员工的内在动机与个体创造力（Amabile, 1996）。另一些学者认为奖励能激发个体创造力，因为这种奖励本身就包含有肯定创造力变的个体的信息（Eisenberger, 1992; Eisenberger & Armeli, 1997）。学者们从以上两个视角都做了大量的研究，都找到了相应的证据（Amabile, Hennessey & Grossman, 1986; George & Zhou, 2002）。例如，Eisenberger 和 Rhoades（2001）以大学生为研究对象，让他们取一个富有新意的故事标题。结果发现，承诺得到金钱报酬的大学生取得比没有金钱报酬更高的个体创造力。与此相反的是，Kruglanski, Friedman 和 Zeevi（1971）同样以大学生为对象研究发现，在两个工作任务上，没有承诺有外部报酬的个体创造力反而高于承诺有报酬的那些个体。

（4）评价

研究发现，当员工期望自身的创造力被公正评价时，他们的个人创造力就会处于一个较低的水平（Bartis，Szymanski & Harkins，1998；Cheek & Stahl，1986；Szymanski & Harkins，1992）。可能的原因是，员工重视对创造力结果的评价胜过创新工作本身，导致低内部动机和低创造力。另外，Zhou（1998）的研究发现，给予员工评价性的信息反馈（例如，"这项工作你处理得非常好！恭喜你！加油哦！"）却能促进员工创造力的提升。

（5）反馈

Shalley（1995）的实验研究发现，当员工在一个独立空间内，受到与他的个体目标相符合且持续动态的正向评价时，他的创造力将达到最高。Zhou（1998）将反馈分为效果和形式两部分。前者涵盖了领导者的积极反馈和消极反馈，后者指领导者以何种方式进行反馈。Zhou（1998）的实验研究发现，当领导者向员工传递积极反馈的信息时，员工易取得高创造力；当领导者传递消极反馈的信息成以控制方式传递反馈信息时，员工易产生中等水平的创造力；当领导者以控制的方式传递消极反馈信息时，员工取得的个体创造力最低。据此，研究者证明了发展性反馈对员工个体创造力的积极作用。

（6）创新氛围

大量研究证明，组织创新氛围对员工创造力的正向作用（Amabile，Conti，Coon，Lazenby & Herron，1996；James，Brian & Joseph，2008；王端旭，洪雁，2010；张燕，怀明云，章振，雷专英，2011）。若组织文化包含了支持创新性行为的氛围，员工的心理安全感就会在氛围中得到加强，也会发挥出更高的创造力（Edmonds，2003）。因此，心理安全、知识分享是团队创新氛围的重要内容。员工的心理安全感能够有效提升其创造力。例如，组织保护员工的信息隐私权既能使他们没有被监视感，也能促使他们产生新的观点（West，1967），提升他们的创造力（George & Zhou，2001）。

（7）其他因素

员工感知到的组织鼓励和组织支持，如组织能对员工的一个新想法的价值做出公正的判断，不断肯定其工作的创新性，鼓励员工创新并愿意为之承担风险；团队为员工创新提供丰富资源，如仪器设备、资金、信息资源等行为和举措都将增强员工的组织支持感，并帮助他们取得更高的个人创造力。而另外一些抑制员工创造力发挥的因素也可能来自组织层面，如涉及公司内部的敏感政治问题，领导者对员工某些新想法的苛责，同事之间破坏性的竞争关系，让员工长时间超负荷工作或完成某一项工作的时间压力过大等行为和举措，都将磨灭员工的组织支持感（Amabile，1995，1996）。

3. "情境互动观"阶段

学者将影响创造力的因素划分为工作情景因素（组织支持、上级支持、团队成员支持、工作设置等）和个体影响因素（智力、个人品质、知识结构、技能、动机）两大类（Amabile，1996；Csikszentmyhali，1996；Sternberg & Lubart，1999）。近年来，更多研究开始从多层次、多因素整合的观点研究创造力的影响因素。

依据 Woodman（1995），创造力的产生是员工个体与环境相互影响的结果。持交互观（Interactional）的学者认为，创造力是员工个体与既定的复杂工作情境的综合产出。他们研究了包含分析创造力产生的过程、识别富有创造力的产品与高创造力员工、易于发挥创造力的情境以及上述因素之间的相互影响。换言之，他们认为创造力产生于整个体系中。这一体系是由个体、团队、组织三个主体的特征和行为共同构成的情境，且下一层次（较低层次）常受到来自同一层次、上一层次（较高层次）中某一突出因素的影响（Woodman，Sawyer & Griffin，1993）。这是由于，组织情境中的员工，隶属于某一个团队，团队又隶属于某一个组织。此时，员工如同一个小圆环嵌套在一个（团队）又一个（组织）更大的圆环之中。因此，组织内部的共享氛围（较高层次中的某一突出因素）可以对团队整体（中间层次）和员工个体（最低层次）的创造力产生影响，团队内部的共享氛围（中间层次）也可以对员工个体（最低层次）的创造力产生影响。

（1）单一个体因素与环境匹配研究

早期的员工创造力研究关注单一个体因素与环境匹配研究，主要体现在以下两个方面。

第一，个体特质与环境的匹配研究（George & Zhou，2001；Oldham & Cummings，1996）。例如，Oldham 和 Cummings（1996）发现，在复杂性工作与支持性的领导情境下，具有高创造性人格的员工易产生高水平的创造力。Madjar 和 Oldham（2002）发现创造性人格特征未能在上级、同事支持与员工创造力之间起到调节作用，却能在家庭、同事支持与员工创造力之间起到调节作用，且这种来自家庭、同事的支持对低的创造性人格的员工激励效果最为明显。

第二，认知风格与环境的匹配研究。Tierney，Farmer 和 Graen（1999）的研究发现，当领导支持与领导部署关系处于高水平时，自我适应风格的员工能产生大量的发明和创造意愿。Baer，Oldham 和 Cummings（2003）发现，对于从事简单工作、自我适应风格的员工而言，高报酬往往意味着高创造力。但研究也发现，复杂的创新工作并不是简单地由外在报酬所激励的。在自我适应风格/复杂工作或者创造风格/简单工作的情境下，即使增加外在报酬，员工也处于较低的个体创造力水平。

（2）两个或两个以上环境因素之间的相互作用与员工创造力影响的研究

与单一个体因素与环境的匹配相比，已有研究中关于两个或两个以上环境因素之间的相互作用对员工创造力的影响研究较少（Baer, Oldham & Cummings, 2003; Shalley, 1991; Van Dyne, Jehn & Cummings, 2002）。学者一般采取"自变量—调节变量—因变量"的模式进行研究，即选取某一个因素作为自变量，另外一个或多个因素作为调节变量，以员工创造力作为因变量来进行研究。具有代表性的研究有 Shalley 和 Oldham（1997）（实验一）、Zhou 和 George（2001）（实验二）的实验研究。前者研究发现，员工创造力的发挥很大程度上取决于竞争对手是否可见。当员工能在同一个房间里看见竞争对手时，其创造力比看不见竞争对手时低。他们认为在竞争对手可见的情况下，员工在竞争中的控制感增强，导致员工创造力降低。后者在实验一中，让上级给予员工明确的指示、任务以及以何种方式完成工作，使员工感到领导在对自己监视、评价和控制。实验二在实验一的基础上，加入了其他影响因素：①上级给予员工发展性的反馈和高创造力同事的出现；②测量员工是否具有创造性的人格特征。实验二表明，当高创造力的同事出现、上级减少对员工的控制时，高创造性人格的员工创造力提高；当高创造力的同事出现或上级发展性反馈增加时，低创造性人格的员工创造力提高。

综合以上各种员工个体创造力的相关研究可以看出，学者对员工创造力的认识已从个体特质延伸到外部环境，再由外部环境对个体创造力的影响发展到双向互动的视角。已有研究几乎涵盖了影响员工创造力发挥的各种情境因素，取得巨大的进步。

（二）多层次的员工创造力研究

与单一层次研究相比较，多层次员工创造力作为一种崭新的研究方法和视角，目前还处于起步阶段。但已有大量学者开始呼吁更多地对员工创造力进行多层次的研究（Anderson，De Dreu & Nijstad，2004；Shalley，Zhou & Oldham，2004；Woodman，Sawyer & Giffin，1993）。

1. 多层次的员工创造力理论模型

早在 1985 年，创造力研究刚刚兴起的时候，Rousseau 就描述了组织科学领域多层次研究的三种模型。第一种被称为构成模型（如 Chan，1998；Rousseau，1985）。此模型中，不同层次的概念被假定有共同的含义或有不同层次的类似现象。当这些概念与法则网络中的其他概念在不同层次上有着相同的函数关系时，就存在同构现象。比如，不同层次的领导对员工创造力的影响。Yammarino，Dionne，Schriesheim 和 Dansereau（2008）指出工作场所的领导行为有四个层次（个体层次、两人对子层次、团队层次和组织层次），而领导在各个不同层次都能对员工创造力产生互动作用。第二种是跨层次模型。一个最直接的例子是，个体层次上的自变量 X_1 和团队层次上的自变量 X_2 对员工创造力的影响。研究者可以检验 X_1 和 X_2 对创造力的主效应，也可以研究 X_1 和 X_2 的交互作用。后者检验 X_1 和 X_2 之间统计上的交互作用对员工创造力的影响。第三种就是将关于自变量和因变量之间的关系推广到不同层次分析。例如，Klein，Dansereau 和 Hall（1994）依据 Staw，Sandelands 和 Dutton（1981）提出威胁-僵化理论阐释了组织行为学中的多层次模型。但是令人遗憾的是，在创造力领域至今尚未形成一个真正、准确、可检验的多层次模型（周京，2012）。

2. 多层次的员工创造力实证模型

个体层次的员工创造力研究多关注员工个体与环境的匹配和交互作用；团队层次的员工创造力研究多从结果视角关注个体创造力如何

整合成为团队创造力，或只关注团队整体的创造力（Amabile，1996；Nijstad & De Dreu，2002；Agars，Kaufman & Locke，2008）。因此，缺乏在组织情境下，员工创造力的多层次实证研究。可能原因是收集多层次数据本身的难度。比如，定量分析的数据收集需要研究者提出可靠的统计推断，研究者必须确保样本量在多层次分析中是足够大的，这势必增加研究的难度和经费。在未来的研究中，研究员需关注两个问题。第一，关于不同层次工作场所的前因变量是如何共同地影响创造力的。结合同层次上员工创造力的已有研究，这些前因变量可以是领导风格、与同事之间的关系、任务情境、目标、反馈、奖励、评价、创新氛围等。第二，关于相同的预测变量是否以同样的方式影响着不同层次的创造力。相比个体层次的研究，研究者相对不太了解领导行为对团队创造力的作用方向、影响大小以及作用机制。此外，领导行为对团队创造力与对员工创造力的影响方式是否一致，都是值得进一步研究探讨的问题。

（三）员工创造力的测量

大多数关于员工创造力的研究是在行为实验室中进行的，或者是在各个组织中进行实地观察。如表2－4所示，笔者依据已有研究整理了主流组织行为的研究者进行员工创造力测量的五种方法。

由表2－4可知，由于学者对员工创造力的概念界定尚未达成一致的共识，因而方法选择上的立足点也有所不同，涉及的影响因素也非常多。基于本研究目的以及选择的调查研究方法的可行性与可操作性，本研究选择实地测量法来获得研究员工创造力的数据，选用Farmer等学者2003年发表于 *Academy of Management Journal* 的员工创造力量表。

表 2 - 4　创造力的测量、影响因素及其研究方法一览

方法及描述	相关文献	研究方法类型	数据来源	考虑因素	适用范围	优、缺点	贡献	缺陷
实验室研究：在控制的条件下，操纵一个或多个自变量，用统计推断评估对创造力的影响。其他的测量，通常采用调查问卷，调查，并作为中节变量或中介变量进行分析	• Milgram & Milgram, 1976 • Runco, 1991 • Amabile, 1979 • Amabile, 1983 • Choi & Thompson, 2005 • Hennessey, 1989 • Paulus & Yang, 2000 • Shalley & Perry - Smith, 2001 • Zhou, 1998 • 宋晓辉、施建农，2005 • 王烨、余荣军、周晓林，2005 • Goncalo & Staw, 2006	定量研究方法	• 由单一的上级测评或是由多个专家的协议测评技术（Amabile, 1982） • 调查问卷	• 在工作中来促进创造力知识的手段的可行性 • 参与者的任务类型	• 建立检验某一现象的效度，并讨论这些结果在多大程度上适用于组织情境	• 优点：能控制干扰因素 • 缺点：外部效度有限	• 确定对创造力的因果影响（假设检验）	• 揭示组织创造力的复杂性 • 发现新的影响创造力因素以及创造力与其他变量之间新的关系（假设生成） • 研究创造力的过程 • 提出创造力的过程是如何随着时间的推移展开的

续表

方法及描述	相关文献	研究方法类型	数据来源	考虑因素	适用范围	优、缺点	贡献	缺陷
横截面的相关研究: 定量地测量两个或更多个的变量, 检验它们之间的统计关系	• Amabile, Conti, Coon, Lazenby & Herron, 1996 • For & Gioia, 2000 • Oldman & Cummings, 1996 • Perry – Smith, 2006 • Ruscio, Whitney & Amabile, 1998 • Scott & Bruce, 1994 • Shin & Zhou, 2003 • Zhou, 2003 • Zhou, Shin, Brass, Choi & Zhang, 2009 • Zhang, Shin, Brass, Choi & Zhang, 2011 • Zhou, Hirst & Shipton, 2011 • Zhou, Hirst & Shipton, 2012 • 张鹏程、刘文兴、廖建桥, 2011 • 郭玗、李燕萍、杜旌、陶厚永, 2012 • 陈璐、高昂、杨百寅、井润田, 2013 • 潘静洲、娄雅婷、周文霞, 2013	定量研究方法	• 由单一的上级测评或是由多个专家的协议技术（Amabile, 1982） • 通过调查问卷（有时通过观察或档案）			• 优点: 数据好收集; 相比较于实验室研究有更好的普适性和外部效度 • 缺点: ①自变量与因变量是同时测量的, 不能进行因果假设检验 ②无法对无关因素及干扰做到绝对的控制	• 确定创造力与其他因素的关系（相关假设检验） • 暗示影响创造力的可能原因	• 发现新的影响创造力以及其他因素之间的新关系（假设生成） • 研究的过程 • 提出创造力的过程是如何随着时间的推移展开的 • 确定变量之间的因果影响

续表

方法及描述	相关文献	研究方法类型	数据来源	考虑因素	适用范围	优、缺点	贡献	缺陷
纵向的相关研究：定量地测量两个或更多的变量，通常通过调查问卷或历史记录，在不同的时间点进行测量。以统计分析检验在一个时间点上的变量，以及变量随着时间的推移程度上发生变化	• Amabile & Conti, 1999 • Simonton, 1997 • West & Anderson, 1996 • 杨鑫、贾良定、蔡亚华、尤树洋, 2013	定量研究方法	• 由单一的上级测评或是由多个专家的协议测评技术（Consensual Assessment Technique, CAT）(Amabile, 1982)			• 优点：能超越横截面数据，可以随着时间变化不断地评估环境变化 • 缺点：对数据要求高，需连续数据，样本丢失大	• 确定创造力因素与其他关系（假设检验） • 更为直接地提出影响创造力的可能原因 • 提出创造力的过程是如何随着时间的推移展开的	• 发现新力创造及其影响因素以及创造力与其他变量之间的新关系（假设生成）

续表

方法及描述	相关文献	研究方法类型	数据来源	考虑因素	适用范围	优、缺点	贡献	缺陷
小样本纵向案例研究：采用长时间的案例研究，信息来自一个或多个个体、团队或组织	• Gruber, 1981 • Wallace & Gruber, 1989 • Sutton & Hargadon, 1996 • Hargadon & Bechky, 2006 • 王端旭、薛慧娟, 2013	定性研究方法	• 检验记录以发现影响创造力的因素类型、创造力及其相关因素及其过程 • 访谈 • 人物观察 • 历史记录		• 仅适用于特定问题——没有被研究、没有数理理解的现象。作为一个有益的起点	• 优点：分析透彻、深入 • 缺点：难以推广及其他样本	• 发现新的影响因素与创造力以及其他变量之间的新关系（假设生成） • 研究一定时间内创造力的过程 • 捕捉组织的复杂性 • 提出影响创造力的可能原因	• 确定创造力与其他因素的关系（假设检验） • 推广到其他个体、群体或组织中（因为小样本）
大样本混合方法：在大型的代表性个体以及/或	• Amabile, 2003 • Amabile, Barsade, Mueller & Staw, 2005 • Amabile, Hadley & Kramer, 2002	定量与定性研究	• 由单一的上级评估的调查问卷 (Amabile, 1982)		• 运用多层次分析对定量与定性的数据进行分析。	• 优点：数据连贯、丰富	• 发现创造力的影响因素以及其他变量之间的新关系（假设生成）	• 检验因果关系

续表

方法及描述	相关文献	研究方法类型	数据来源	考虑因素	适用范围	优、缺点	贡献	缺陷
群体样本中进行实时的纵向（长期的）数据收集	• Mueller, 2002 • Amabile, Schatzel, Moneta & Kramer, 2004 • Kurtzberg, 2005	究方法的综合运用	• 访谈资料 • 长期的创造力评估 • 研究者的观察 • 对特定事物的长期的经验抽样报告			• 缺点：数据难以获得，工作量大	• 研究一定时间内的创造力的过程 • 捕捉组织创造力的复杂性 • 确定影响创造力的可能原因 • 推广到其他个体、群体或组织中 • 阐释特定事件在特定组织情境中的作用	

资料来源：依据周京、克里斯蒂娜·E. 莎莉《组织创造力研究全书》的相关研究整理。

三 团队创造力的多层次研究

在团队创造力这一概念形成之前，有学者对其合理性提出了质疑，Van Gungy（1984）认为只有个体才具有创造力，团队层次的创造力这一概念是不存在的。Amabile（1988）也指出个体创造力和小团体创造力之间并不存在根本差别。然而，随着团队这一形式在组织中的广泛运用，越来越多的组织意识到通过团队形式能够获得更多富有创造力的观点，并能将这些观点转换成新的、有用的技术、产品与服务（Iansiti，1999；Thanhain，2003），提高组织创新能力。同时，在组织的日常工作中，那些富有创造力的个体在彼此互动中表现出创造力水平有着较大差异，比如"1 + 1 + 1 > 3"和"1 + 1 + 1 < 3"的情况经常出现。团队整体的创造力表现并不能通过简单加总成员创造力来判断。因而，从多层次角度来看，团队创造力也受员工、团队和组织因素的影响。结合本研究需要，作者将基于员工个体和团队整体的团队创造力研究界定为同层次的团队创造力研究，将综合考虑员工个体、团队整体属性的研究界定为多层次的团队创造力研究。

（一） 同层次的团队创造力研究

同层次的团队创造力研究包括员工个体投入的整合观和团队整体属性的决定观两类。

1. 员工个体投入的整合观

持有整合观的学者认为，员工个体的创造力水平直接决定了团队创造力的高低，个体创造力是团队创造力的重要投入因子和决定要素。与那些由缺乏创造力的个体组成的团队相比，由高创造力水平的员工组成的团队能发挥出更高的创造力，即高员工个体创造力导致高团队创造力。持这种观点的代表学者主要有丁志华等（2005）、周耀烈、杨腾蛟（2007）等。

丁志华等学者认为团队创造力是团队内部结构、成员的个体创造力、创新氛围和领导者的个人素质构成的函数（丁志华等，2005），强调团队领导人在团队成员个体创造力、团队整体结构和团队创新氛围方面的调节作用。

$$C_{team} = \left(\sum_{i=1}^{k} C_i \times S\ (S_1,\ S_2,\ S_3) \right) \times E\ (e_1,\ e_2,\ e_3,\ e_4,\ e_5) \times D\ (d_1,\ d_2)$$

公式中，C_{team}：团队创造力，C_i：某个团队成员的个体创造力，S（S_1，S_2，S_3）：团队内部结构，E（e_1，e_2，e_3，e_4，e_5）：团队创新氛围，D（d_1，d_2）：领导者的个人素质，k 是指团队成员的个数。

周耀烈和杨腾蛟（2007）根据创意漏斗理论和阶段—管卡模型提出了"个体创造力向团队创造力转化的透镜模型"（见图2-10），指出团队共享和协作机制在团队创造过程中发挥着重要作用。该模型将个体创造力向团队创造力转换的过程类比为光线通过透镜的过度与聚焦过程，包含两个阶段和两个关卡，从新的视角揭示了个体创造力从无序到有序再到团队创造力的转换和提升过程，并强调影响这一过程的情境因素分析。

持员工个体投入整合观的学者认为，员工个体创造力之间的差异直接决定了团队整体创造力水平。因此，他们将员工个体创造力作为团队整体创造力的重要投入因子之一。他们认为这种分析方式，既分析了员工的个性差异、认知能力与风格、任务动机等对员工个体创造力的影响，也综合考虑了领导者行为、团队氛围、组织环境

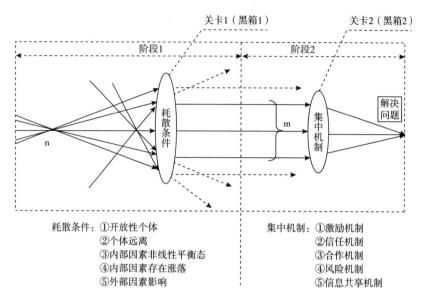

图 2 - 10 个体创造力向团队创造力转换的透镜模型

资料来源：周耀烈、杨腾蛟：《个体创造力向团队创造力转化的机理研究》，《科学学研究》
2007 年第 2 期，第 409～413 页。

等外部环境对团队创造力的影响，但对团队构成、团队成员差异等
团队整体属性因素的影响分析不足。

2. 团队整体属性的决定观

持有团队整体属性决定观的学者基于 R&D 团队、项目小组和小
组头脑风暴的研究成果，认为团队创造力的产生是一个复杂的互动过
程。在这一过程中，它蕴藏于个体创造力之中，却不等于个体创造力
的累加，而是取决于团队整体属性的作用机制（Drazin，Glynn & Ka-
zanjian，1999）。比如，Barlow（2007）将团队成员思考问题角度的一
种"顿悟式转换"视为团队创造力。我国学者傅世侠、罗玲玲
（2005）也将团队的整体属性视为团队创造力发挥的关键。在对我国
科研课题组的系统分析基础上，两位学者构建了科技团队创造力评估
模型，发现课题组成员的员工创造力（个人成果）、课题难度（课题的

探索性）和团队创新氛围是影响科研课题组整体创造力的三个主要因素（见图 2-11）。在此模型中，他们基于科研课题组的团队内部氛围、外部氛围和其他氛围，综合开发了评价"团队创造氛围"的量表。

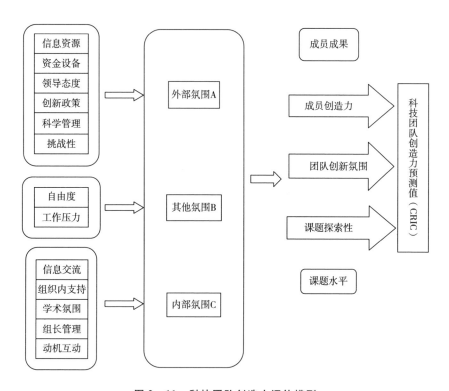

图 2-11　科技团队创造力评估模型

资料来源：傅世侠、罗玲玲：《构建科技团队创造力评估模型》，北京大学出版社，2005。

　　学者认为团队创造力的过程研究与个体创造力的过程研究相比最大的不同是，前者侧重于观察和分析团队成员之间的知识交换和各种互动行为，以及这些行为是如何有效激发和提升团队创造力的（Drazin，Glynn & Kazanjian 1999；Hargadon，1999；Leonard & Swap，1999；傅世侠，罗玲玲，2005），而不是认识或揭示个体人的创造心理与行为的内在机制或规律（Guilford，1950）。沿着这一思路，有学者陆续展开了诸如团队成员的快速信任与互助行为（杨志蓉，

2006）、内部人际冲突与面子（赵卓嘉，2009）、团队多样化（朱晓婧，2010）、团队共享心智模型（王黎萤，陈劲，2010）、团队内部社会网络特征（王端旭，薛慧娟，张东锋，2009）等因素与团队创造力形成机制之间的关系研究。但这种观点忽视了员工个体层次的因素对团队创造力的影响。

（二）多层次的团队创造力研究

学者运用多层次研究方法，同时考察员工个体因素和团队整体属性对团队创造力的影响，具有代表性的学者是 Woodman，Sawyer，Griffin（1993）；Taggar（2002）；Pirola－Merlo，Mann（2004）和 Drazin Glynn，Kazanjian（1999）。

Woodman，Sawyer 和 Griffin（1993）将个体层次的创造力模型延伸到了群体乃至组织中，构建了涵盖员工个人、团队整体和组织的多层次的创造力理论。他们认为，团队创造行为是员工与情境之间复杂的互动过程，受到以往和现在情境等各个方面的影响。在他们看来，"团队创造力"的结果既是员工个体创造行为"投入"的高等函数，也包括团队内外部的各种影响因素作用，如团队内部员工的互动（如团队专业构成、团队年龄分布等）、团队特征（如行为规范、规模、凝聚程度）、团队过程（解决问题的方法）以及情境因素（如组织特点、任务特征）。团队创造力是团队构成和情境影响（组织化、激励系统、资源限制、系统外更大的环境）的创造力函数。在这一模型中，个体、团队和组织通过一系列过程和情境转变为富有创造力的产品。图 2－12 说明员工的个体创造力影响团队整体的创造力，团队整体的创造力也会影响组织整体的创造力。个体改变团队的情境结构，团队改变组织的情境结构，组织情境结构同时制约个体和团队创造力的发挥。个体、团队、组织各层面因素相互作用，组成复杂的创造力理论框架。这是最早的团队创造力模型，首次明确提出了团队创造力是个体创造力、团队构成、团队特征、团队过程和情境影响的函数。

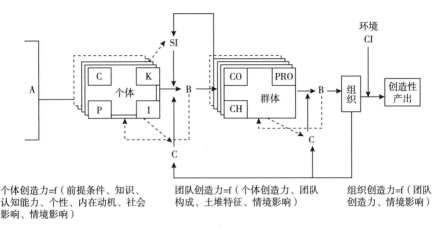

图 2 - 12　组织中的创造力多层次模型

资料来源：Woodman，R. W.，Sawyer J. E. & Griffin，R. W.. 1993. "Toward a Theory of Organizational Creativity". *Academy of Management Review*，18：293 - 321。

Taggar（2002）在拓展 Amabile（1988）构成要素模型的基础上，分析了执行 13 个不同开放式任务的 94 个团队样本，提出了"团队创造相关过程"这一多层次的团队创造过程。该过程分析了员工个体创造力与团队创造力的影响因素以及两者之间的关系。从图 2 - 13 中可以发现，他们所指的团队成员间互动是团队创造力水平的重要影响指标，也强调团队创造相关过程在激发员工个体创造力和团队整体创造力中的重要作用。

Pirola - Merlo 和 Mann（2004）运用 54 个研发团队样本提出了多层次的员工个体的时间累计整合模型，揭示了团队创造力如何形成以及创新氛围如何影响创造行为，进一步明确了团队创造力与成员创造力两者之间的关系。该模型中（见图 2 - 14），右侧部分表示

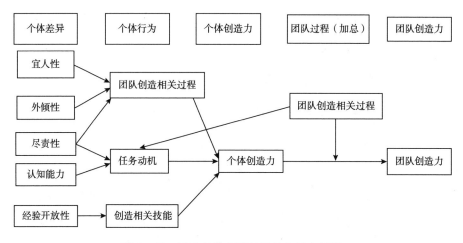

个体差异　　个体行为　　个体创造力　　团队过程（加总）　　团队创造力

图 2 - 13　团队创造相关过程的多层次模型

资料来源：Taggar, S. . 2002. "Individual Creativity and Group Ability to Utilize Individual Creative Resources：A Multilevel Model". *Academy of Management Journal*, 75（2）：315 – 330。

团队创造力与个体创造力之间的关系，左侧部分表示由于员工个体差异导致的创新感知；中间部分解释了团队整体的创造力与团队成员个体创造力的关系——在某个特定时点的团队整体创造力，等于团队成员个体创造力的平均值或加权平均值；整个团队创造力由各时点团队创造力的最大值或平均值衡量；员工个体创造力的贡献大小受到任务（如任务相互依赖性等）、团队成员和团队领导者多方面的影响；右侧部分揭示了员工对创新的感知差异以及其与创造力的关系——创新氛围经由个体创造力间接影响团队整体的创造力。

Drazin，Glynn 和 Kazanjian（1999）通过波音 777 的项目中不同员工构成的创造力参与活动的涨落形成对员工、团队乃至组织三个层次创造力的分析。就员工而言，创造力表现为员工在创造性活动中的各种投入；就项目整体而言，创造力包含了不同阶段下创造活动的起伏；就整个组织项目而言，创造力则包括个体投入、投入者及其投入时间的变化。与以往的多层次理论模型不同，Drazin，Glynn 和 Kazanjian（1999）是基于过程导向，突出在复杂、模糊和

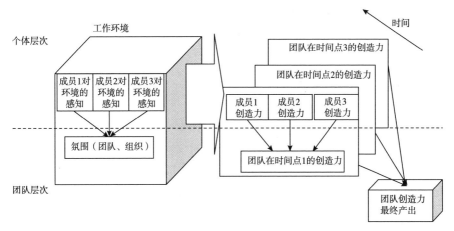

图 2 – 14　多层次团队创造力整合模型

资料来源：Pirola – Merlo，A. & Mann，L.. 2004. The relationship between individual creativity and team creativity：Aggregating across people and time. *Journal of Organizational Behavior*，25（2）：235 – 257。

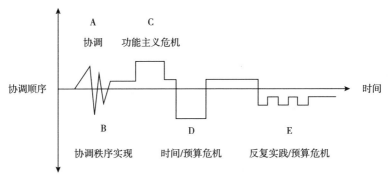

图 2 – 15　大型项目的跨时间模型

资料来源：Dranzin，R.，Glynn，M. A.，Kazanjian，R. K.. 1999. Multilevel theorizing about creativity in organizations：a sensemaking perspective. *Academy of Management Review*，24：286 – 307。

动态的环境中，员工个体与团队整体如何进行富有创造力的活动（见图 2 – 15）。

基于多层次理论进行团队创造力研究的学者，既从理论上肯定了员工个体特质的差异性对团队创造力的影响，也认同团队整体属性以及整体创新过程对团队创造力的作用。他们将员工个体属性、团队整体特征对团队创造力产生的作用机制作为理论研究的重点，力求全面、客观地揭示学术界对团队创造力产生的动态过程认知，是未来实证研究发展的指向标。

（三）团队创造力的测量

由于团队创造力概念的界定尚未形成一致的观点，在实证研究中，学者基于各自不同的研究目的，采用不同的测量方法进行团队创造力的测量。Gully，Devine 和 Whitney（1995）指出研究模型中所有构念都在团队层次上进行时，两者的关系会更强。Hulsheger，Anderson 和 Salgado（2009）指出与独立评价和客观指标相比，在同样采用自评创造力方法的情况下，调节变量与创造力关系更强，累积团队成员对团队整体创造力评价得到的评价值更能预测团队过程变量及其与团队创造力的关系。在判断标准上，不同的行业和样本所采用的判断标准也存在较大的差异。

表 2-5 从团队创造力的测量标准、测量主体、计算方法以及其优缺点上进行了总结。

表 2-5　团队创造力测量方法比较

测量标准		测量主体	计算方法	优、缺点
主观测量	自我评价	由被试根据判断标准衡量自身创造力水平（Axtell，2000；Caldwell & Reilly，2003；Somentag，2006）。	采用自我评价测量团队创造力通常有两种计算方法：（1）通过累计团队成员创造力计算出团队创造力的平均值。（2）通过累计团队成员对团队整体创造力的评价而得到团队创造力的评价值。	优点：测量过程较为便利，能快速获得研究数据。相比其他测量方法，主观测量方法下两者关系更强。缺点：存在同源偏差，测量过程缺乏控制。

测量标准		测量主体	计算方法	优、缺点
主观测量	独立评价	上级评价：Oldham，1996；West，1996；专家评价：Shalley，1995；Shalley & Perry-Smith，2001。		优点：能获得较为客观的测量数据。缺点：数据获得较为困难，预测效果相对较弱。
客观测量	客观指标	如成员对建议系统的贡献数量、专利数量或新产品数量（Cardinal，2001；Pirola-Merlo & Mann，2004）；产品销售价值（Taylor & Greve，2006）。		优点：相对客观可信。缺点：不能全面反映出团队的创造力水平。
	双向评价	请领导和团队成员分别对团队创造力进行打分（郭玮，李燕萍，杜旌，陶厚永，2012；蔡亚华等，2013）。	计算方法：（1）以领导对团队整体创造力的评价。（2）或累计团队成员创造力得出团队创造力的平均值。	优点：有效克服同源偏差。缺点：领导对团队创造力的整体评价与团队成员对团队创造力的平均评价之间有差异。

资料来源：根据相关材料整理。

第四节　R&D 团队创造力的相关研究

一　R&D 团队的概念界定及分布范围

(一) 团队的概念界定

团队（Team Work），作为一种新兴的工作方式，曾出现在军事、政治、科教文化、制造业等诸多领域。如今，为了适应大科学发展趋势，仅靠科学家单打独斗式的个人创新已难以取得原创性的科学成果，传统科学研究中个体户式的工作方式已被具有融合跨学科背景、协同攻关的创新团队工作方式所代替。在实业界，市场需求的快速变化，对产品研发、生产和服务流程的整合与创新提出了新的挑战。那些适应市场，面向一线客户、产品导向的研发团队由于易协同沟通、信息传递和快速决策而被实业界广为推崇。从根本上说，团队是组织适应内外部环境快速变化的结果，它是组织高效应对广泛变化环境的最好方式之一。因此，各种不同形式的工作团队（如自我管理型、问题解决型、多功能型团队）正在不断地取代以个人为分工单位的、孤军奋战的工作方式，并逐渐渗透到不同行业和部门，成为高等院校、科研院所、企事业单位的基本构成单元。

学者从不同研究视角对"团队"的概念进行了界定，具有代表性的有构成要素流派和团队特征流派两种。

构成要素流派的典型代表有 Jon，Katzenbach 和 Smith（1993），他们把团队定义为"由少数有互补专业知识、愿意为了一个共同的团队目的而责任共担的人们组成的正式群体"（徐佩，2006）。该流派由团队要素出发，从团队目标、组成团队的人、团队定位、团队领导者的权限和团队工作计划五个方面，对"团队"概念进行了界定。他们认为，一个正式的"团队"，必须满足以下五个条件：（1）共同的团队目标。其中包含三层意思。一是目标一致性，团队目标与组织目标的一致性，团队成员目标与组织目标的一致性。二是目标的可拆分性，团队目标能被分解为大目标、小目标。三是目标的同一性。每个团队成员分工、合力完成一些小的目标，这些小的目标再共同成就整个团队大目标的实现。（2）三个及三个以上的人。人是构成团队最核心的、基础的要素。团队目标是通过团队成员和团队领导的共同努力实现的，人员选择是团队中异常重要的一部分。在团队中的人，分别扮演着决策者、组织者、实施者、协调者、技术攻关者、监督者、信息收集者等角色中的一个或多个角色。学术界和实务界都认可团队成员在技能上的互补性、过往经验的异质性、知识结构上的差异性对完成团队目标的积极作用。(3)团队的整体定位与员工个体定位。团队整体的定位，涉及团队中的权力分配，例如，由谁选择和决定团队成员的组成、由谁领导决策、团队工作对谁负责、由谁对团队成员进行激励和奖惩，等等。某一个团队个体成员的定位，都涉及其他团队成员在团队工作中扮演的具体角色。(4) 团队领导者的权限。一般认为，团队领导者所拥有的权限与团队发展的生命周期相关。在团队诞生的初期，领导者负责招募、选拔、训练团队成员，分配团队经费；在团队组成之后的磨合期，团队领导者除了要关注团队整体目标的完成，还要处理好团队成员之间的内部摩擦。因而，学者普遍认为以上两个阶段是团队领导者权力较大的阶段。当团队经过磨合期，成为成熟团队，特别是发展成为自我管理团队时，团队领导者的权力会逐渐缩小，甚至不再需要一个专职的团队领导者。(5) 团队工作计划。为了保障团队工作目标的实现，团队需要制定一套具体行动方案或是完成一组工作目标的具体程序。[①]

　　团队特征流派的典型代表 Stephen (1994) 从"团队"与"群体"概念的差异入手，将团队界定为"是一种为了实现某一共同目标，由相互协作的个体所组成的正式集体。所有的团队都是群体，但是只有

---

　　① 《团队》，http://wiki.mbalib.com/wiki/。

正式的群体才称得上是团队"（徐佩，2006）。团队和群体有着一些根本性的区别。在一个由多人组成的群体中，例如旅行团，每个个体都有着较大的自由度，缺乏统一的目标。在一定时间内，或在一个地域范围内可以自由活动。但在工作团队中，为了实现一个共同的目标，团队成员必须相互协作，共同承担领导职责，还要努力与其他群体以及所处的组织内外部环境保持紧密联系（Gay，2000）。

综合以上两个流派对"团队"概念的界定，本研究中的团队是指"为了实现某一个共同目标，由三个或三个以上个体组成的、相互协作的正式群体"。

（二）R&D 团队的概念界定

R&D（Research and Development）投入，指政府、企业、非营利组织等投资主体为增加、拓展人类知识总量（包括文化知识和社会知识的总量），在基础研究、应用研究和试验发展三类活动中对科学技术开发、专利推广等方面加以投入。在国内学术界，也被翻译为"研究与开发""研究与发展""研究与试验性发展"。[①] "R&D"的投入和产出也成为世界经济合作和发展组织（Organization for Economic Cooperation and Development，OECD）等众多组织、学者公认的，衡量一个国家科技发展水平最重要的指标。

本研究对 R&D 团队的定义界定参考了教育学中的"科研群体"概念（张崴，2013）。出现于古希腊的学术群体，是人类社会出现最早的、具有科学研究性质的科研群体之一。鉴于当时低下的劳动生产率，科学研究的主体仅限于奴隶主阶层。人类对自然科学、社会

---

① 《R&D》，360 百科，http：//baike. so. com/doc/5401861. html#5401861 － 5639535 － 2。

科学的认知水平极为低下，因而没有明显的学科区分。因此，才可能出现横跨哲学、伦理学、政治学、生物学、逻辑学等多个自然学科和人文学科的伟大科学家亚里士多德（Aristoteles，公元前384年至公元前322年）。但从过去一百多年的科技发展史来看，以国际化合作和跨学科研究为特点的大科学（Big science）时代到来，虽然整个科学领域还分布着广泛的小科学研究，但大科学已占据了科学研究舞台的中心。如今，单个科学家想完成一个科学研究项目，不仅需要大量资金和资源的支持，更需要来自不同学科背景、有着相同目标的科学家加入。那些为了完成一个共同的研究课题，善于团队合作、责任共担，又能有效整合组织内外部资源的科研群体诞生了。

早在20世纪初，西方学者就曾发表过有关群体研究和小团体研究的文献，但直到有学者谈及大学社会科学研究小组的组织休制和价值观时才首次提出"科研小组"的概念（Bennis，1956）。同年，另外一些学者开始使用"科研团队"（Research Team）的概念（Kent，1956）。张崴（2013）认为，这两个概念的内涵和本质并不存在明显差别。因此，学者普遍认为R&D团队是"以科学研究为导向，为了实现一个共同的研究目的和研究目标，由超过三个专业互补的科学研究人员构成的，信息与决策共享、风险与责任共担的创新群体"。

为了进一步厘清R&D团队与科研群体的区别，本研究中的R&D团队是指，由两个或两个以上的成员构成的，在高等院校、科研院所、企事业单位中，专门从事科学研究、项目开发、产品创新、科技推广活动的团队。R&D团队成员拥有相同的工作目标，全体成员之间技能互补、相互帮助，认可团队的共同工作目标并愿意为之付出努力，通过内部协同、合作共同承担责任，使团队整体绩效水平远高于个体成员绩效的简单累加。

(三) R&D 团队的分布范围

本研究所涉及的 R&D 团队是指在高等院校、科研院所、企业研发部门中专职从事科学研究、项目开发（含软件产品开发、软件产品测试、金融产品开发等）工作的团队。就团队规模而言，通常含有一名领导者，两名及两名以上的团队成员；就团队成员构成而言，既有来自正式组织内部的成员，也有来自不同部门、不同单位的外部成员；就团队工作方式而言，既有传统意义上，在一个办公室内共同工作的员工，也有依靠互联网、跨越地理距离的虚拟团队；就团队工作产出而言，既有负责生产有形产品的软件研发团队，也有提供管理咨询、证券行业分析报告等无形产品的人文社会科学软科学团队。

本研究中 R&D 团队的具体表现形式如下：（1）在高等学院中，领导者常由一名正教授或一名副教授担任课题组负责人，团队成员可以由本专业的博士研究生、硕士研究生、本科生构成，也可以由不同专业的博士研究生、硕士研究生、本科生构成，甚至还可以吸纳外单位（如政府调研课题中，常由来自公共部门的工作人员承担联络、协调、组织等工作；在企业咨询课题中，常有来自企业一线的、了解客户需求的工程师承担产品研发、产品测试的部分工作）成员共同完成科研任务。（2）在科研院所中，除领导者常由一名正研究员或一名副研究员担任科研项目负责人外，其余情况与高等学院的 R&D 团队类似。（3）在企业中，领导者常由一名小型企业的研发部项目经理（Project Management，PM）或大型企业的研发小组组长（Team Leader，TL）担任，团队成员一般由企业内本部门、本组内部的同事组成，也可能包含项目临时聘任人员、暑期实习生，甚至还有来自其他企业、公共部门、非营利组织的员工，由他们共同组成一个正式团队。

二　R&D 团队创造力的研究视角

创造力的学术研究起源于个体层次上的员工创造力，早期的研究热点聚焦于具有高创造力的员工个体特质、意识、潜能等方面的探索。伴随着对创造力研究的深入，学者逐渐重视由一个团队提出的，以新颖且有价值的产品或服务方式为外在表现的团队创造力。他们认为，在工作团队中，这些表现来源于一个团队中多个员工的团队创造力，可能对社会创新提供源源不竭的动力。因而，学者从认知心理学、实验心理学、测量心理学这些主宰创造力研究的学科视角出发，由最初侧重个体研究的特点，拓展到团队层次甚至是组织层次的创造力研究。

学者一般认为，一个目标共享、责任共担，员工技能互补、专业交叉的团队，在工作中能产生"1 + 1 > 2"的协同效应，取得高于单个员工创造力累加的团队创造力。综合国内外学者的现有研究发现，学术界对 R&D 团队创造力研究的视角大致可以分为"团队特质观"和"团队过程观"。

（一）团队特质观

"团队特质观"是指学者侧重从 R&D 团队特质上，探寻高团队创造力的外在表现特征。

首先，学者厘清了 R&D 团队与其他工作团队的核心区别。张崴

（2013）认为，R&D 团队是指那些以"科学研究"为导向，为了实现共同的研究目的，由专业或技能互补的，超过 2 个团队成员构成的，彼此之间共享信息与决策、共担风险与责任的研发团队。

其次，学者们研究了 R&D 团队特征与高团队创造力之间的关系。例如，冉宗植（1992）从行为科学的视角研究发现，一个成果丰硕的高创造力团队，往往具有以下五个共同特点：一是团队成员之间有共享的目标与利益；二是为了实现团队目标，团队成员之间能主动互相配合；三是团队成员能在团队中寻找到强烈的归属感；四是团队成员之间沟通顺畅；五是团队成员彼此间的感情较好。张崴（2013）总结前人研究发现，高创造力的 R&D 团队通常表现为以下几点：一是团队成员都具有强烈的自我内部动机；二是在组织管理上，组织既能为团队实现目标提供资金、信息、人员等充足的项目资源，也能不断优化组织结构和改善管理机制；三是团队领导要善于营造活跃的创造性氛围。还有学者发现领导者责任明确、具有持续的创新力等特征的 R&D 团队创造力较高（冯博，刘佳，2007；李志宏，赖文娣，白雪，2011）。以上研究对于总结 R&D 团队特征，优化团队系统管理、成员配置和制度建设（Barker，2005），对实施 R&D 团队决策管理的重要意义（康旭东，王前，郭东明，2005）。

最后，学者从团队管理制度视角提出了提高 R&D 团队创造力的对策和建议。大量来自高等学校、科研院所的管理者从 R&D 团队管理实践出发，运用组织行为学理论，分析了 R&D 团队的运作机制（查连芳，2002；陈春花，杨映珊，2002），提出了大量如何提高 R&D 团队的工作积极性、提升 R&D 团队创造力、优化 R&D 团队管理等问题的建议与对策（罗志文，王婧，2009）。

(二) 团队过程观

"团队过程观"是指研究者从团队整体创新的这一过程出发，对影响团队创造力发挥的团队内外部因素进行实证检验。本研究依据学者研究的层次和来自团队内部、源自团队外部的影响因素对已有研究进行了整理和归纳。如图 2 – 16 所示，作者以研究者关注的层次（个体层次、团队层次）为 X 轴，以团队内、外部影响因素的归属作为 Y 轴，将其分为个体层次 – 团队内部、个体层次 – 团队外部、团队层次 – 团队内部、团队层次 – 团队外部四种类型。图 2 – 16 中，字体为斜体部分表示由于研究方法的限制，为目前学术界对团队创造力的实证研究中尚未涉及的领域。

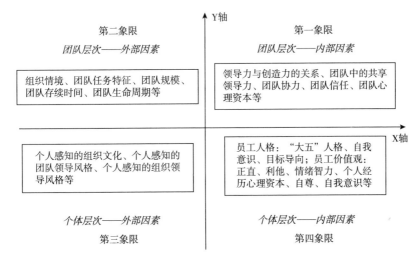

图 2 – 16　R&D 团队过程观研究视角

1. 团队层次——内部因素

图 2 – 16 中右上角（第一象限）列示了以 R&D 团队整体（包括更高层级的组织）为研究对象，以团队内部因素为主的实证研究。与其他类型的研究相比较，团队层次——内部因素涉及范围最为广

泛，几乎涵盖了团队创新过程中可能定量研究的影响因素。结合本研究需要，下文主要阐述了学术界对领导力与创造力、团队中的领导力层次分布、团队共享领导力与团队创造力、团队协力等方面的研究，还简要论述了团队层次中的其他变量对团队创造力的影响。

第一，领导力与创造力的关系。在领导力与创造力研究领域，经典的"领导力—创造力多层次矩阵"揭示了两者之间交互复杂的对应关系（见图 2 - 17）。如图所示，在一个 4 × 3 × 3 的矩阵中，领导力的四个层次（分别为领导者个体、领导者与追随者结成的两人对子、团队领导者与团队所有成员、组织领导者与组织所有成员）、三个要素（领导者特质、领导者行为、领导者与追随者的关系），以及领导力可能影响的三个方面（对追随者个体或群体的认知、动机和能力）。总之，这一矩阵中共有 36 个单元，每个单元分别代表了一种层次、要素和影响方面的一种组合，与之对应的，研究者需要为每个单元设计一种独特的方式来检验领导力与创造力之间的影响关系与作用大小。尽管这一矩阵在设计上不可能事无巨细地捕捉到领导力的每一个微小细节，但它能概括已有的研究，并帮助学者发现当前研究中的漏洞，为将来的研究和实践开拓新的领域（Zhou, Shalley, 2012）。

第二，团队中的领导力层次分布。在团队中，领导力分布于团队领导者个体、团队领导者与单个下属之间（两人对子）、团队领导者与所有团队成员之间（团队整体）三个层次上。依据 Drazin, Glynn 和 Kazanjian（1999）的研究，在创造力过程中明确地存在着多层次领导力的影响。因此，为了深入挖掘不同层次上领导力对创造力的作用机制与大小，亟须研究者明确哪个层次上的领导力及其对创造力的影响是符合理论性且具有可操作性研究（Yammarino,

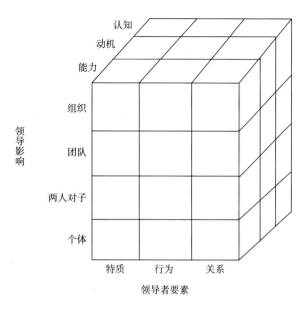

图 2 - 17　领导力—创造力多层次矩阵

资料来源：〔美〕周京、克里斯蒂娜·E. 莎莉：《组织创造力研究全书》，北京大学出版社，2012，第 76 页。

Dionne，Chun & Dansereau，2005），特别呼吁综合考虑三个不同层次上，两个及两个以上领导力对创造力影响的实证研究。

令人遗憾的是，尽管学术界已经认可领导力在组织中的多个层次上对创造力产生影响，但大多数实证研究关注的还仅限于研究团队领导力 - 团队创造力，即团队感知到的变革型领导对 R&D 团队创造力的影响（朱少英，齐二石，徐渝，2008）。由于领导力存在于组织情境下的一个嵌入系统中，较低等级的领导者并非单独行动，较高等级的领导者也不仅在一个层次上对创造力产生影响。以上单一层次的实证研究割裂了领导力在不同层次上对创造力的作用（周京，克里斯蒂娜·E. 莎莉 2012），难以多层次、全方位地揭示团队中的领导者是如何通过一己之力，在工作中塑造组织文化、改变组织结构的过程。

另外，考虑到领导力的动态性，组织中较低层次的领导力会呈现出一种"自下而上的过程"。在这一过程中，其特征达到较高层次时，会表现为不同形式（Kozlowski & Klein，2000）。这一有趣的现象意味着，在单个主管层次上与创造力相关的领导力实践也会体现在更高层次上。Tierney 和 Farmer（2006）发现，如果主管从事的与创造力相关的行动，其所领导的团队中也会存在一种相应的，但更倾向于集体性的创新领导力。这两位研究者认为，主管的创新领导力受到小组中个体组员的驱动，随着时间的推移和小组内部成员潜移默化的影响，整个小组越来越受到创新领导力的影响。因此，领导力的形式也就由于组员之间的"一致性"行动而嵌入一个更集体性的层次之中（周京，克里斯蒂娜·E. 莎莉，2012）。

综上所述，学者对"团队工作环境中，领导者的领导力分布在领导者个体、领导者与团队单一成员（一对一）、领导者与团队所有成员（一对多）三个层次上，且三个层次上的领导力都会对团队创造力产生不同程度的影响"的理论一致认同，但当前急需能同时考虑来自多个层次的领导力及其对创造力在不同层次上产生影响的实证研究。因此，为了进一步深入挖掘领导力与团队创造力之间的关系，本研究同时考虑了真实型领导者个体、真实型领导者与团队单一成员（一对一）、真实型领导与团队所有成员（一对多）三种类型领导力与团队创造力之间的关系。

第三，团队共享领导力与团队创造力之间的关系。团队共享领导力，位于领导者与团队所有成员（一对多）的层次上，是指团队全体成员对领导者行为的共同感知。与个体层次上，单一成员对领导者个人领导力的理解不同，团队层次的领导力来源于成员经由团队情境获得对领导者行为的感知。团队领导者并不通过与下属之间一对一的关系，而是通过在团队中公开展现出各种关于团队创新的政策、做法和程序的公共行为，向其传递个人领导力的信息。这是由于团队中的成员更多地通过他们所处的团队情境来获得团队中共享领导力的感知。此时，领导者在团队中的公共行为会在团队中"凝聚成为一种内在一致的模式"。

学者对变革型领导与团队创造力的研究成果颇丰。通过对78个科研团队的有效样本实证研究了中国情境下，团队共享变革型领导（Transformational Leadership）对团队创造力的正向影响（汤超颖，朱月利，商继美，2011）。他们发现当变革型领导者在团队中，领导者向下属描绘自我愿景，得到成员支持和认可时，成员更倾向于改变和挑战一些团队固有的不合理的行为方式，自发地审视、反思原有问题。在员工不断追求和满足好奇心的创新过程中，整个团队能运用想象力构建出新想法的能力增强（Avolio，1999）。同时，还需要特别指出的是，成员对团队共享变革型领导的感知来源，除了来自自身对变革型领导者的认知外，也有来自团队中同事对领导者的评价，且后者对增强成员对变革型领导者的评价影响更大。另外，变革型领导者在团队中展现的个性化关怀，也让团队增强了认知：领导者对创新中信息和资源上的支持，成员敢于采用新的和不同的方式工作，甚至成员还能互相启迪新的观点（Shin & Zhou，2003）。最后，当成员们感知到领导者在团队中展现的魅力和德行垂范的愿景时，他们可能更加关注创新工作本身而非外界因素（如薪酬、抑制创新的舆论等），进而在工作中表现出更多的新方法和团队创造力（汤超颖，朱月利，商继美，2011）。为了丰富领导力－创造力理论研究，本研究将探讨中国情境下，真实型领导对团队创造力的实证影响。

第四，团队协力。它是指团队中成员之间的相互协作、内部沟通与人际支持（郭玮，李燕萍，杜旌，陶厚永，2012）。虽然，海内外已有研究中尚无与"团队协力"同一概念的学术名词，但本研究基于团队沟通、团队人际关系等相关研究阐述了其对团队创造力之影响。

首先，团队同事相互协作。R&D 团队由专业互补、技能各异的成员构成，在大科学时代，孤胆英雄式的创新工作方式已经不能完成跨越多学科的创新任务。此时，团队成员之间的互助式行为会经由团队心理安全感、团队创新氛围等多种形式来实现。

一是团队心理安全感，是指团队成员对自己在组内是否受到威胁的共享主观感知。成员一致认为在团队内部可以畅所欲言，其他成员不会刻意为难、拒绝、惩罚或是盗用自己的新想法，自己也不需要担心由于提出一些新想法而得罪某些同事，成为团队内部人际风险的牺牲品（Edmonson，1999）。这种安全感是成员在团队中彼此信任、相互尊重的基础。因此，组织行为学中，常用这一维度来衡量团队成员之间的相互信任、相互扶持力度。团队自适应理论中的心理安全感也是与之类似的概念（Burke，Stagl，Klein，Goodwin，Stanley & Halpin，2006）。研究证明，当团队成员有较强的心理安全感时，他们会勇于提出自己的想法和意见，即使这种想法和意见与团队中大多数人的意见相悖。另外，较强的心理安全感有利于团队成员在进行创造性工作时互相监督和相互支持。此时，当成员感知到团队中的高度心理安全感时，他们更易于开诚布公地讨论自己在工作中的失误，不断发现、识别新的问题，甚至还能引导成员从不同视角反思续新的想法和新意见，不断提升团队创造力（Berard & Carsten，2002）。

二是团队创新氛围，是指所有成员对影响其创新能力发挥的工作环境的主观认知。Anderson & West（1998）的研究中，进一步将团队创新氛围细分为目标认同、参与安全、任务导向和创新支持四个维度（薛继海，李海，2009）。其中，目标认同是指所有成员对团队目标价值的认可。这种认可能激发团队成员的主观能动性，使其更好地完成创造性工作。参与安全包含成员参与决策和心理安全两个方面，是指团队内部成员都能共享信息，同等享有参与决策的权力，同时，团队内部成员之间不会出现中伤他人、侵占他人创新想法的现象，形成一种宽容创新的团队氛围。任务导向是指团队绩效评价以工作结果为导向，在团队成果评价上客观公正、对事不对人。创新支持是指组织为团队创新提供的各种支持，包括改革团队管理制度、促进成员间的信息共享和及时补充团队成员等。各国学者已在多种文化情境下，检验了以上四个维度对 R&D 团队的实证作用，比如澳大利亚的学者 Pirola - Merlo（2004），中国学者尚润芝、龙静（2010）。

其次，团队沟通作为团队内部成员之间信息共享的重要途径，是受到学者一致认可的团队创造力源泉之一（Keller，2001）。R&D 团队多从事开创性的创造工作，经常需要面临未知的难题和突发的棘手问题。在课题或项目工作时间有限的情况下，员工如何突破个人创新瓶颈，大胆地向团队内部其他成员请教创新中遇到的新问题、新情况，影响着团队整体创新进程，决定团队创造力的高低。团队自适应理论证实了团队内部沟通对提升团队创造力的正向促进作用（Burke，Stagl，Klein，Goodwin，Stanley & Halpin，2006）。研究发现，团队沟通不但能促进团队内部的知识共享与信息交流，也能让成员互相分享创新工作中的经验，还能促进团队成员之间的相互沟通与监督，加强对团队反馈的有效性，进而达到提升团队创造力的目的。因而，团队成员内部的信息沟通不仅有利于产生新的创造想法，也有利于新想法在团队中的推行。社会网络理论也从另外一个侧面实证了团队成员与团队内部人的联系，获得新知识、新观点的可能性，将极大地促进团队新想法的涌现和新思路的形成。此外，George 和 Zhou（2002）的研究还发现，员工在团队中的朋友关系能够为其带来积极的情感体验。在某些情况下，这种积极的情感体验将转化为团队创造力的驱动力之一。

最后，来自团队同事的人际支持。梳理已有研究可知，团队同事的人际支持既有来自工作困难时同事的无私帮助，也有不同专业背景同事的通力合作，还有来自同事的情感支持，这些都对团队创造力有着积极的促进作用。具体表现在以下两个方面。一是团队成员之间平等、和谐相处，能帮助团队中的个体不断提升专业素质、提高解决问题的能力，促进团队整体创造力的提升。成员适应了团队内部的互助氛围后，能够有效促进团队成员间显性知识和隐性知识的共享。通过这种知识共享，特别是隐性知识的显化（表现为把蕴含在某一个成员体内的隐性知识转化为团队整体的显性知识）和内化（用某一个团队成员的显性知识拓展团队整体的隐性知识系统）提升团队创造力（杨志蓉，谢章澍，宝贡敏，2010）。二是团队成员之间的正向情感性互动，既能促进团队创造力产生，还能促进和保持团队创造性活动。潘安成和刘爽（2013）在最近的研究中，通过对中国上海一家从事数字化产品研发、设计和开发的公司——鑫凯科技有限公司（以下简称"鑫凯科技"）及明星软件企业的 BOSS 项目团队案例研究证实了以上观点。这是由于，在特定的社会情境中，人和人之间在情感与认知层面上，容易引发"通感"（Synaesthesia）现象（两个及两个以上个体之间对同一事物的类似感知）。在团队内工作的成员，以团队内正式的社会连接为基础的社交活动塑造了一系列日常性组织活动。经由组织活动的长期训练，处于团队互动之中的参与人彼此之间会产生一定程度的"社会通感性"（Social Synaesthesia）现象。依据情境理论，成员为了适应组织活动，会产生以调节情境化感受为主导的合情（Affective – Tuning）行为（George & Zhou，2007），以调整目标活动为主导的合理（Cognitive – Tuning）行为（魏昕，张志学，2010）和以"协调社会关系"为主导的合群（Social – Tuning）行为（Sosa，2011；Lun，2007）。此时，如果把团队成员的人际互动看成一种社会性情感的需要，那么团队创造力则产生于其所营造的团队情感状态，以及团队如何持续维护和发展这种情感状态。如果把团队成员的人际互动看成是由社会关系所引发的集体性情感反应，也应认识到这种情感反应不仅促进了知识共享，还能产生一部分的团队创造力（Im，Montoya & Workman，2013）。正是团队同事之间存在的"社会通感性"（Social Synaesthesia）现象激发了群体创造力，产生了远高于个体创造力之和的团队创造力（Bissola & Imperatori，2011）。

第五，其他团队变量。为了打开团队创造力的"黑箱"，学者依据"投入—产出"逻辑线，探讨了大量团队层次变量对团队创造力的可能影响。例如，有研究证实了团队工作环境中，成员对团队创新支持的感知。在一个高团队创新支持的团队中，成员对团队宽容失败的感知会增强，能感受到团队对创新的期望、赞扬和奖惩措施。此时，成员更倾向于提出更多、更好的新想法（Sethi，Smith & Park，2001）。另外，也有研究关注团队任务冲突与关系冲突对团队创造力的影响。其中，任务冲突是指成员对团队任务内容、观念的理解差异，以及对如何实施这一任务步骤、程序的排序不同（Jehn，

1995）。对于这些在创新过程中不可避免的任务冲突，学者普遍认为其是团队创造力的驱动力之一。为了更好地完成这一任务，成员需要反复沟通与交流，对任务完成过程中的各种可能影响因素展开分析。这种团队整体对任务反思和任务分解，不但能加深团队内部对任务的理解，还有利于寻找最有利的解决方案（West，2002）。关系冲突是指团队内部成员之间的情感冲突。与任务冲突不同，情感冲突会导致成员之间紧张、恐惧、挫败感等负面感情的出现，会阻碍团队内部成员之间的知识、信息共享，不利于团队创造力的提升。此外，还有学者研究了团队社会比较对团队创造力的影响（Brown & Paulus，2002）。研究表明，当团队成员关注团队产出与自己在团队内部的得失时，他们会主动向高创造力的员工学习。因而，一个团队内部，如果存在一定的组内成员竞争，即该团队内部每个个体和团队整体的创造力都比较高时，员工也会主动选择效仿他们中创造力最高的优胜者。最后，还有大量实证研究关注了团队文化（汤超颖，朱月利，商继美，2011）、团队合作网络特征（张鹏程，彭菡，2011）、共享心智模型（白新文，刘武，林琳，2011）、团队公平感（刘衡，李西，2010）等变量对中国情境下团队创造力的正向促进作用。

2. 团队层次——外部因素

图 2 – 16 中左上角（第二象限）列出了以 R&D 团队整体（包括更高一层级的组织）为研究对象，以团队外部因素为主的实证研究。这些团队层次——外部因素涉及组织情境、团队任务特征、团队规模、组织中高层领导方式（如总经理、高管团队的领导方式）等。

第一，组织情境。是指组织工作场所中影响相关现象产生的环境或境况（Cappelli & Sherer，1990）。依据多层次理论，若将团队定义为第一个较低层次，则组织可被定义为第二个较高层次，行业位于第三个更高的层次。Joshi 和 Roh（2009）通过对 1992~2008 年团队创造力相关文献的梳理和统计发现，在上述三个层次的情境中，学者对第一层次的团队研究占所有文献 70%，其次是位于第二层次组织层面的占 20%，剩下的则是更高层次的行业层面占 10%。在上述研究中，常见的组织层面情境变量涵盖了组织文化、高层领导者风格、企业战略规划、企业人力资源开发计划等。行业层面的情境变量主要包括市场完全（或垄断）竞争程度、技术替代率等。例如，Chawla 和 Singh（1998）基于对印度 230 家研究机构的数据分析发现，组织中积极的工作环境是 R&D 团队取得高团队创造力的必要条件之一。另外，团队所在组织的性质也会对其创造力产生影响。比如，与企业组织内部信任和知识共享的关系相比，我国高等院校的 R&D 团队内部成员对组织信任感较企业组织弱。因而，高等学校的 R&D 团队成员的组织信任感对团队整体创造力的提升作用不显著（李雪芹，周怀营，蔡翔，2010）。

第二，团队任务特征。团队任务的互依性与团队目标的互依性是团队创造力的预测变量之一。任务互依性，是指为了完成任务，团队成员利用各自的专业优势、分工合作的依赖程度。目标互依性，是指以团队整体目标为考量，成员在完成工作任务和个人薪酬上的互相依赖程度（Van der Vegt & Van de Vliert，2002）。学者们发现，团队任务和团队目标的互依性都有助于团队整体创造力的提升。这是由于，成员亲密无间的沟通与合作让团队整体对创新更加包容，各种不同想法、观点在团队内部碰撞、反思、评估和整合，能迸发出更大的团队创造力。与团队任务的依赖性相比，团队目标的互依性能将团队成员更加紧密地团结在一起，因而在促进团队沟通与合作上更为有效（Tjosvold，Tang & West，2004）。

第三，其他因素。团队层次——外部因素相关的其他因素实证研究较多，比较具有代表性的观点有以下三个。（1）团队规模与团队创造力正相关。较大的团队在面对瞬息多变、棘手复杂的情境下，比小规模团队更有竞争力。较多的团队成员是较大团队赢取优势的可能之一。这是由于作为创新主体的团队成员，是团队创造力的重要贡献者。成员数量多的团队可能意味着蕴含更多的资源、专业技术知识以及较大的知识储备量，因而更容易发挥出较强的团队创造力（Stewart，2006）。（2）团队存续时间长短与团队创造力呈现负相关关系。团队存续时间越长的团队，其团队创造力越低。可能的原因是，随着团队成立时间的增长，团队成员思维模式趋于统一，成员更易提出相同的想法，团队内部开始缺乏质疑和挑战性的声音（Hulsheger & Anderson，2009）。（3）团队生命周期与团队创造力的变化关系。以我国高校"远缘杂交"R&D 团队为例，团队成立初期，团队成员对团队任务及其他同事不了解，使得团队内部更易引起情感冲突，不利于团队成员的知识、情感交流和团队凝聚力的形成，妨碍了团队成员有效利用多样化的信息和知识。随着时间的推移，团队成员之间彼此逐渐熟悉，在处理不同意见时，更容易达成一致意见，使多样化的消极效应减少，积极效应增加，"远缘杂交"团队的整体创造力得到提升（王端旭，薛慧娟，张东峰，2009）。

3. 个体层次——外部因素

图 2－16 中左下角（第三象限）列示了以 R&D 团队成员为研究对象，以外部因素为主的实证研究。这些个人层次——外部因素涉及个人感知的团队领导风格、个人感知的组织领导风格、个人感知的组织文化、团队中同事之间的人际关系、团队中同事之间的任务关系、团队中其他同事的组织公民行为、团队中其他同事的幸福感、

团队中其他同事的工作投入度等。

第一，员工个体感知的领导风格与团队领导力之间的关系。大量研究实证了员工感知到的变革型领导、家长式领导、伦理型领导对员工创造力的正向促进作用。鉴于员工个体创造力向团队整体创造力转化过程中存在着一个复杂过程（周耀烈，杨腾蛟，2007），尚无研究证实员工感知到的某一种领导风格与团队创造力之间有明显关系。

第二，员工个体感知到的上级支持与团队创造力。领导者是影响员工创造力的重要因素之一。大量实证研究证明了上级支持对员工创造力的正向促进作用（Madjar，Oldham，Pratt，2002；Zhou，2003）。基于社会交换理论，若领导者尊重每一个员工，为其提供各种创新所必需的信息及物力、人力资源，员工出于对领导者的感恩，也会在工作中表现出更多的创造力。虽然，目前学术界还未揭示员工创造力向团队创造力转化的全过程，使得由个体整合到团队的过程显得异常复杂与艰难（周耀烈，杨腾蛟，2007），但我们预期，员工个体感知到的上级支持对团队创造力有一定的促进作用。

第三，其他因素与团队创造力。其他因素包含团队中同事之间的人际关系、团队中同事之间的任务关系、团队中其他同事的组织公民行为、团队中其他同事的幸福感、团队中其他同事的工作投入度等。已有实证研究证明了上述因素对员工创造力的正向促进作用。鉴于员工个体创造力向团队整体创造力转化过程中存在一个繁杂、无序的过程（周耀烈，杨腾蛟，2007），尚无实证表明以上因素与团队创造力之间的直接关系。

4. 个体层次——内部因素

图 2 - 16 中右下角（第四象限）列示了以 R&D 团队成员为研究对象，以团队内部因素为主的实证研究。这些个人层次——内部因

素主要涉及员工个体层次的影响因素，如员工的人格因素（大五人格、自我意识、目标导向等）；员工的个体价值观：正直、利他等；情绪智力、个人经历、心理资本、自尊、自我意识等对团队创造力的影响。鉴于员工个体创造力向团队整体创造力转化过程中存在着一个繁杂、无序的过程（周耀烈，杨腾蛟，2007），尚无实证研究表明以上因素与团队创造力之间的直接关系。

通过对团队创造力相关文献的回顾，我们发现当前学术界关于R&D团队实证研究多集中在团队层次——内部因素和团队层次——外部因素，而个体层次——内部因素和个体层次——外部因素的研究难以开展。造成这种现象的原因，一是由于员工个体创造力向团队整体创造力整合过程的复杂与不明朗，二是由于多层次研究方法只能探讨较高层次对较低层次的影响（如团队层次对个体层次的影响），因而难以开展实证研究。

第五节　中介作用的相关研究

一　领导风格、上级支持与员工创造力的相关研究

组织支持理论（Eisenberger，1997；Eisenberger，1986；Rhoades，2002）认为，在不同情境下组织对员工个体及其同事待遇的总体看法，是员工组织支持感的源泉。组织为优秀员工的奖励意愿和行为，既肯定了优秀者对组织的贡献，也激励其他员工为组织做贡献的积极情感需求。员工常常把组织代理人——领导者的行为直接视为组织的意图，而非仅是代理人的个人动机（Eisenberger，

1986）。上级（直接领导者）作为组织的代理人，在员工面前同时肩负两种角色：一是裁判员，代表组织对员工的个体绩效进行评价；二是代理员，直接向员工传达组织目标与价值观。因此，员工会将直接领导者对待他们的方式，作为组织支持的具体体现。本研究将上级支持界定为员工对领导者给予其各种创新支持的自我评价，属于个体层次的概念。

现有研究多从员工的工作任务管理、内部动机、自我效能和心理安全感等方面探讨上级支持在领导风格与员工创造力之间的中介作用（Amabile & Conti，1999；Amabile，1996，2004；Zhou & George，2003）。

第一，员工工作任务管理方面。Catherine（2000）指出，为了提升员工创造力，领导者须清晰地界定工作任务、明确权责归属。Madjar 等（2002）的研究认为，领导者积极回应员工提出的创新想法，将增强员工的上级支持感，帮助员工源源不断地产生各种关于工作的新想法。进一步说，若领导者将这种积极的反馈贯彻到管理实践中，比如口头表扬富有创造力的员工或为他们提供物质奖励，将会更大程度地激发员工创造力。此外，当领导者主动为员工提供决策所需的各种有用信息，并尝试采取各种方法帮助下属提升其个人绩效时，员工的创造力水平会更高（Zhou，2003）。另外，领导者与员工的关系并非一成不变，而会随着两者的互动交往发生动态变化。当他们逐渐由单纯的、工作中的上下级关系转向一种相互信任、互相尊重的朋友关系时，员工将被赋予更多的自主权和更大的决策空间，员工的创造力将得到较大的提升。这是由于，工作自主权是提升员工个体创造力的核心要素。

第二，员工内部动机方面。Zhou（2003）和 Amabile（1996）

认为，领导支持行为有利于员工内部动机的提升。领导者对员工的鼓励越频繁，员工的自我肯定感越强，为工作方案提出的新点子就越多。就员工个体而言，专业技能、认知过程和任务动机是影响创造力的三个关键因素（Amabile，1983）。领导者为员工分配相对复杂的任务，能激发其较高水平的内部动机和创新欲望，提升他们的个体创造力。Mumford（1988）的研究也表明，内部动机强的员工对事物认知的进度快、程度深，更易于掌握事物发展的普遍规律并用于实践，具有较高的创造力。这是由于，内部动机强的员工对工作会产生极大的热情和好奇心。与其他人相比，他们更倾向于采取灵活的工作方式，更愿意承担由于创新带来的各种风险，不屈不挠地解决阻碍创新的各种困难。因而，此类型的员工更倾向于探索新的问题解决方案，而不是使用传统方法解决现有问题。可见，领导者应充分激发员工的内部动机，以鼓励其取得更高更好的绩效。

第三，员工自我效能方面。上级支持感会对员工对自身工作的认知判断产生重要影响。当员工感知到领导者鼓励自己发表对工作的不同意见、倡导以新的工作方式完成工作任务、乐于和其讨论自身的工作感受等行为时，双方开放式的互动让员工认为与领导者从事创新工作是一件富有挑战性和乐趣的事情。与此对应，员工更易为之吸引并回馈以更高的工作热情。社会认知理论（Social Cognitive Theory）也认为，由于领导者和员工在职场中的从属地位，使两者交往时心理会比较紧张（Zhou，2003）。如果领导能帮助员工认清自己的工作目标、提前做好工作规划，增强其对工作进度的掌控感。同时，对完成工作目标的员工及时给予奖励并时常表达个人对员工生活、情感上的私人关怀，员工的上级支持感会增强。此时，员工持续参与创新工作的乐趣、兴奋感以及完成任务后的成就感都会得到增强,特别是当领导者帮助员工增强其创新工作所需的技能和知识时,他们对完成工作的渴望与成就感将得到极大的强化。

第四,员工心理安全感方面。Amabile 与其合作者通过观察员工与领导者讨论话题的边界、相处时间的长短、领导者是否及时给予员工恰当的工作反馈以及员工对领导者行为风格的认可后发现,员工与领导者经过一段时间的人际互动和工作相处后,会逐渐认可、适应领导者的行为风格,对领导者产生信任感,进而对领导者产生较高的心理安全感。此时,双方共同营造的人际安全环境会让员工产生更高的个体创造力。

二 团队氛围、团队协力与团队创造力的相关研究

团队成员常常会受到周围同事行为的影响。有学者将成员的团队行为划分为三类:行动(Activities)、情感(Sentiments)和互动(Interactions)。其中,行动指团队成员一般的行为、行动等;情感指成员在团队中的情绪、感受或反应等;互动指团队成员间人际交往、工作往来的行为。团队成员在工作中,为了团队共同的目标,既有明确分工又互相合作,通过整合团队整体创新能力,将每个成员的投入转化为产出(Homans, 1974; Marks, Mathieu & Zaccaro, 2001)。

"团队协力"这一构念是基于学者团队互动过程的观点提出的。团队协力主要涉及工作交往和情感交往两个方面的内容(McGrath, 1984),因而学者将其划分为情感行为和任务行为两类(Bales, 1950)。其中,情感行为是指成员为了建立、改善和增强团队生活的情感归属而做出的行为,代表行为有团队沟通、团队支持和团队冲

突管理等。任务行为是指成员为了完成团队工作任务做出的行为，代表行为有团队学习、团队界限管理等（Gladstein, 1984）。

此外，学者从"输入"—"过程"—"输出"视角对团队创造力的研究证明，团队帮助（Team Help）、团队互动（Team Interactions）等行为对团队创造力均有正向作用。

但在中国情境下，团队成员之间的人际支持也是团队创造力发挥的一个重要因素。这是由于，成员在工作中发生的团队协力行为与一般社交场合中的人际交往最大的区别在于，成员对团队工作任务的认可与工作目的一致性是其产生团队协力的最根本动力。为了实现团队目标，成员要一起完成一系列团队工作：从分解工作目标、制订工作计划、明确团队内部分工、控制工作进程，直到达到团队目标，并共同承担这一创新过程中可能随时出现的失败和风险。另外，在这一过程中，团队成员可以快速获得有效信息、急需的专业知识克服工作中的难题（Karabenick, 1988），还可以从同事或团队外的其他人身上学习新的解题技巧，以便将来解决自己工作中遇到的问题（Leonard – Barton, 1989；Morrison, 1991），同时还能增强团队成员间的联系（Morrison & Bies, 1991）。当团队人际关系良好时，团队成员之间的互助行为和帮助行为都会显著增加，拓展成员可能思考对象的边界，这是创造力发挥的必要因素。因而，笔者认为团队成员之间的人际关系也能对团队创造力产生作用和影响。将团队协力界定为团队成员之间的相互协作、内部沟通与人际支持，属于团队层次的概念。

团队成员之间的友谊关系可以让批判性的评论不至于造成负面的影响（Shan, 1993）。在关系较为密切的团体中，成员内部冲突容易被接受，亦在朋友的群体中能被有效地管理，而朋友关系的

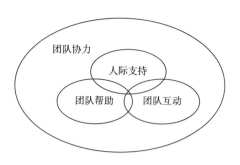

图 2 - 18 团队协力概念的界定

形成本身已经超过某种程度的互动相处与了解，朋友之间存在彼此信任。他们之间的相互学习和帮助，能促进成员专业、技能的取长补短，在团队内部形成一种良好的学习交流氛围，有助于团队整体学习能力的提升，进而直接推动团队创造力。团队成员创新行为对团队创新行为有显著影响，创新气氛在其中起重要的中介作用（McGrath，2006）。例如，学科团队成员之间的互动行为数量与频率是一个团队整体氛围的具体表现形式之一，对团队创新行为有正向促进作用。此外，团队创新氛围还可影响团队成员的创新偏好，并对团队创造力有显著影响（Gampion，1996；Lester，2002）。团队成员是否乐意与他人合作创新，会对团队创新气氛有一定的影响。

西方学者研究团队创造力的产生过程时，都以"输入—过程—输出"模型作为假设的基础。研究表明，团队协力对团队创造力有正向作用。Ancona（1990）的研究指出，团队内部成员之间的互动以及团队整体与外部环境之间动态关系的管理是团队有效工作的关键。团队成员之间的协力对于提高团队创造力具有重要的作用。Stewart 和 Barrick（2000）的研究指出，影响团队创造力最重要的因素在于团队过程（Team Process），其核心正是团队成员的协力行为。Ng（2005）等的研究发现，团队中的成员帮助行为过多或过少都不利于团队整体创造力的提升。

高水平的团队协力并不一定导致高水平的团队创造力，部分可能的原因是团队帮助中出现的过程损失（Allen Sargent & Bradley，2003）。例如，由于团队中的同事不熟悉他人工作具体的情况，提供了不准确信息可能影响团队整体创造活动的开展（Allen，Sargent & Bradley，2003；Lepine，2001）；或由于提供帮助的同事技术水平低，团队创造力提升的效果也就不明显（Allen，Sargent & Bradley，2003）；或由于团队中的关键员工帮助做些事务性的工作，也会影响团队创造力的发挥，出现"大材小用"的现象（戴昌钧，郁屏，2003）。

表 2 – 6　团队协力与团队创造力相关研究

年份	学　　者	研究方法（对象）	研究结论
1990	Ancona	实证研究（5 个资讯团队）	团队成员之间的互动协作对于提高团队创造力具有重要的作用
1991	Damanpour	文献研究（1960 ~ 1988 年间相关文献）	归纳出 14 个影响组织创新的因素（包括内部信息的交流），研究证明内部信息互动有助于组织创造力
1995	Gully，Devine & Whitne	元分析（46 个针对创新工作团队的实证研究）	团队内部的沟通与协调对团队创造力有正向作用
2001	Hoegl & Gemuenden	实证研究（145 个德国软件开发团队中的 575 个成员）	团队内部信息交流显著影响团队创造力

年份	学　者	研究方法（对象）	研究结论
2004	Hoegl, Weinkauf & Ge-muenden	实证研究（39 个欧洲汽车业产品创新团队中的 222 个成员）	团队质量对团队创造力有正向影响，其中，对创新时间有显著影响，但对工作质量、预算的影响不显著
2008	Lepine, Piccolo, Jack-son, Mathieu & Saul	元分析（分析了 138 篇相关研究成果）	团队过程与团队创造力及成员满意度正相关

第六节　以往研究取得的进展与不足

一　以往研究取得的进展

（一）提出和发展了真实型领导理论

学者们在真实型领导定义、结构、测量及其与其他变量的关系等方面已经做出一定的探索，虽未达成统一意见，但已经形成以下几点共识。（1）真实型领导最突出的特性是，不论是面临强大的外部环境压力，还是面对引发领导者非真实行为的诱因时，领导者都能做出真实行为。（2）真实型领导理论是一种包括领导者与下属双方相互关系的理论。（3）真实型领导者在与员工的互动中，善于通过自身乐观自信、值得信赖的个人品质和积极情绪等非认知性变量，增强下属的积极心理能力，提升下属的幸福感和工作产出。（4）真实型领导包括"自我意识""无偏见加工""真实行为""关系透明"四个核心部分。（5）真实型领导能对下属、组织的工作、情感产出具有预测作用。（6）情感、信任、乐观等因素会影响真实型领导者的领导力，但都不会包含在其内涵之中。（7）真实型领导能在组织、团队和员工个体多个层次对下属的工作、情感产出产生作用。

（二）高度肯定了创造力在组织中的地位与作用

组织中的创造力研究可以追溯到 20 世纪 30 年代的美国，主要集中在产品开发、广告等领域，而后在创意、设计、知识资本获取、市场开拓、成本控制、人力资源开发等领域涌现出倡导创造力的实践（Gordon，1956）。在外部环境日益复杂和不确定的今天，越来越多的组织采用基于团队的工作系统来提高自身反应与创新的能力（Morhrman，Cohen & Morhrman，1995），创造力不再是个体特质的表现，更是团队乃至组织整体属性的表现。创造能力的高低直接决定了团队与组织能否在日益激烈的市场竞争中获取优势，关系其核心能力的形成。波士顿咨询公司（2008）针对 3000 位全球执行官的调研报告显示，67% 的管理者将创造力培养放在公司战略的重要位置。因此，组织唯有不断地进行创造活动，才能保持竞争力，且许多研究者的研究已经证明，创造力对于员工个体、团队整体与组织绩效的改善有着积极的促进作用。Milliken，Bartel 和 Kurtzberg（2003）的研究表明，多元化团队形成的创造力更能提升问题解决的效率。Zhou（2007）研究表明，团队创造力对团队学习效果有着积极的影响。创造力日益受到组织管理者的重视，高水平的创造力有助于组织改进工作流程，降低运营成本，提供新奇的解决方案（West，1990；Chen，Chang & Huang，2008），这些对实现企业的自主创新而言是至关重要的。创造力在企业发展中重要性的提升，有利于创造力理论与实践的拓展。

（三）分别从员工个体和团队整体两个层次，揭示创造力的作用机制

在团队中，创造力的形成与发展涉及员工个体、团队整体两个层次，研究者从不同层面对创造力的产生机理进行了研究：个体层次（Mumford & Gustafson，1988；Amabile，1996；Oldham & Cummings，1996；Perry - Smith，2006）、团队层次（West，1990；Kratzer et al.，2004；Ming - Huei，2006；Shung & Zhou，2007）分别揭示了不同分析层次上创造力的内涵、影响因素以及形成机理，并对各层面创造力的转化关系进行了初步探索。对员工个体而言，员工创造力是员工与环境的交互作用；对团队整体而言，团队创造力是个体创造行为投入的函数。

从团队创造力的产生机理视角，已有研究大致可以划分为三个类型。一是认知评价视角，这一视角是目前大多数个体与团队创造力研究的理论基础。二是情境互动视角，认为创造力的产生并不是由单一的要素决定的，而是多个要素共同作用的结果，如 Pirola - Merlo（2004）指出团队创造力是跨个体与时间的整合。Shung（2007）研究发现，领导风格与团队专长异质性交互作用对团队创造力的形成有着显著的影响。三是演化视角，采用定性研究方法深度剖析创造力行为出现的过程（Drain，1999；Naiper & Usui，2008）。

二 以往研究存在的不足

（一）真实型领导的实证研究刚刚开始，且多集中于个体层次

总体来说，真实型领导的理论研究还处于起步阶段，其有关领导者道德方面的探讨对于领导学研究也具有十分重要的意义。但是，目前对此领域的研究，特别是实证研究非常有限。早在 20 世纪 80 年代末 90 年代初，我国领导学研究者凌文辁等（1987，1991）有关 CPM 的研究即发现，中国人与西方人对领导行为评价模式存在显著差别。与西方相比，我国民众对领导行为的评价模式中多了"品德"（Character and Morals）因素；李超平等人（2005）近期有关变革型领导的研究也发现，"德行垂范"是中国情境下的变革型领导所包含的一个独特文化维度。在学术界，我们将这种视为中西方文化差异的外在表征。虽然，学者对于领导者道德品质的重要性是否具有跨文化的普遍性一直存在较大的争议，但学者对真实型领导理论关于领导者道德方面的重视，一方面说明西方人在诸如安然破产等事件的冲击下对领导者道德反思的结果；另一方面也说明领导过程中的"道德问题"在各种文化背景下都是无法回避的。

另外，真实型领导的多层次性尚未在团队中进行实证。已有研究指出，真实型领导能在组织中的各个层次对员工的情感产出和工作产出有正向作用，但现有实证研究仅仅关注个体层次上真实型领导与员工的情感产出和工作产出之间的关系（Gardner，2005；Walumbwa，2010），对真实型领导者能否在团队形成一定的氛围关注不够。

（二）现有研究难以解释不同层次的领导力如何对创造力产生影响

组织行为学的研究者已从理论上提出了领导力与创造力的多层次理论模型，认为领导力在个体、团队两个层次上都对员工创造力产生重要影响（Amabile，1988；Yammarino，2005）。但实证研究仍局限于员工个体层次，着重探讨变革型领导、支持型领导对员工创造力的影响和作用机制（Oldham & Cummirgs，1996；Shung & Zhou，2003；George & Zhou，2007；丁琳，2008）。既无法解释领导者如何通过影响团队整体的内在氛围对团队创造力产生作用，也难以说明此种氛围如何对员工创造力的跨层次作用。例如，团队中的成员更多地从领导对待同事的方式和同事对领导的评价等方面来感知团队共享的氛围。当他们都能感知到一致的"真实"领导，这将大大增强领导与成员之间和成员彼此之间的信任，形成一种团队内部信息共享的真实氛围（Yammarino，Dionne，Schriesheim & Dansereau，2008），就会更加自觉地贡献角色外行为，在团队内部会自发产生良好的团队协力，直至提升员工个体与团队整体的创造力。

（三）尚未探明真实型领导与团队整体和员工个体创造力之间的作用方向及机理

北宋时期的司马光就曾指出："才者，德之资也，德者，才之帅也。"现代学者关于中国领导者的人格感知维度中，也验证了"社会品德"维度的存在。可见，在中国人眼中的"领导者"，必须有着卓越的能力和超高的道德水准，做到"德才兼备"是成为"好领导"的第一步（凌文辁，陈龙，王登，1987）。此外，大量跨文化管理的研究还发现（Hosfetede，1993），在西方文化中得出的领导学理论，在东方文化中并不见得同样成立。这是由于，西方的领导主要是和管理相区别，而中国文化中领导的概念更多地强调与权力、地位和职务之间的联系（郭玮，李燕萍，杜旌，陶厚永，2012；任真，王登峰，2008）。此外，已有理论研究指出，真实型领导能在组织中的各个层次对员工工作产出有着正向作用，但缺乏真实型领导与创造力相关的实证研究。因此，在中国情境下，真实型领导是否能促进员工个体和团队整体创造力的提升，以及它们之间是如何发生作用的都有待进一步研究。

本章小结

本章介绍了模型构建中需要用到的社会交换理论、内在动机理论、行为整合理论、组织认同理论及知识整合理论五个相关理论基础；回顾和评述了国内外多层次导向的真实型领导、创造力的多层次理论研究，以及领导——上级支持与员工创造力的相关研究、氛围——团队协力与团队创造力的相关研究。

通过对这些文献的回顾，笔者发现，国内外的相关研究存在以下不足：一是真实型领导的研究呈现出"理论研究多、实证研究少"的现象，尤其缺乏跨层次的实证研究；二是现有的创造力研究难以解释领导力是在哪个层次上，如何对创造力产生作用的；三是尚未探明真实型领导与团队整体和员工个体创造力之间的作用方向及机理。

第三章

❧❦❧

研究设计

　　本章在第二章理论基础及文献回顾的基础上，构建了真实氛围、真实型领导与创造力的多层次模型。再借助相关理论依据，全面阐述真实氛围、真实型领导对员工创造力的影响关系，真实氛围对团队创造力可能产生的影响关系，以及团队协力在真实氛围与团队创造力之间、上级支持在真实型领导与员工创造力之间、团队协力在真实氛围与员工创造力之间、上级支持在真实氛围与员工创造力之间可能存在的中介作用机制，并据此提出了相应的研究假设。最后，在借鉴已有研究量表的基础上，本研究结合中国情境，开展测量问卷设计，明确各个变量的初始测量条款。

第一节　研究模型

一　研究模型的提出

　　员工创造力决定了企业未来生存的潜力。富有创造力的员工是组织生存和获得竞争优势的关键，随着科学技术的综合化发展，基于群体协作甚至跨组织合作的 R&D 团队逐步取代孤胆英雄式的员工个体创新模式成为组织创新的直接推动力量。与此对应，那些能够同时激发员工个体和团队整体创造力的领导者得到实务界的广泛推崇。

近年来，西方学者基于积极心理学、积极组织学、道德学等相关领域的最新研究成果，提出了通过领导者个人品质、楷模作用和奉献来影响下属的价值观和道德观的真实型领导（Authentic Leadership）理论，并已成为西方领导学研究的前沿领域。它是一种通过不断增强领导者的自我意识、内化道德观，持续提升与下属工作关系的透明度，来逐步促进下属与自身积极发展的领导方式（Luthans & Avolio，2003；Avolio & Gardner，2005；Walumbwa，Wang，Wang，Schaubroeck & Avolio，2008）。在对领导者的评价方面，中国人对领导概念化的构成方式与西方人的理解也不尽相同，虽然也认同领导者的工作职能和团队维系职能也是评价领导行为有效性的最重要组成部分，但不同的是中国人对领导者的道德品质却充满着无尽的期待和较高的要求。人们往往期望领导者能做到"德才兼备"，德才兼备的领导会为员工个体以及整个团队起到先锋模范作用，可以引导积极的个体行为以及团队行为（凌文辁，艾卡尔，1991；任真，王登峰，2008）。因此，在中国情境下通过研究和探讨领导者个人品质、楷模作用和奉献而影响下属的价值观和道德观的真实型领导理论，将有助于解释领导者的非能力因素对员工个体和团队整体行为的作用机理（郭玮，李燕萍，杜旌，陶厚永，2012）。

学者对领导力与员工创新的关系进行了大量研究（Amabile，1998；Yammarino，Dionne，Chun & Dansereau，2005），虽然学者已经意识到并开始关注领导力与创造力之间的关系，并认为领导力在个体、团队两个层次上都对员工创造力产生重要影响。但是，已有研究存在三方面不足。一是在领导风格的选择上，仅重视领导者的"才"，即管理的有效性对员工创造力的影响，而忽视了领导者的"德"对员工创造力的影响。事实上，研发团队中领导者的"德"也会对下属的一系列态度产生影响（张新安，何慧，顾锋，2009）。例如，真实型领导者知人善用，能察觉员工个体对创新的不同需求，为其提供个性化的创新支持，提升下属的上级支持感，促进员工创造力的发挥（Zhou，2003）。真实型领导者在团队中一视同仁，公正地对待全体下属的创新需求，通过在团队中展示的公共行为和楷模作用，加强下属对其支持创新的信任，鼓励新思想在不同个体之间传播，直接提升员工创造力。二是已有研究没有关注真实型领导在团队成员面前展示出的一致行为所营造的真实氛围对团队整体行为的影响。这是由于，团队创造力不等于员工个体创造力的简单加总。从过程观的视角来看，团队创造力的发挥取决于团队整合创新的过程——全体成员之间的团队协力（协助、帮助和人际支持）在真实氛围与团队创造力之间的中介作用。三是已有研究缺乏整合领导力与员工－团队行为的多层次实证研究，难以说明真实氛围如何通过影响团队整体的协力行为对员工创造力产生跨层次作用（郭玮，李燕萍，杜旌，陶厚永，2012）。

　　基于以上分析，本研究将真实型领导引入创新领域，构建出真实氛围、真实型领导与员工－团队创新的影响机制模型（见图3－1）。Zhang等在内在动机理论基础上，指出领导力是透过个体的心理感知来影响员工行为的。例如，他们基于社会网络视角提出员工的社会互动是团队导向领导影响团队创造力的机制。因此，在个体层次上，本研究选择对上级支持的感知作为中介变量，遵循"领导行为—心理感知—员工创新结果"逻辑主线（Zhang

& Bartol, 2010)。在团队层次上, 选择以团队成员之间的相互协作、内部沟通与人际支持为构念的团队协力作为中介变量, 遵循"领导行为－团队协力－团队创新"的逻辑主线 (张鹏程, 刘文兴, 廖建桥, 2011)。由于员工嵌套于团队之中, 团队层次上的变量将会对个体层次上的变量产生跨层次影响 (张志学, 2010)。因此, 上述两条并行的逻辑主线并不是孤立的, 团队层次上的主线还会经由"领导行为—员工的社会互动"对"员工创新结果"产生影响。本研究将沿着上述三条逻辑主线, 着重探讨真实氛围与团队创造力、真实氛围与员工创造力之间的跨层次逻辑关系, 探索上级支持在真实型领导与员工创造力之间, 以及团队协力在真实氛围与团队创造力之间的中介作用, 并进一步检验真实氛围如何通过上述中介变量对员工创造力产生跨层次的影响。本研究不仅将真实型领导理论的认识拓展到了团队水平, 在实践上也对中国 R&D 团队领导者的行为改进具有丰富的意义 (郭玮, 李燕萍, 杜旌, 陶厚永, 2012)。

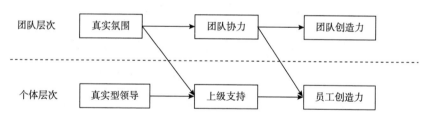

图 3 - 1 真实氛围、真实型领导与创造力关系的多层次模型

二 构建模型的理论基础

如图 3 - 2 所示, 团队创造力是团队行为整合的结果, 团队协力是团队行为整合的方式, 团队行为整合理论是团队层次整体理论框架构建的基础之一, 有助于解释真实型领导这一输入变量到团队创造力这一产出之间的中间过程机制。员工创造力是个体工作绩效的外在表现形式。真实型领导经由上级支持对员工创造力起作用。员工出于对领导者价值观的主观认同，感知领导者的"真实"；领导者通过一对一地激发员工的内在动机，提高员工创造力。社会交换理论、内在动机理论和组织认同理论是个体层次整体理论框架构建的基础。此外，团队内部各个成员之间也存在着信息、知识的相互交换，并在这种交换中产生新的知识，能在团队整体和员工个体两个层次上提高创造力。因此，知识创造理论是跨层次整体理论框架构建的基础。

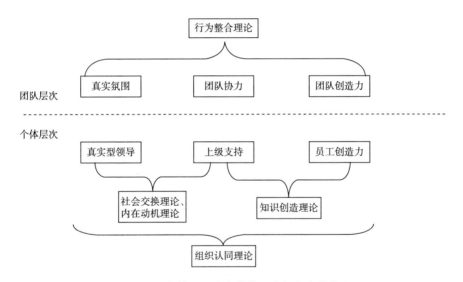

图 3-2 各基础理论在整体研究框架中的作用

第二节 研究假设的提出

一 真实型领导对员工创造力的影响

员工创造力是指新奇且有用的想法或事物，包括新的产品、服务、制造方法及管理过程等，它可以促使组织在激烈的竞争中生存、革新和发展，是组织在激烈的竞争中生存、革新和发展的基石（Amabile，1988）。

首先，真实型领导者并不是完全直接作用于员工的个体创造力，而是通过激发团队成员的内在动机，改变其工作态度和行为来促进员工创造力的提升（Shung & Zhou，2003）。例如，领导者通过自己在团队中的榜样作用，增强成员对其的信任和支持（Avolio，Gardner，2004；Direks & Ferrin，2002；Gardner，Avolio，Luthans，May & Walumbwa，2005；Ilies，Morgeson & Nahrgang，2005；Walumbwa，Avolio，Gardner，Wernsing & Peterson，2008），提升成员的心理安全感，即使成员提出了与其相互冲突的意见，也不用担心后果（Avolio & Gardner，2004；Rego，Sousa，Cunha，Correia & Amaral，2007）；通过与成员分享信息和想法，提升成员的自我意识及工作自主性，让成员感知到在团队中的创新活动是富有意义的（Gardner，Avolio，Luthans，May & Walumbwa，2005）和具有内在动机激励的（Ilies，Morgeson & Nahrgang，2005）；通过为成员提供决策所需要的信息，帮助成员寻找解决问题的新方法，促使成员勇于发表不同意见，而不必担心这些意见对领导权威地位的威胁，更容易产生有创造性的想法（Michie & Gooty，2005）；对成员提出的新想法给予建设性的意见，对成员想出的新建议给予公正、积极的反馈，来鼓励成员进一步发展新想法，而不是采用控制性的行为来抑制下属创新（Michie & Gooty，2005；Zhou，2003）。激发员工的内在动机、提升员工的安全感、分享决策信息、提升成员的工作自主性、鼓励成员发表不同意见、给予下属意见积极反馈等行为正是真实型领导促进员工创造力产生的"催化剂"（Deci，Ryan，1985；Oldham & Cummings，

1996；Tierney，Farmer & Graen，1999；Jaussi & Dionne，2003；Kernis，2003）。

其次，当真实型领导者富有创新精神时，他将勇于抵制组织内外的一切阻力迎难而上，甚至愿意为员工由于创新而不可避免的失败承担领导责任。此时，领导者执着的创新精神将感染和激发团队成员，使成员产生更多的员工创造力（Luthans & Avolio，2003）。

再次，领导者的"真实"还体现在其与团队外部的上级、利益相关者以及团队中的下属之间都能保持高质量的相互信任与沟通（Walumbwa，Avolio & Gardner，2008；郭玮，李燕萍，杜旌，陶厚永，2012）。

最后，领导者对自身优缺点清晰而正确的认识使他更善于利用它们进行创新。例如，一个善于运用案例研究法的领导者，会为运用该方法的下属提供一些建设性意见，对其想出的新建议给予公正、积极的反馈，并鼓励他们进一步发展新的想法，而不是采用控制性的行为限制下属运用其他研究方法发挥创造力（Zhou，2003）。因此，本文提出以下假设：

H1：真实型领导对员工创造力有正向影响。

二 真实氛围对员工创造力的影响

根据跨层次理论同一个自变量能在个体、团队两个层次上对因变量产生影响（Kelin & Kozlowski，2003）。因此，笔者认为，真实氛围能对员工的个体创造力产生自上而下的跨层次作用。它如同信号一样，告诉成员哪些行为是合适的，哪些是不合适的（Schneider & Reichers，1983；张鹏程，刘文兴，廖建桥，2011）。例如，领导者鼓励团队成员之间信息共享和任务合作的同时，公正客观地评价和奖励每位成员为团队创新做出的个体努力。此时，领导者不仅提升了下属对他的信任水平，也营造了团队内部的心理安全感（Gardner, Avolio, Luthans, May & Walumbwa, 2005）。这种心理安全感使团队成员勇于提出新的想法而不用害怕自己的成果会被他人侵蚀，勇于为团队贡献自己的新想法；还敢于在团队中表述自己的观点，并从与同事相互交流中产生更多的新想法，提升了自己的个体创造力。此时，这部分成员对真实氛围的感知就会影响并增强另外一部分团队成员的感知。更重要的是，来自同事的对团队内部信任感的正向评价将显著提升另外一部分团队成员的信任感。伴随着团队成员之间的知识共享、信息交流及彼此信任感的增强，员工创造力将得到较大的提升（郭玮，李燕萍，杜旌，陶厚永，2012）。因此，本文提出以下假设：

H2a：真实氛围对员工创造力有正向影响。

三 真实氛围对团队创造力的影响

团队创造力是领导者与团队全体成员共同构思出的新奇且有用的想法或事物，也包括新的产品、服务、制造方法及管理过程等。真实氛围经由以下三种关键行为对团队创造力产生作用。（1）领导者时刻遵循团队创造力至上的价值观，当面临外部的压力和诱惑时，仍能做出有利于团队创造力的选择。基于社会学习理论，当下属面临类似的选择时，也会学习领导者做出有利于团队创造力的行为。（2）领导者能公平、公正、公开地对待所有团队成员，这种一视同仁的态度将极大地提升下属与领导者之间、下属与下属之间的心理安全感。进而，团队成员会效仿领导者的言行，乐于与他人分享想法（通过持续的参与），能有效地提升团队创新效能（Paulus，2000）。（3）领导者能正确地意识到自身在提升团队创造力中的作用是带领而非管制。因此，与其他类型的领导者相比，真实型领导者在团队创造力过程中更舍得放权、赋予成员更多的创新自主性和自由度，使团队发展成为最具创新效能的自我管理团队（曾湘泉、周禹，2006）。领导者践行团队创新、着力提升团队成员的心理安全感，以及在研发团队管理过程中的适度放权等行为将极大地促进团队创造力（郭玮，李燕萍，杜旌，陶厚永，2012）。因此，本文提出以下假设：

H2b：真实氛围对团队创造力有正向影响。

四　个体层次：上级支持的中介作用

所谓上级支持，是指领导者对下属创新给予的支持，包括对各种新想法、新办法的鼓励、一定程度的工作授权以及必要的人际支持等（郑建君，金盛华，马国义，2009）。对员工个体而言，结合真实型领导者本身具有的利他性行为特质（Avolio & Gardner，2005），不难推理出，他们既能心甘情愿地为员工做好服务工作，并乐于对员工的工作提供无私的指导；鼓励下属大胆创新，勇于为下属的错误埋单；也能依据每个下属在创新中遇到的实际困难和自身具有的优劣势，导致帮助其发现自己的才能、将其安排到合适的职位上、提供内容丰富的工作、发展同事间关系等措施；还能鼓励员工产生不同的观点、给予员工灵感（Shung & Zhou，2003）、激发员工成就动机（Deci & Ferrin，1985），促进员工产生较高的创造性自我效能感；赢得员工的尊敬和信任，成为其追随的楷模（George & Zhou，

2007），进而为每一个下属提供最为有效的上级支持（George &
Zhou，2007）。与其他类型的领导者不同，真实型领导者既承认员工
之间的特质差异，也能一视同仁地对待所有的员工，而不会人为地
将团队成员划分为圈内人和圈外人而加以区别对待（Yammarino,
Dionne, Schriesheim & Dansereau，2008）。因而，真实型领导者与员
工的关系不仅仅是正式的领导与被领导关系，而更多的是一种相互
信任、彼此认同、互相尊重的关系，员工能被领导者赋予更多的自
主权和更大的决策空间（Ramus & Steger，2000；Hirst, Knippenberg
& Zhou，2009）。当员工感知并接受领导者在创意、工作和人际上的
支持时，就会更有动机和主动性进行创造性活动（Mumfor, Scott,
Gaddis & Strange，2002）。可见，真实型领导者知人善用，他与员工
的关系不仅仅是正式的领导与被领导关系，更多的是一种相互信任、
彼此认同、互相尊重的关系，员工能被赋予更多的自主权和更大的
创新空间（Mumfor, Scott, Gaddis & Strange，2002；郭玮，李燕萍，
杜旌，陶厚永，2012）。

　　此外，在中国情境下，员工受中华传统文化价值观中"知遇之
恩"的影响，把"滴水之恩，当涌泉相报"作为一种影响深远的社
会规范。在工作中，为了报答领导者对自己的支持和重视，下属会
产生较强的成就动机，迫使他们不断提高自我期望，以更加勤奋努
力的工作，回报领导者对自己工作能力的赏识。他们企图通过努力
达到领导者对自身创造力水平的期望，来减轻由于领导者的赏识、
恩惠而给自己带来的额外人情压力，提高自己的个体创造力。社会
交换理论（Social Exchange Theory）（Wayne, Shore & Liden，1997），
也能对其做出合理的解释，证明上级支持对员工创造力的正向作用
（Amabile, Conti, Coon, Lazenby & Herron，1996；Amabile, Schat-

zel, Moneta & Kramer, 2004; Madjar, Oldham & Pratt, 2002; Shalley, Zhou & Oldham, 2004; Tierney & Farmer, 2002; Tierney & Farmer, 2004; Zhou, 2003)。

因此，本文提出如下假设：

H3a：**上级支持在真实型领导与员工创造力之间起中介作用。**

由于工作任务复杂化程度的增加，以及个人知识和技能的有限性，在团队创新过程中，单个成员都不可避免地会遇到一些依靠自身难以独立解决的新困难。此时，如果有团队中的同事告诉他领导者对创新的支持态度，或以往支持员工创新的事例，会极大地增强他的上级支持感（Amabile, Conti, Coon, Lazenby & Herron, 1996; Amabile, Schatzel, Moneta & Kramer, 2004; Zhou & George, 2001; Zhou, 2003）。与此同时，一切以团队利益为先的真实型领导者，注重自身在团队内部的公共行为和榜样作用，能一视同仁地对待所有的下属，处理团队内部事务时"对事不对人"，而不会人为地将团队成员划分为圈内人和圈外人。他们在团队成员面前展示一致的内在价值观，与所有成员都保持透明的上下级关系，公开、公平地为成员创新提供决策所需要的信息，甚至鼓励团队成员提出与自己观点相反的意见（Walumbwa, Avolio, Gardner, Wernsing & Peterson, 2008）。真实型领导者的真实关系倾向会增强下属的社会学习行为和领导自身的行为榜样作用，随着学习的推进，下属会逐渐以与真实型领导一致的方式行事。此时下属更易于与领导者形成良性互动，获得更多的组织支持（郭玮，李燕萍，杜旌，陶厚永，2012）。

当团队成员感知到来自团队中领导者的真实氛围（彼此真实、彼此信任、一视同仁，在团队内部营造鼓励创新、支持创新的氛围），他们也会感知到领导者对创新的上级支持。根据内部动机理论，当员工感知并接收到领导者在创意、工作和人际上的支持时，会更主动地进行创造性活动，努力提升个体创造力（Kozloweski & Il-gen，2006）。因此，本文提出以下假设：

H3b：上级支持在真实氛围与员工创造力之间起中介作用。

五　团队层次：团队协力的中介作用

学者多以"输入—过程—输出"（IPO）模型作为研究团队管理的有效性及影响机制的基础框架（Gibson，2001）。团队协力是指团队成员之间的相互协作、内部沟通与人际支持（郑建君，2009），作为研发团队行为整合过程中的重要方式和途径决定了创新的发挥程度（Walumbwa，Avolio，Gardner，Wernsing & Peterson，2008）。

当员工个体感知到真实氛围时，信息与知识在团队成员之间的传递、成员面对面的相互沟通、反馈及人际支持，都能帮助他们相互启发、识别和解决问题，持续提高员工的个体创造力（Zhou & George，2001）。当团队中形成真实氛围时，各种显性知识和隐性知识在团队中的传播、共享和转化增加，一方面会促使团队整体的知识螺旋式上升，另一方面成员之间也会由于这种积极的互惠信息交换促进产生更多额外的组织公民行为（Walumbwa，Wang，Wang，Schaubroeck & Avolio，2010），如人际互动（Ebadi & Utterback，1984；Madhaven & Grover，1998）、角色内和角色外的帮助行为等，以此带来团队整体创造力提升（杨志蓉，2006）。尤其是在跨部门、跨专业合作的研发团队中，善于营造真实氛围的领导者更受欢迎。通过营造真实氛围形成的分权管理，领导者允许团队中的每一个人成为创新的领导者（杨志蓉，2006）。因而，能更好地激发团队成员的主观能动性和提升创新效能，促进成员彼此之间的合作，更好地发挥出团队创造力的优势（张志学，2012；郭玮，李燕萍，杜旌，陶厚永，2012）。

另外，从过程观的角度看，真实氛围下，领导者与下属共享道德标准、信息和知识，从而善于将不同专业背景的成员凝聚在一起（Schneider，White，Paul & Michelle，1998；杨志蓉，2006），促进了成员之间的合作与交流，在一定程度上代表着高水平的团队合作意识和高质量的人际支持。通过发挥团队协力的整合作用，领导者在团队内部形成一个更大的、共享的信息池，促进各种显性知识和隐性知识在成员之间传播、共享和转化增加。这些信息与知识通过面对面的相互沟通、反馈及人际支持行为，帮助成员彼此相互启发、识别和解决问题。基于社会交换理论，当成员由于这种互惠信息交换获得个体创造力的提升时，会产生更多额外的人际互动、角色内和角色外的帮助行为等组织公民行为，来回报其他成员的帮助。而这一过程，也正是团队协力提升团队创造力的过程（郭玮，李燕萍，杜旌，陶厚永，2012）。因此，本文提出如下假设：

H4a：团队协力在真实氛围与团队创造力之间起中介作用。

H4b：团队协力在真实氛围与员工创造力之间起中介作用。

第三节　实证设计

一　问卷设计

根据 Podsakoff 和 Organ（1986）的建议，从单一被试取得绝大多数信息的问卷调查数据不可避免地会出现同源误差（Common Method Bias）。为了获得来自团队层次和个体层次的不同数据，笔者为团队负责人和团队员工各设计了一套问卷。其中，由团队员工匿名评价团队负责人的真实型领导行为、感知到的团队创新氛围和团队创新效能（员工问卷），由团队负责人对本团队内部员工的个人创造力逐一打分（团队负责人问卷），避免了同源误差对研究结果所产生的影响，以真实客观的第三方评价保证研究的科学性和可信性。

需要特别提出的是，在调查问卷的指示语中说明，答案无对错之分，请选择您认为最适合的分值，并采取反向提问等方式突破思维定式。

（一）量表的双向翻译

调查问卷中的团队创造力、员工创造力量表英文部分先聘请武汉大学外国语言文学学院英语专业八级的优秀学士学位获得者将英文翻译为中文，再请在海外获得硕士学位的武汉大学经济与管理学院的在读博士生将中文翻译成英文。完成双盲互译的过程。

（二）小组讨论

2010 年 3 月中下旬，我们邀请了武汉市三个研发团队的 2 名团队负责人（分别拥有 5 年、8 年的团队管理经验）及员工 8 人（参加研发工作的平均年限 3.15 年）分别精读了领导问卷和成员问卷，按下面的问题逐一讨论领导问卷和员工问卷中出现的题项。（1）您认为该题项的中文意思表达清晰吗？（2）您认为该题项有意义吗？（3）您认为该题项的评价刻度清楚吗？（4）该题项，您认为参与者的回答会有差异吗？（5）您认为，问卷中有没有相同或相似的题项？

（6）您认为参与者对题项的回答，能否有较好的区分度？（7）问卷中每部分的指导性语言是否明确？在此过程中，采取 1 名研究者与 1~3 名被调查者面对面的方式，由研究者逐一朗读调查问卷中的每个题项。如遇到被调查者无法理解或理解有歧义的地方，反复修改，直至被调查者能独立地读懂为止。以确保调查问卷中每个问题的含义清晰、措辞准确，准确计量各个概念。另外，还讨论了问卷填写所需时间和其他方面的建议。

（三）问卷的预调查

经过上述步骤，作者对问卷进行了一定的修正：（1）解释型。例如，将员工问卷——"我的直属上司告诉我困难的事实。"（真实型量表，第四个题项）改为"即使面临困难和压力，团队负责人也会告诉我们实情"。（2）将"我的工作常因资源不足而停滞"（创新氛围量表，第十三个题项）改为"因团队提供的资源有限，难以顺利开展我的工作"。而后再进行一次小样本的预试，用结构方程模型来做验证性因子分析，考察样本效度，删除部分信度、效度达不到标准的题目，修改问卷后，再做大样本的数据收集，以保证研究的顺利进行。

二 变量的测量

（一）个体层次的变量

1. 自变量：真实型领导由 R&D 团队员工回答。采用 Walumbwa，Avolio，Gardner，Wemsing 和 Peterson（2008）及其合作者编制的"真实型领导"中文版问卷来测量，共 16 个题项，分别测量团队负责人在目前团队工作中对员工的自我意识（4 个题项）、关系透明（5 个题项）、内化的道德观（4 个题项）和平衡加工（3 个题项）共四个维度。该量表总的内部一致性系数为 0.934，四个维度的 Cronbach's α 值为 0.7 以上，说明该量表的信度良好。探索性因素分析（EFA）的结果清晰地呈现出四个维度，共解释总变异量的 77.07%（自我意识 29.61%；关系透明 15.86%；内化道德观 16.74%；平衡加工 14.86%）。列举题项是"团队负责人鼓励团队成员说出他们自己的想法"。

2. 中介变量：上级支持由研发团队员工回答。量表采用郑建君、金盛华和马国义（2009）的研究，包括 4 个题项，该量表总的内部一致性系数为 0.841。探索性因素分析（EFA）的结果只有一个维度，共解释总变异量的 65.56%。举例题项是"遇到困难时，我能得到团队负责人的支持"。

3. 因变量：员工创造力由研发团队负责人回答。量表采用 Steven，Tierney 和 Kate（2003）的员工创造力问卷，共 4 个题项。该量表总的内部一致性系数为 0.832，探索性因素分析（EFA）的结果只有一个维度，共解释总变异量的 75.63%。举例题项是"该员工能主动寻求新的思路和解决问题的办法"。

4. 控制变量：员工的性别、年龄、学历、职称和加入团队时间。

（二）团队层次的变量

1. 自变量：真实氛围测量问卷同真实型领导测量问卷。在数据处理上，我们沿用 Liao 和 Chuang（2007）的方法，通过计算同一团队中成员对领导者评价的均值，得出每个团队整体的真实氛围得分。

2. 中介变量：团队协力来自郑建君、金盛华、马国义（2009）

的研究，包括 3 个题项，两个量表在本研究中的内部一致性系数为 0.813。探索性因素分析（EFA）的结果只有一个维度，共解释总变异量的 73.04%。举例题项是"团队成员会主动协助我完成工作"。

3. 因变量：团队创造力由研发团队员工回答。量表主要在 Teresa、Conti、Coon、Lazenby 和 Herron（1996）、Chen（2006）及 Richard 和 Moger（2001）研究成果的基础上编制而成，共 10 个题项。该量表总的内部一致性系数为 0.915，探索性因素分析（EFA）的结果只有一个维度，共解释总变异量的 62.14%。列举题项是"我所在的团队提出大量的新点子"。

4. 控制变量：团队领导者的性别、年龄、学历、年资；团队规模、团队所在单位性质、团队所在地区和团队所在行业。

三 研究对象与选择标准

本研究将 R&D 团队界定为高等学校、科研院所的各类课题组及中国境内各种所有制形式的企业研发部门的工作小组。2010 年 4 月至 8 月中旬，我们发放团队领导者问卷 200 份，成员问卷 1600 份，回收团队领导者问卷 132 份（回收率 66%），成员问卷 835 份（回收率 52.2%）。为了保证本研究的假设能被证实，我们按以下标准对回收的问卷进行了严格的筛选。首先，剔除符合下列条件之一的团队样本：仅有员工问卷或领导问卷的样本；成员的有效问卷低于两个的样本；团队成立时间少于六个月的样本。得到满足条件的团队样本数为 123 个。其次，剔除满足以下条件之一的问卷：团队领导者问卷和员工问卷中全为同一选项的问卷；员工问卷中连续 16 个题项（占全部题项的 20%）为同一选项的问卷；团队领导者问卷中对员工创造力评分没有做到一一对应的问卷。配对成功 113 个团队，得到团队领导者问卷 113 份，成员问卷 574 份，有效回收率分别为 56.5% 和 35.88%。我们对保留的团队与被剔除团队的 T 检验结果表明，它们在团队规模等人口统计学特征上不存在显著差异。

113 个团队的平均成员数量为 5.08 个（SD = 1.79），平均组建时间 26.1 个月（SD = 1.3），员工在当前团队的工作时间为 16.3 个月（SD = 1.27）；团队负责人中，男性占 84.8%，具有大专及以上学历的占 91.1%，平均年龄为 39.9 岁，平均担任团队负责人工作年限为 5.81 年；团队成员中，男性占 62.1%，拥有大专及以上学历的占 86.4%，平均年龄为 26.9 岁。

四 研究过程与问卷收发概况

在本研究中，为了保证问卷的有效回收，笔者利用校友资源对北京、上海、深圳、成都等地进行问卷的发放和收集，事先对团队负责人或团队内部成员进行培训，并为每个委托人发放书面的《问卷发放说明》、领导问卷一份、员工问卷数份（根据每个团队实有员工人数发放）、员工名册一式两份及可密封信封若干。

具体程序如下：在委托人进入工作现场之前，首先请他以团队为单位，对领导问卷和员工问卷的进行单位编号，再将员工问卷按照 1、2、3…、n 逐一编号。其次，把问卷分别装入不同的信封（信封编号与问卷编号一致）。最后，向该企业的人力资源部门索要研发团队名单，再登记到事先准备好的员工名册上（一式两份），填上员工的姓名和问卷编号。

进入工作现场之后，委托人按照员工名册逐一发放员工问卷。

待员工问卷发放完毕，委托人再将一份名册交由团队负责人完成领导问卷。另一份名册用于委托人收取员工问卷。以确保员工与领导问卷的一一对应关系。完成问卷后，请被试者自己密封问卷。由委托人代笔者向被试者承诺，非研究者不会接触到此份问卷。

本章小结

本章在第二章的基础上，构建了真实氛围、真实型领导与创造力关系的多层次模型，发现它们之间的关系可能体现在以下三个方面：（1）直接效应：真实型领导与员工创造力；真实氛围、真实型领导与员工创造力；真实氛围与团队创造力。（2）同层次的中介效应。上级支持在真实型领导与员工创造力之间起中介作用；团队协力在真实氛围与团队创造力之间起中介作用。（3）跨层次的中介效应。上级支持在真实氛围与员工创造力之间起中介作用；团队协力在真实氛围与员工创造力之间起中介作用。

笔者认为，团队行为整合理论是团队层次整体理论框架构建的基础之一，有助于解释真实型领导这一输入内容到团队创造力这一产出之间的中间过程机制；社会交换理论、内部动机理论与组织认同理论是构建个体层次上"领导力与创造力"理论框架的基础；知识创造理论是跨层次整体理论框架构建的基础。基于以上分析，笔者进一步提出了相应的研究假设。

第四章

——◆◆◆——

样本的描述性统计分析

本章采用问卷调查的方式进行数据收集和整理。首先，通过在全国 13 个城市开展大样本调查，采用信度、效度等方法检验问卷初稿的有效性和可靠性，对国外量表进行了本土化修订。最后，利用大样本调查数据，做出描述性统计分析。

第一节　大样本质量评估

一　效度分析

在进行具体分析之前，笔者先通过效度检验和信度检验来确保每个多重量表测量特定概念的充分性和适当性。虽然，本研究的自变量与因变量分别来源于员工和领导者的回答，但仍使用方差最大旋转法，对本研究中变量的所有测量项目进行了探索式因子分析（EFA）（Harman，1967；Anderson & Gerbing，1988）。再依据因子载荷、特征值和贡献率等指标，得到初始的如表 4 - 1 所示的探索式因子分析的结果。

本研究中，对于缺失值的处理采用 Exclude Cases Listwise 选项，去掉所有含缺失值的样本后再进行分析。为了体现分析中的数据差别，表 4 - 1 至 4 - 6 以及第五章中涉及的分析对数据采取保留小数点后三位数的处理方法，其余各表中的数据保留 2 位数。

对所有题项（共 33 个）进行探索性因子分析后提取了 5 个因子，分别为"真实型领导"、"团队协力"、"上级支持"、"团队创造力"和"员工创造力"，由表 4 - 1 可以看出，5 个因子的贡献率达到了 54.827%。

表 4 - 1　探索性因子分析结果

因　子	测量项目	因子载荷	特征值	贡献率（%）	
				单独	累计
因子 1：团队创造力	QY：我所在的团队提出大量的新"点子"	0.754	5.390	15.400	15.400
	QY：我所在的团队经常提出各种不同的新点子	0.802			
	QY：我所在的团队经常创造性地解决问题	0.823			
	QY：我所在的团队经常开发出新产品或服务	0.533			
	QY：我所在的团队工作富有原创性	0.450			
	QY：我所在的团队运用新的方式完成任务	0.759			

续表

因　子	测量项目	因子载荷	特征值	贡献率（%）	
				单独	累计
因子1：团队创造力	QY：我所在的团队经常有截然不同的观点产生	0.637	5.390	15.400	15.400
	QY：我所在的团队能创造性地融合多种信息和知识，并提出新概念或解决独一无二的问题	0.726			
	QY：我所在的团队在其专长的领域内拓展了知识或技术	0.754			
	QY：我所在的团队经常提出富有原创性的，而又实用的解决方法	0.802			
因子2：团队协力	QY：团队成员会主动协助我完成任务	0.650	4.345	12.413	27.813
	QY：团队成员之间经常就工作中的问题进行交流和探讨	0.723			
	QY：我感受到团队成员的支持和关心	0.730			
因子3：真实型领导	QY：团队负责人很清楚地表达了他/她的意思	0.676	3.998	11.423	39.236
	QY：团队负责人犯了错，会承认错误	0.653			
	QY：团队负责人鼓励团队成员说出他们自己的想法	0.272			
	QY：即使面临困难和压力，团队负责人也会告诉成员实情	0.267			
	QY：团队负责人能真实地表达自己内心的感情	0.665			
	QY：团队负责人展现出的个人信念与其行为一致	0.467			

续表

因　　子	测量项目	因子载荷	特征值	贡献率（%）	
				单独	累计
因子3：真实型领导	QY：团队负责人根据他/她的核心价值观做出决策	0.361	3.998	11.423	39.236
	QY：团队负责人要求我持有符合自己核心价值观的观点	0.532			
	QY：在危急情况下，团队负责人也能根据高标准的道德守则做出抉择	0.696			
	QY：团队负责人鼓励团队成员说出与他/她不同立场的观点	0.762			
	QY：团队负责人在做决策前会分析相关数据	0.489			
	QY：团队负责人在得出结论前会认真听取各种不同意见	0.695			
	QY：团队负责人征求团队成员的反馈意见以改善互动关系	0.711			
	QY：团队负责人能准确地描述他人是如何看待他/她的能力	0.428			
	QY：团队负责人知道何时重新评估他/她的能力的	0.736			
	QY：团队负责人表示他/她理解特殊行为对他人的影响	0.478			
因子4：员工创造力	QL：该员工第一个尝试新的思路和方法	0.856	2.872	8.207	47.443
	QL：该员工能主动寻求新的思路和解决问题的办法	0.446			
	QL：该员工能在其专业相关领域产生突破性的想法	0.883			
	QL：该员工是一个创新型员工的好榜样	0.799			

续表

因　子	测量项目	因子载荷	特征值	贡献率（%）	
				单独	累计
因子5：上级支持	QY：工作上的创意能够得到团队负责人的支持。	0.726	2.854	7.384	54.827
	QY：团队负责人能适当地授权。	0.537			
	QY：遇到困难时，我能够得到团队负责人的支持。	0.883			
	QY：团队负责人鼓励新的工作思路。	0.799			

接下来，作者采用结构方程模型（AMOS）进行验证性因子分析（CFA），以评估各种测量项目的收敛效度，当 AVE 的值大于或等于0.5时，表明该潜变量的测量具备足够的收敛效度（Bagozzi，1988）。另外，验证性因子分析还可以对测量模型的适配度进行检验，一般情况下，当模型的 χ^2/df 小于3（Medsker，Williams & Holahan，1994），GFI、AGFI、NFI、IFI 和 CFI 等拟合指数大于0.9（Bagozzi，1988），RMSEA 小于0.05（Browne & Gudeck，1993）时，也表明该模型拟合良好；在模型较为复杂的情况下，GFI 和 AGFI 大于0.85（Bollen，1989）也是可以接受的。

本研究中的"真实型领导"量表验证性因子分析结果表明（见表4－2），初始真实型领导测量模型拟合度并不理想，NFI 指数为0.88，小于临界值0.90，因此，需要对真实型领导测量模型进行模型修正（Model Modification）（Long，1983），以提高模型的参数估计数。从"真实型领导"各题项的因素载荷来看，"真实型领导"的测量项目之三"团队负责人鼓励团队成员说出他们自己的想法"、测量项目之四"即使面临困难和压力，团队负责人也会告诉成员实情"，因素载荷明

显低于其他各题项，删除后可以明显提高模型的拟合度，使得 RMSEA
系数从 0.071 降至 0.052，χ^2、AGFI、CFI、NFI 值都有所提高。与此
同时，对于真实型领导量表信度检验而言，删除测量项目之三"团队
负责人鼓励团队成员说出他们自己的想法"、测量项目之四"即使面
临困难和压力，团队负责人也会告诉成员实情"之后，α 系数可由
0.896 提高到 0.900。因而，笔者将上述两项指标删除。

表 4 - 2　真实型领导测量模型（原始）与真实型领导测量模型（修正）比较

模　　型	χ^2/df	RMSEA	AGFI	CFI	NFI	模型比较
原始模型	2.97**	0.07	0.93	0.91	0.88	
修改模型	2.06**	0.05	0.95	0.92	0.91	原始模型与修改模型相比较

注：*$p<0.1$ 双边检验，**$p<0.05$ 双边检验，***$p<0.01$ 双边检验。

作者依次对"团队协力"量表、"上级支持"量表、"团队创造
力"量表和"员工创造力"量表进行验证性因子分析，以进一步检验
各变量的维度。如表 4 - 3 所示，各变量测量模型的 X^2/df 小于 3，
RMSEA 大于 0.05，AGFI、CFI、NFI 等拟合指数大于 0.9，均优于建议
判定值，说明各变量测量模型是有效的。就收敛效度而言，所有一阶因
子的 AVE 都在 0.5 以上，说明各变量的测量具有良好的收敛效度。

表 4 - 3　确认性因子分析拟合程度指标

拟合程度指标	真实型领导	团队协力	上级支持	团队创造力	员工创造力
χ^2/df	2.06**	1.45***	2.28**	1.20***	1.97**
AGFI	0.95	0.96	0.97	0.95	0.92
CFI	0.92	0.98	0.98	0.97	0.97
NFI	0.91	0.99	0.96	0.96	0.98
RMSEA	0.05	0.06	0.06	0.08	0.07

注：*$p<0.1$ 双边检验，**$p<0.05$ 双边检验，***$p<0.01$ 双边检验。

　　经过结构方程模型的验证性因子分析，笔者对模型进行了修正，对剩余的项目再次进行探索性因子分析后提取了 5 个因子，分别代表 5 个预期构建变量："真实型领导""团队协力""上级支持""团队创造力""员工创造力"，如表 4 – 4 所示。修正后，5 个因子的累计贡献率达到了 60.791%。因子的解释程度可以通过其贡献率表现出来，它们呈降序排列，即"团队创造力"17.208%、"团队协力"12.756%、"真实型领导"10.869%、"员工创造力"10.768% 和"上级支持"9.190%。

表 4 – 4　探索性因子分析结果（模型修正后）

因　子	测量项目	因子载荷	特征值	贡献率（%）单独	贡献率（%）累积
因子 1：团队创造力	QY：我所在的团队提出大量的新"点子"。	0.788	6.023	17.208	17.208
	QY：我所在的团队经常提出各种不同的新点子。	0.701			
	QY：我所在的团队经常创造性地解决问题。	0.746			
	QY：我所在的团队经常开发出新产品或服务。	0.790			
	QY：我所在的团队工作富有原创性。	0.824			
	QY：我所在的团队运用新的方式完成任务。	0.542			
	QY：我所在的团队经常有截然不同的观点产生。	0.805			
	QY：我所在的团队能创造性地融合多种信息和知识，并提出新概念或解决独一无二的问题。	0.777			

续表

因　子	测量项目	因子载荷	特征值	贡献率（%）	
				单独	累积
因子 1：团队创造力	QY：我所在的团队在其专长的领域内拓展了知识或技术。	0.669	6.023	17.208	17.208
	QY：我所在的团队经常提出富有原创性的，而又实用的解决方法。	0.630			
因子 2：团队协力	QY：团队成员会主动协助我完成任务。	0.671	4.465	12.756	29.964
	QY：团队成员之间经常就工作中的问题进行交流和探讨。	0.745			
	QY：我感受到团队成员的支持和关心。	0.818			
因子 3：真实型领导	QY：团队负责人很清楚地表达了他/她的意思。	0.755	3.454	10.869	40.833
	QY：团队负责人犯了错，会承认错误。	0.748			
	QY：团队负责人能真实地表达自己内心的感情。	0.772			
	QY：团队负责人展现出的个人信念与其行为一致。	0.599			
	QY：团队负责人根据他/她的核心价值观做出决策。	0.568			
	QY：团队负责人要求我持有符合自己核心价值观的观点。	0.697			
	QY：在危急情况下，团队负责人也能根据高标准的道德守则做出抉择。	0.693			

因　子	测量项目	因子载荷	特征值	贡献率（%）单独	贡献率（%）累积
因子3：真实型领导	QY：团队负责人鼓励团队成员说出与他/她不同立场的观点。	0.660	3.454	10.869	40.833
	QY：团队负责人在做决策前会分析相关数据。	0.871			
	QY：团队负责人在得出结论前会认真听取各种不同意见。	0.819			
	QY：团队负责人征求团队成员的反馈意见以改善互动关系。	0.528			
	QY：团队负责人能准确地描述他人是如何看待他/她的能力的。	0.821			
	QY：团队负责人知道何时重新评估他/她的能力。	0.833			
	QY：团队负责人表示他/她理解特殊行为对他人的影响。	0.654			
因子4：员工创造力	QL：该员工第一个尝试新的思路和方法。	0.763	3.419	10.768	51.601
	QL：该员工能主动寻求新的思路和解决问题的办法。	0.554			
	QL：该员工能在其专业相关领域产生突破性的想法。	0.736			
	QL：该员工是一个创新型员工的好榜样。	0.723			
因子5：上级支持	QY：工作上的创意能够得到团队负责人的支持。	0.676	2.866	9.190	60.791
	QY：团队负责人能适当地授权。	0.788			
	QY：遇到困难时，我能够得到团队负责人的支持。	0.701			
	QY：团队负责人鼓励新的工作思路。	0.746			

由表 4 – 4 的结果可知，期望构建变量的平均因子载荷为 0.7，绝大部分标准化因子载荷明显高于有关研究所建议的最低临界水平 0.6（蒋春燕，赵曙明，2006），5 个标准化因子载荷中只有 4 个低于 0.6，且都具有较强的统计显著性，显示了较强的内敛效度。

通过探索性因子分析，笔者还得到检验采样充足度的结果，如表 4 – 5 所示。

表 4 – 5　采样充足度分析

Kalser – Meyer – Olkin 测度	Bartlett 球形检验	
	卡方近似值	自由度
0.947	11091.294***	595

注：*$p < 0.1$ 双边检验，**$p < 0.05$ 双边检验，***$p < 0.01$ 双边检验。

由表 4 – 5 可知，依据 Kalser 的观点，KMO 值为 0.947，说明变量间的偏相关度较大，样本容量充足，不需要增加新的样本。Bartlett 通过了 1‰的高度显著性球形检验。因此，因子模型通过了问卷项目的结构效度检验。

二　信度分析

进行验证性因子分析之后，笔者将探索性因子分析得出的 5 个潜变量进行信度检验，如表 4 – 6 所示。"真实型领导"变量、"团队协力"变量、"上级支持"变量、"团队创造力"变量、"员工创造力"变量的信度均高于 0.8。可见，问卷项目的一贯性、异质性、可靠性、再现性和稳定性都比较理想，具有良好的内部一致性信度。

表 4 – 6　信度系数（修正后）

变　　量	α 系数	项目数	样本量
真实型领导	0.934	14	574
团 队 协 力	0.813	3	574
上 级 支 持	0.832	4	574
团队创造力	0.915	10	574
员工创造力	0.832	4	574

第二节　样本的频数分布分析

本研究主要用频数分布分析的方法描述样本的分布特点，表 4 - 7、表 4 - 8、表 4 - 9 根据被试的人口特征变量（性别、年龄、学历、专业技术职称、工龄等）和团队特征变量（领导者性别、领导者年龄、领导者年资、领导者学历、团队规模、团队专业背景、团队成员年龄差距、团队成员能力差距、团队发展阶段、团队组建时间、团队存续时间、团队从事项目的进展阶段、团队所在单位性质）给出样本的分布情况。

表 4 - 7　员工样本概况（$n_1 = 574$）

人口统计资料		人数	百分比（%）
性别	男	356	62.03
	女	217	37.80
	缺失值	1	0.17

续表

人口统计资料		人数	百分比（%）
年龄	20 岁以下	9	1.57
	20～25 岁	181	31.53
	26～30 岁	215	37.46
	31～35 岁	89	15.52
	36～40 岁	41	7.14
	41～45 岁	31	5.40
	46～50 岁	3	0.52
	51～55 岁	1	0.17
	55～60 岁	1	0.17
	60 岁以上	2	0.35
	缺失值	1	0.17
最高学历	大专及以下	69	12.02
	本科	324	56.45
	硕士研究生或双学士	143	24.91
	博士研究生及以上	25	4.36
	缺失值	13	2.26
最高学历的学科	哲学	3	0.52
	经济学	46	8.01
	法学	5	0.87
	教育学	3	0.52
	文学	5	0.87
	历史学	3	0.52
	理学	74	12.89
	工学	283	49.30
	建筑学	12	2.10
	农学	5	0.87
	医学	2	0.35
	军事学	0	0
	管理学	103	17.94
	缺失值	30	5.22

人口统计资料		人数	百分比（%）
第一学历的学科	哲学	5	0.87
	经济学	41	7.14
	法学	5	0.87
	教育学	1	0.17
	文学	7	1.22
	历史学	2	0.34
	理学	73	12.72
	工学	290	50.52
	建筑学	13	2.26
	农学	9	1.57
	医学	2	0.35
	军事学	1	0.17
	管理学	86	14.98
	缺失值	39	6.79
加入团队时间	3 个月以下	41	7.14
	3~6 个月	55	9.58
	7~12 个月	114	19.86
	13~24 个月	129	22.47
	24 个月以上	234	40.77
	缺失值	1	0.17
已取得专业技术职称	无职称	234	40.77
	初级职称	134	23.34
	中级职称	152	26.48
	高级职称	47	8.19
	缺失值	7	1.22
单位性质	企业	354	61.67
	高等院校	87	15.16
	科研院所	125	21.77
	社会团体	6	1.05
	其他	0	0
	缺失值	2	0.35

续表

人口统计资料		人数	百分比（%）
行业分类	工程和技术研究与试验发展	495	86.24
	农业科学研究与试验发展	28	4.88
	医学研究与试验发展	31	5.40
	人文社会科学研究与试验发展	20	3.48
	缺失值	0	0

注：由于四舍五入的关系，百分比相加可能不是 100%（有误差）。

表 4 – 8　团队领导者样本概况（ $n_2 = 113$ ）

人口统计资料		人　数	百分比（%）
领导者性别	男	96	84.80
	女	17	15.20
领导者年龄	25 岁以下	9	7.96
	26～30 岁	26	23.01
	31～40 岁	45	39.82
	41～50 岁	30	26.55
	51～60 岁	1	0.89
	61 岁及以上	2	1.77
领导者年资	5 年以下	64	56.64
	6～10 年	31	27.43
	11～20 年	14	12.38
	21～29 年	1	0.89
	30 年及以上	1	0.89
	缺失值	2	1.77
领导者学历	大专及以下	10	8.85
	本科	44	38.94
	硕士研究生或双学士	28	24.78
	博士研究生及以上	31	27.43

表 4 - 9　团队样本概况 （$n_2 = 113$）

团队规模	5 人 以 下 （含）：39 个 （34.51%）、6 ~ 9 人：42 个 （37.17%）、10 ~ 14 人：23 个 （20.35%）、15 人及以上：9 个 （7.96%）
团队组建时间	7 ~ 12 个月：35 个 （30.97%）、13 ~ 24 个月：31 个 （27.43%）、25 ~ 36 个月：15 个 （13.27%）、37 个月及以上：31 个 （27.43%）、缺失值：1 个 （0.86%）
团队存续时间	6 个月以下 （含）：3 个 （2.65%）、7 ~ 12 个月：12 个 （10.62%）、13 ~ 24 个月：19 个 （16.81%）、25 ~ 36 个月：16 个 （14.15%）、37 个月以上：62 个 （54.87%）、缺失值：1 个 （0.86%）
团队发展阶段	组建期：5 个 （4.44%）、磨合成长期：57 个 （50.44%）、稳定成熟期：48 个 （42.47%）、衰退期：2 个 （1.77%）、缺失值：1 个 （0.86%）
团队所在单位性质	企业中的 R & D 团队：67 个 （59.29%）、高等院校：18 个 （15.92%）、科研院所：27 个 （23.89%）、缺失值：1 个 （0.89%）
团队成员年龄差距	团队成员之间的年龄差距很大，老、中、青各个年龄层次的都有：16 个 （14.16%）；团队成员之间的年龄差距比较明显，但基本可以划分为两个年龄层：20 个 （17.70%）；团队成员之间的年龄差距并不明显，只有少数一两个特别年长或特别年轻：35 个 （30.97%）；所有团队成员都处于同一个年龄层：42 个 （37.17%）
团队成员能力差距	团队成员彼此之间能力 （或专业） 水平差距很大，有一两个人能力特别突出：21 个 （18.58%）；团队成员彼此之间能力 （或专业） 水平存在一定差距，有几个人相对比较出色：71 个 （62.84%）；团队成员彼此之间能力 （或专业） 水平相仿，没有显著的差异：21 个 （18.58%）

续表

团队成员专业背景	每个团队成员的专业背景都不相同：12 个（10.62%）；团队成员来自不同的几个专业：44 个（38.94%）；团队成员的专业背景基本一致：48 个（42.48%）；团队成员的专业背景完全一致：9 个（7.96%）
地理分布	东部地区 54 个（占 47.79%）：北京 21 个、天津 2 个、上海 8 个、南京 6 个、杭州 5 个、苏州 1 个、大连 1 个、深圳 10 个；中部地区 49 个（占 43.36%）：武汉 39 个、荆门 9 个、南昌 1 个；西部地区 9 个（占 7.96%）：成都 6 个、内蒙古 3 个；缺失值：1 个（0.89%）
行业分类	工程和技术研究与试验发展 97 个（占 85.84%）：计算机科学技术 27 个、船舶工程技术 12 个、管理学 12 个、交通运输工程 11 个、土木建筑工程 8 个、水利水电工程 6 个、冶金工程技术 4 个、机械工程 4 个、材料科学 5 个、航空航天技术 3 个、能源科学技术 3 个、测绘科学技术 2 个；农业科学研究与试验发展 6 个（占 5.31%）：园林 6 个；医学研究与试验发展 6 个（占 5.31%）：生物医药 6 个；人文社会科学研究与试验发展 4 个（占 3.54%）：经济学 4 个

注：团队所属地区划分标准依据中华人民共和国国务院陆续推出的西部大开发及中部崛起计划划分，所属行业分类依据中华人民共和国国家统计局 2006 年 11 月公布的《行业分类标准》中 M 科学研究、技术服务和地质勘查业的划分，所属学科门类依据中华人民共和国国家标准学科分类与代码表 GB/T13745 - 92 划分。

（一）样本的人口特征分布

由表 4 - 7 可知，员工样本的性别比例中男性大于女性，占样本的 62.03%。被调查者的年龄段集中在 20~25 岁（占 31.53%）和 26~30 岁（占 37.46%）两个阶段。被调查者的学历主要集中在本科（占 56.45%）和硕士研究生或双学士（占 24.91%）两个层次上。在获得学位的被调查者中，所获最高学历的学位集中在工学（占 49.30%）、管理学（占 17.94%）和理学（占 12.89%）

三种学科上；所获第一学历的学位集中在工学（占 50.52%）、管理学（占 14.98%）和理学（占 12.72%）三种学科上；进一步对比了取得硕士研究生及双学士以上学历的被调查者（占样本总体的 29.27%）发现，他们最高学历与第一学历授予的学位之后，发现 246 名（占样本总体的 42.86%）被调查者具有同学科的学位，20 名（占样本总体的 3.48%）的被调查者获得不同学科的学位。大多数被调查者加入团队的工作时间处于 7~12 个月（占19.86%）、13~24 个月（占 22.47%）和 24 个月以上（40.77%）三个时间段；被调查者中具有初级职称、中级职称和高级专业职称的比例分别为 23.34%、26.48% 和 8.19%，部分调查者（占40.77%）尚未取得职称的可能原因是参加工作的年限不长。就单位性质而言，将近六成的被调查者（占 59.29%）在企业工作，其次为科研院所（占 23.89%）和高等院校（占 15.92%）。就行业分类而言，85.84% 的被调查者从事工程和技术研究与试验发展，从事农业科学研究与试验发展、医学研究与试验发展和人文社会科学研究与试验发展的比例分别为 5.31%、5.31%和 3.54%。

由表 4-8 可知，团队领导者样本的性别比例中男性占到总体的84.80%，显著多于女性。被调查的领导者年龄段集中在 26~30 岁（23.01%）、31~40 岁（39.82%）、41~50 岁（26.55%）三个阶段。被调查的领导者年资在 5 年以下、6~10 年和 11~20 年三个时间段的比例分别为 56.64%、27.43% 和 12.38%。大多数被调查的领导者学历处于本科（38.94%）、硕士研究生或双学士（24.78%）和博士研究生及以上（27.43%）三个层次。

（二）样本的团队特征分布

由表4-9可知，R&D团队样本的分布情况是：就团队规模而言，被调查团队人数集中在5人以下（34.51%）、6~9人（37.17%）、10~14人（占20.35%），15人以上的团队仅占7.96%；就团队组建时间而言，被调查团队多集中在13~24个月和37个月及以上（分别占27.43%和27.43%），其次是7~12个月（占30.97%）和25~36个月（占13.27%）；被调查团队存续时间在37个月以上（占54.87%）的最多，其次依次为13~24个月（占16.81%）、25~36个月（占14.15%）、7~12个月（占10.62%）和6个月以下（占2.65%）；就团队发展阶段而言，处于磨合成长期（占50.44%）和稳定成熟期（占42.47%）的团队占了绝大多数；就单位性质而言，除了高等院校（占15.92%）和科研院所（占23.89%）是科学研发的主体外，企业中的R&D团队（占59.29%）占了半壁江山，与我国鼓励企业自主创新的政策相吻合。

由表4-9还可知，R&D团队中成员样本的分布情况是：就年龄分布而言，团队成员的年龄层次差距不大（其中，同一个年龄层次的占37.17%、并不明显的占30.97%），老、中、青各个年龄层次都有仅占14.16%，造成这一结果的原因可能是被调查年龄段较为集中（20~30岁）；就团队成员的个人能力（或专业）差距而言，占81.42%的团队成员之间存在能力或专业差距（其中领导者认为其成员差距很大的占18.58%、存在一定差距的占62.84%），没有显著差距的团队仅占18.58%；就团队成员的专业背景而言，团队成员背景一致（含完全一致和基本一致）与不一致（含都不相同与来自几个不同的专业）的分别占到 50.44% 和 49.56%；就地理分布而言，东部地区的样本最多（占 47.79%），中部地区的样本其次（占 43.36%）、西部地区的样本最少（7.96%）；就行业分类而言，来自工程和技术研究与试验发展领域的团队最多（占 85.84%）、农业科学研究与试验发展及医学研究与试验发展分别占了 5.31%，人文社会科学研究与试验发展仅为 3.54%。

第三节 不同人口与团队特征下的 R&D 团队 成员的创造力分析

创造力理论文献都强调个体与情境交互作用对创造力的重要性，以及个人与环境匹配对创造力的重要性（如 Amabile，1996；Woodman，1993）。因此，笔者认为，创造力既是员工个体人口特征的函数，也是个人特征与工作环境的函数，更是个人特征与工作环境相匹配的函数。在个人特征与环境特征相匹配的条件下，员工会产生更高水平的创造力（Shally，2004）。大量研究从性别、年龄、年限等人口变量因素进行了考察，但结论不一。由于组织性质、规模和所处环境的差异，也可能导致组织创新氛围的差异，进而导致员工个体创造力的差异。因此，本研究从不同的人口特征以及团队特征与员工创造力的关系进行了独立样本的 T 检验和单因素方差分析，各种数据的整理结果见表 4－10 和表 4－11。

表 4 – 10　不同人口特征下的员工创造力及检验（$n_1 = 574$）

人口特征变量		员工创造力	
		均　值	标准差
性别	男	3.010	0.787
	女	3.069	0.687
	F 值	1.709	
	P	0.192	
年龄	20 岁以下	2.789	0.857
	20～25 岁	2.978	0.768
	26～30 岁	3.079	0.778
	31～35 岁	3.066	0.745
	36～40 岁	2.955	0.533
	41～45 岁	3.087	0.691
	46～50 岁	3.233	0.404
	51～55 岁	3.000	——
	56～60 岁	3.750	——
	61 岁以上	2.000	1.414
	F 值	0.930	
	P	0.498	
工作时间	6 个月以下	2.921	2.921
	7～12 个月	3.037	3.037
	13～24 个月	3.003	3.003
	25～36 个月	3.146	3.146
	36 个月及以上	3.044	3.044
	F 值	2.692	
	P	0.009*	
技术职称	无职称	2.969	0.789
	初级职称	3.123	0.713
	中级职称	3.086	0.700
	高级职称	2.959	0.771
	F 值	1.561	
	P	0.156	

续表

人口特征变量		员工创造力	
		均　值	标准差
最高学历	大专及以下	2.767	0.788
	本科	3.086	0.734
	硕士（或双学士）	3.041	0.712
	博士及以上	3.052	0.840
	F 值	2.649	
	P	0.033 *	
最高学历的学科	哲学	2.967	0.577
	经济学	3.106	0.699
	法学	3.060	0.666
	教育学	3.267	0.737
	文学	2.870	1.108
	历史学	2.500	1.136
	理学	3.064	0.763
	工学	3.053	0.761
	建筑学	3.304	0.646
	农学	3.060	0.487
	医学	3.650	1.202
	管理学	2.899	0.737
	F 值	0.760	
	P	0.692	
第一学历的学科	哲学	2.780	0.438
	经济学	3.045	0.709
	法学	3.060	0.666
	教育学	3.000	—
	文学	3.357	0.528
	历史学	2.250	1.485
	理学	3.072	0.768
	工学	3.055	0.756

续表

人口特征变量		员工创造力	
		均　值	标准差
第一学历的学科	建筑学	3.246	0.642
	农学	3.022	0.429
	医学	3.650	1.202
	军事学	1.000	—
	管理学	2.902	0.757
	F 值	1.318	
	P	0.197	

注：＊p＜0.1 双边检验，＊＊p＜0.05 双边检验，＊＊＊p＜0.01 双边检验。

表 4 - 11　不同团队特征下的员工创造力及检验（$n_1 = 574$）

团队特征变量		员工创造力	
		均　值	标准差
团队规模	5 人以下	3.002	0.803
	6~9 人	2.978	0.716
	10~14 人	3.091	0.676
	15 人及以上	3.005	0.828
	F 值	0.458	
	P	0.902	
团队成员的专业背景构成	每个团队成员的专业背景都不相同	3.034	0.673
	团队成员来自不同的几个专业	2.956	0.776
	团队成员的专业背景基本一致	3.076	0.832
	团队成员的专业背景完全一致	3.185	0.633
	F 值	1.767	
	P	0.152	
团队成员的年龄构成	团队成员之间的年龄差距很大，老、中、青各个年龄层的都有	3.189	0.646
	团队成员之间年龄差距比较明显，但基本可以划分为两个年龄层	2.987	0.841
	团队成员之间年龄差异并不明显，只有少数一两个特别年长或特别年轻	3.021	0.695
	团队成员都处于同一个年龄层	3.099	0.710
	F 值	1.199	
	P	0.309	

团队特征变量		员工创造力	
		均　值	标准差
团队成员的能力差距	成员彼此之间的能力（或专业）水平差距很大，有一两个人能力特别突出	3.080	0.680
	成员彼此之间能力（或专业）水平存在一定差距，有几个人相对比较出色	3.059	0.599
	成员整体能力（或专业）水平相仿，没有显著的差异	3.064	0.774
	成员整体能力（或专业）水平完全一致	2.955	0.828
	F 值	0.953	
	P	0.414	
团队所处的发展阶段	组建期	3.165	0.653
	磨合成长期	3.010	0.794
	稳定成熟期	2.972	0.666
	衰退期	—	—
	F 值	2.043	
	P	0.131	
团队存续时间	6 个月以下	2.875	0.590
	7～12 个月	2.947	0.737
	13～24 个月	3.094	0.736
	25～36 个月	2.928	0.906
	36 个月及以上	3.142	0.710
	F 值	2.702	
	P	0.030	
单位性质	企业	2.962	0.695
	高等学校	3.049	0.747
	科研院所	3.089	0.599
	社会团体	2.952	0.861
	F 值	0.507	
	P	0.731	

续表

团队特征变量		员工创造力	
		均 值	标准差
行业分类	工程和技术研究与试验发展	3.035	0.768
	农业科学研究与试验发展	2.811	0.707
	医学研究与试验发展	3.165	0.540
	人文社会科学研究与试验发展	2.998	0.653
	F 值	0.507	
	P	0.731	
工作地点	东部地区	2.951	0.801
	中部地区	3.081	0.709
	西部地区	3.250	0.585
	F 值	4.028	
	P	0.18	

注：$*p<0.1$ 双边检验，$**p<0.05$ 双边检验，$***p<0.01$ 双边检验。

（一）人口特征对 R&D 团队个体的员工创造力影响分析

由表 4-10 可以看出，不同性别、年龄、技术职称、最高学历获得的学位以及第一学历的学位都与被调查 R&D 团队的员工创造力之间不存在显著差异，不同工作时间、最高学历与员工创造力之间存在显著差异。

具体而言，随着员工工作时间的增加，员工创造力呈现出先升后降、再升再降的趋势（见图 4-1）。以员工的工作时间为 6 个月（员工创造力均值为 2.921）为起点，7~12 个月时增长至 3.037（员工创造力均值），之后（13~24 个月时）下降为 3.003（员工创造力均值）。员工创造力的最高值 3.146 出现在 25~36 个月时，之后（36 个月以上时），员工创造力均值又下降至 3.044。

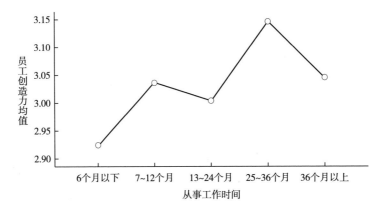

图 4 - 1　不同工作时间的员工创造力

如图 4 - 2 所示，就员工已获得最高学历与员工创造力之间的关系而言，创造力最高的是获得学士学位的员工，得分均值为 3.086；其后，依次分别是获得硕士和双学士学历的员工，得分均值为 3.041；获得博士及以上学位的员工，创造力均值为 3.052；获得大专及以下学历的员工得分最低，创造力均值为 2.767。

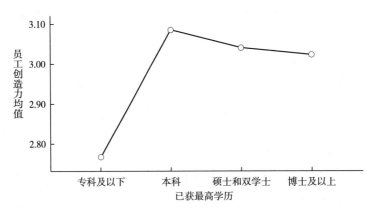

图 4 - 2　不同学历的员工创造力

（二）团队特征对 R&D 团队个体的员工创造力影响分析

由表 4 - 11 可以看出，团队规模、团队成员的专业背景构成、团队成员的年龄构成、团队成员的能力差距、团队所处的发展阶段、团队存续时间、单位性质、行业分类以及工作地点对被调查的员工创造力并无显著影响。

第四节　不同领导者人口特征与团队特征下的 R&D 团队创造力分析

本研究从不同的领导者人口特征以及团队特征与团队创造力的关系进行了独立样本的 T 检验和单因素方差分析，各种数据的整理结果见表 4 – 12 和表 4 – 13。

表 4 – 12　不同领导者人口特征下的团队创造力及检验（$n_2 = 113$）

领导者人口统计资料		团队创造力	
		均　值	标准差
领导者性别	男	2.966	0.396
	女	3.630	0.508
	F 值	0.750	
	P	0.388	
领导者年龄	25 岁以下	2.913	0.494
	26 ~ 30 岁	2.926	0.451
	31 ~ 40 岁	3.355	0.391
	41 ~ 50 岁	2.970	0.346
	51 ~ 60 岁	1.940	——
	61 岁及以上	——	——
	F 值	2.239	
	P	0.070[*]	

续表

领导者人口统计资料		团队创造力	
		均　值	标准差
领导者年资	5 年以下	2.938	0.404
	6～10 年	3.048	0.415
	11～20 年	3.118	0.352
	21～29 年	1.940	—
	30 年及以上	2.725	—
	F 值	2.603	
	P	0.040*	
领导者学历	大专及以下	2.812	0.443
	本科	3.087	0.361
	硕士研究生或双学士	3.058	0.361
	博士研究生及以上	2.810	0.441
	F 值	3.735	
	P	0.007**	

注：$*p < 0.1$ 双边检验，$**p < 0.05$ 双边检验，$***p < 0.01$ 双边检验。

表 4–13　不同团队特征下的团队创造力及检验（$n_2 = 113$）

团队特征变量		团队创造力	
		均　值	标准差
团队规模	5 人以下	2.952	0.463
	6～9 人	2.952	0.389
	10～14 人	3.028	0.442
	15 人及以上	3.008	0.254
	F 值	0.216	
	P	0.885	
团队成员的专业背景构成	每个团队成员的专业背景都不相同	3.066	0.355
	团队成员来自不同的几个专业	2.971	0.445
	团队成员的专业背景基本一致	2.917	0.404
	团队成员的专业背景完全一致	3.143	0.382
	F 值	0.997	
	P	0.397	

续表

团队特征变量		团队创造力	
		均　值	标准差
团队成员的年龄构成	团队成员之间的年龄差距很大，老、中、青各个年龄层的都有	3.086	0.376
	团队成员之间年龄差距比较明显，但基本可以划分为两个年龄层	3.052	0.297
	团队成员之间年龄差异并不明显，只有一两个特别年长或特别年轻	2.936	0.436
	团队成员都处于同一个年龄层	2.920	0.456
	F 值	0.960	
	P	0.414	
团队成员的能力差距	成员彼此之间的能力（或专业）水平差距很大，有一两个人能力特别突出	3.078	0.344
	成员彼此之间能力（或专业）水平存在一定差距，有几个人相对比较出色	2.967	0.431
	成员整体能力（或专业）水平相仿，没有显著的差异	2.881	0.417
	成员整体能力（或专业）水平完全一致	—	—
	F 值	1.204	
	P	0.304	
团队所处的发展阶段	组建期	2.991	0.625
	磨合成长期	2.932	0.429
	稳定成熟期	3.010	0.362
	衰退期	3.500	0.177
	F 值	1.425	
	P	0.239	

续表

团队特征变量		团队创造力	
		均　值	标准差
团队存续时间	6 个月以下	3.056	0.404
	7～12 个月	2.817	0.441
	13～24 个月	3.021	0.315
	25～36 个月	3.010	0.593
	37 个月及以上	3.105	0.3279
	F 值	2.320	
	P	0.062*	
单位性质	企业	3.040	0.430
	高等院校	2.732	0.342
	科研院所	3.140	0.388
	社会团体	2.802	0.401
	其他	3.160	0.296
	F 值	3.987	
	P	0.005**	
行业分类	工程和技术研究与试验发展	2.968	0.425
	农业科学研究与试验发展	2.883	0.499
	医学研究与试验发展	3.104	0.281
	人文社会科学研究与试验发展	3.000	0.211
	F 值	0.299	
	P	0.826	
工作地点	东部地区	2.886	0.417
	中部地区	3.059	0.415
	西部地区	3.023	0.327
	F 值	2.379	
	P	0.097*	

注：$*p<0.1$ 双边检验，$**p<0.05$ 双边检验，$***p<0.01$ 双边检验。

（一）领导者人口特征对团队创造力的影响

由表 4－12 可知，不同领导者性别的被调查团队之间的团队整体创造力差异并不显著，不同领导者年龄、学历和年资的被调查团队之间的团队创造力差异显著。

具体而言，领导者的年龄与团队创造力之间呈现出先升后降的趋势（见图 4-3）。在 20~40 岁区间时，团队创造力随着其年龄增长而增长；领导者的年龄处于 31~40 岁区间时达到极值（均值为3.355）；领导者的年龄处于 41~50 岁区间时，开始呈现轻微下降趋势；51~60 岁区间的领导者负责的团队创造力下降迅猛（均值低于2.812）。

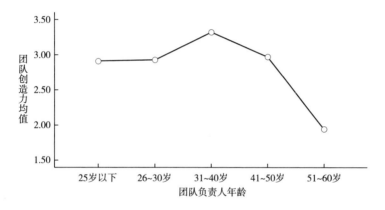

图 4-3 不同年龄的领导者负责团队的创造力

领导者的学历与团队创造力的关系也呈现出先升后降的趋势（见图 4-4）。团队领导者学历为大专及以下时，团队创造力最低（均值为 2.812）；团队领导者学历为本科时，团队创造力最高（均值为 3.087）。之后，随着团队领导者学历的增高而下降，当领导者学历为硕士或双学士时，团队整体创造力均值下降为 3.058；当团队领导者学历为博士时，团队创造力均值仅为 2.810。

领导者的年资与团队整体创造力的关系呈现出先升后降再上升的趋势（见图 4-5）。团队领导者的年资在 6~20 年区间时，团队

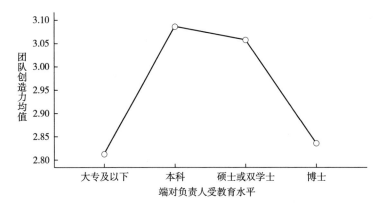

图 4 - 4　不同学历的领导者负责的团队创造力

整体创造力随着领导者的年资增长呈上升趋势，于 11～20 年达到极值（均值为 3.048）。团队领导者的年资在 21～29 年区间时，团队整体创造力最低（均值为 1.940）。随后，当团队领导者的年资在 30 年以上时，团队整体创造力的均值又增长至 2.725。

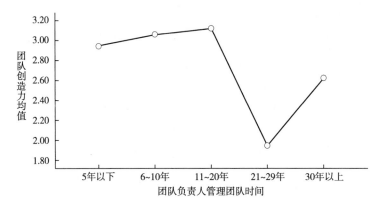

图 4 - 5　不同年资的领导者负责的团队创造力

（二）团队特征对团队创造力的影响

由表 4 - 13 可知，团队规模、团队成员的专业背景构成、团队成员的年龄构成、团队成员的能力差距、团队所处的发展阶段以及团队所处的行业对被调查团队之间的团队整体创造力差异并不显著，不同存续时间、单位性质以及不同地区的被调查团队之间的整体创造力差异显著。

具体而言，团队存续时间与团队创造力之间呈现先降再升、再下降的趋势（见图4-6）。存续时间在6个月以下的团队创造力最高（均值为3.056），7～12个月的团队创造力最低（均值为2.817）。之后，团队创造力随着团队时间的延长而增加，在25～36个月时团队创造力重回均值为3.021的高点。当团队存续期长于37个月时，团队创造力均值为3.105。

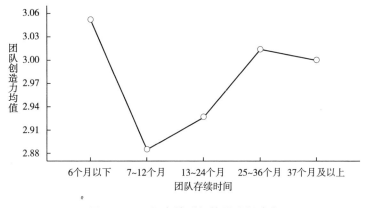

图4-6 不同存续时间的团队创造力

由单位性质与团队创造力两者关系的比较可知（见图4-7），团队创造力最高的是所有制类型为其他的团队（均值为3.160），科研院所的团队紧随其次（均值为3.140），企业团队列第三（均值为3.040），社会团体的团队位于第四（均值为2.802），高等院校的团队最低（均值为2.732）。

由地区与团队创造力两者关系的比较可知（见图4-8），团队创造力最高的是中部地区（均值为3.059），西部地区其次（均值为3.23），东部地区最低（均值为2.886）。

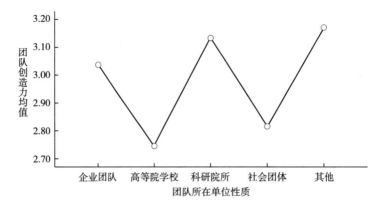

图 4 – 7 不同单位性质的团队创造力

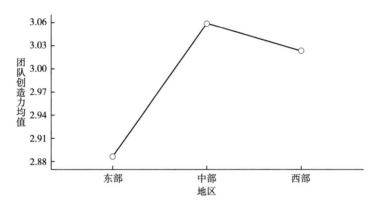

图 4 – 8 不同地区的团队创造力

本章小结

首先，本章说明了整体问卷的设计过程，包括成员问卷与领导问卷的匹配、各个变量测量工具的来源。其次，介绍了本研究的具体方法。在调查之前，笔者运用访谈法（2 名管理者和 8 名员工）对调查问卷的部分题项进行了词语表达、提问顺序等修正，力求所调查者能清晰、明确地领会每个题项。再次，叙述了本研究的调查过程：先选定武汉地区的部分高等院校、科研院所的 R&D 团队进行试调查工作（2010 年 3 月），再在北京、上海、深圳、武汉、荆门、成都、南京、苏州、呼和浩特等地进行实地调研和问卷调查（2010 年 4～8 月）。又次，阐述了大样本质量评估程序：先运用探索性因子检验和验证性因子检验，测评了各种变量在中国情境中的一致性，再通过对各种测量模型进行调整与修正，检验了本研究模型的拟合度，验证了测量模型是否与数据的匹配性，达到结构效度检验的目的。再经由对问卷项目的异质性、可靠性、一贯性、再现性和稳定性的检验结果，判定都达到可接受水平（$a > 0.6$）。最后，再对数据进行了基本描述统计分析、相关分析、频数分布分析、独立样本 T 检验和方法分析等方法的初步统计处理。

第五章

---※◈◈※---

多层次导向的真实型领导对员工个体－团队
创造力的影响作用分析

为了验证真实氛围、真实型领导与创造力的多层次模型,本章归纳了本研究中需要用到的数据分析方法,再依据自变量、中介变量和因变量是否处于同一层次,依次分析了同层次的中介作用和不同层次的中介作用,并逐一验证了研究假设。

第一节　团队研究中的数据分析方法

一　数据层次

(一) 个体层次的变量

在本研究中,个体层次的自变量为真实型领导,中介变量为上级支持，因变量为员工创造力，控制变量包括员工的性别、年龄、学历、职称、加入团队时间（见表 5 - 1）。

表 5 - 1 个体层次的变量

所属层次	控制变量	自变量	中介变量	因变量
个体层次	员工的性别、年龄、学历、职称、加入团队时间	真实型领导	上级支持	员工创造力

在研究中，个体层次的分类控制变量使用以下编码方法：①性别："1"代表男性，"2"代表女性；②员工年龄："1"代表 20 岁以下，"2"代表 20 ~ 25 岁，"3"代表 26 ~ 30 岁，"4"代表 31 ~ 35 岁，"5"代表 36 ~ 40 岁，"6"代表 41 ~ 45 岁，"7"代表 46 ~ 50 岁，"8"代表 51 ~ 55 岁，"9"代表 55 ~ 60 岁，"10"代表 60 岁以上；③成员受教育程度："1"代表大专及以下，"2"代表本科，"3"代表硕士或双学士，"4"代表博士及以上；④加入团队时间："1"代表 3 个月以下，"2"代表 3 ~ 6 个月，"3"代表 7 ~ 12 个月，"4"代表 13 ~ 24 个月，"5"代表 24 个月以上。

（二）团队层次的变量

在本研究中，团队层次的自变量为真实氛围，中介变量为团队协力，因变量为团队创造力，控制变量包括团队领导者的性别、年龄、年资、学历；团队规模、团队所在单位性质、团队所在地区、团队所在行业（见表 5 - 2）。

在本研究中，团队层次的各个分类控制变量使用以下编码方法：①团队领导性别："1"代表男性，"2"代表女性；②团队领导年龄："1"代表 25 岁以下，"2"代表 26 ~ 30 岁，"3"代表 31 ~ 40 岁，

表 5－2　团队层次的变量

所属层次	控制变量	自变量	中介变量	因变量
团队层次	团队领导者的性别、年龄、学历、年资；团队规模、团队所在单位性质、团队所在地区、团队所在行业	真实氛围	团队协力	团队创造力

"4"代表 41～50 岁，"5"代表 51～60 岁，"6"代表 61 岁及以上；③领导年资："1"代表 5 年以下，"2"代表 6～10 年，"3"代表 11～20 年，"4"代表 21～29 年，"5"代表 30 年及以上；④领导学历："1"代表大专及以下，"2"代表本科，"3"代表硕士或双学士，"4"代表博士及以上；⑤团队规模："1"代表 5 人以下，"2"代表 6～9 人，"3"代表 10～14 人，"4"代表 15 人及以上；⑥团队所在单位性质："1"代表企业，"2"代表高等院校，"3"代表科研院所，"4"代表其他；⑦团队所在地区："1"代表东部地区，"2"代表中部地区，"3"代表西部地区；⑧团队所在行业："1"代表工程和技术研究与试验发展；"2"代表农业科学研究与试验发展；"3"代表医学研究与试验发展；"4"代表人文社会科学研究与试验发展。

二　中介作用检验方法

（一）同层次的中介作用检验方法

通过以下四个回归方程分析，检验某个变量对自变量与因变量的中介作用：（1）因变量（Y）对自变量（X）的回归方程；（2）中介变量（M）对自变量（X）的回归方程；（3）因变量（Y）

对中介变量（M）的回归方程。（4）因变量（Y）对自变量（X）和中介变量（M）的回归方程（Baron & Kenny，1986）。若 X 对 Y、X 对 M、M 对 Y 都有显著的影响，表明 M 是 X 与 Y 的中介变量。在控制 M 对 Y 的影响后，若 X 对 Y 不再有显著的影响，表明 M 在 X 与 Y 之间起完全中介作用，X 对 Y 仍有显著的影响，但 X 对 Y 的效应减弱，表明 M 在 X 与 Y 之间起部分中介作用（Baron & Kenny，1986；Mathieu & Taylor，2007）。

也有学者认为，自变量（X）对因变量（Y）是否有显著的直接效应（步骤一）并不是检验中介变量（M）是否完全中介两者之间关系的必要条件（Collins，Graham & Flaherty，1998；James，Mulaik & Brett，1982；MacKinnon，Krull & Lockwood，2000；Schneider，Ehrhart & Mayer，2005；Shrout & Bolger，2002）。笔者认同以上观点，认为在中介效应检验步骤中，步骤二和步骤三是最重要的步骤，但步骤一并不是必不可少的步骤（Kenny，Kashy & Bolger，1998）。

若自变量（X）与因变量（Y）没有直接的相关关系，但 X 与 Y 通过某种连接机制存在间接的相关关系，表明 X 对 Y 有间接效应。间接效应是中介效应的一种特殊形式（Mathieu & Taylor，2006，2007）。因此，应明确说明假设中自变量、中介变量与因变量之间的关系（完全中介效应、部分中介效应、间接效应），并通过相应的检验，才能为它们假定的关系提供确认性和否定性证据（Mathieu & Taylor，2006）。在中介变量为层次 2 变量的跨层次分析中，笔者使用 SPSS17.0 软件，通过分层回归分析，检验自变量对中介变量的影响（步骤二）。除此之外，笔者使用 HLM 软件，通过多层次线性模型分析，检验各个变量之间的相关关系（Mathieu & Taylor，2007）。在各中介作用的检验过程中，如无特别说明，笔者均控制了各个层次的控制变量和各个前项变量对因变量的影响（Mathieu & Taylor，2007）。

（二）跨层次的中介作用检验方法

1.2 – 2 – 1 型中介作用检验方法

可利用同一层次中介效果的检测方法来分析员工个体层次中介变量模型（2 – 1 – 1）。

步骤一，总体层次解释变量 X_j 对结果变量 Y_{ij} 总效果的检定。

$$Y_{ij} = \beta_{0j}^c + \varepsilon_{ij}^c \tag{5 – 1}$$

$$\beta_{0j}^c = \gamma_{00}^0 + \gamma_{0j}^0 + u_{0j}^c \tag{5 – 2}$$

其中，式（5 – 1）是个体层次的回归方程式，不含任何解释变量。式（5 – 2）中，第二层方程式为第一层随机截距项 β_{0j}^c 的回归方程式，其回归系数 γ_{0j}^0 为 X_j 对 Y_{ij} 的总效果（脉络效果）。u_{0j}^c 为第二层的误差项，服从平均数为 0、变异数为 τ_{00} 的常态分布，用以估计多层次中各变量的相关性。式（5 – 1）和式（5 – 2）在多层次模型中"以截距为结果模型"（intercept – as – outcomes model）。若 γ_{0j}^c 的估计值达到统计显著水平，X_j 对 Y_{ij} 的中介作用成立。

步骤二，总体层次解释变量 X_j 对个体层次中介变量 M_{ij} 的影响。只有当"以截距为结果模型"通过 γ_{0j}^a 的检定，达到显著性水平，才能进行步骤三与步骤四的检测。

$$M_{ij} = \beta_{0j}^a + \varepsilon_{ij}^a \tag{5 – 3}$$

$$\beta_{0j}^a = \gamma_{00}^a + \gamma_{01}^a X_j + u_{0j}^a \tag{5 – 4}$$

步骤三，同时考虑总体层次解释变量 X_j 与个体层次中介变量 M_{ij} 时，若总体层次解释变量 X_{ij} 的存在而消失，则中介变量 M_{ij} 起完全中介作用。

$$Y_{ij} = \beta_{oj}^b + \beta_{ij}^b + \varepsilon_{ij}^b \qquad (5-5)$$

$$\beta_{oj}^b = \gamma_{00}^b + \gamma_{01}^c X_j + u_{0j}^b \qquad (5-6)$$

$$\beta_{1j}^b = \gamma_{10}^b \qquad (5-7)$$

方程式（5－5）为个体层次回归方程式，由于 M_{ij} 与 Y_{ij} 同属于一个层次，因此存在斜率回归系数 β_{0j}^b。方程式（5－6）与（5－7）为总体层次回归方程式，因解释变量 X_j 属于总体层次，方程式（5－6）为"以截距为结果模型"，而方程式（5－7）将个体层次中介变量对结果变量的影响设定为固定效果。

上述模型中，若 γ_{01}^c 的估计值不显著，而 γ_{10}^b 的估计值达到统计显著水平，就符合第三个与第四个条件，完全中介效果成立（温福星，2009）。

2.2－1－1 型中介作用检验方法

检测跨层次的调节效果，主要依据个体层次中介变量 M_{ij} 对结果变量 Y_{ij} 的影响，是否 β_{ij}^b 会随 j 而变动，换言之，是否存在斜率回归系数的变异数。因此，方程式（5－8）、（5－9）为随机效果的斜率回归系数。

$$Y_{ij} = \beta_{0j}^b + \beta_{1j}^b M_{ij} + \varepsilon_{ij}^b \qquad (5-8)$$

$$\beta_{0j}^b = \gamma_{00}^b + \gamma_{01}^c X_j + u_{0j}^b \qquad (5-9)$$

$$\beta_{1j}^b = \gamma_{10}^b + u_{1j}^b \qquad (5-10)$$

u_{0j}^b 与 u_{ij}^b 分别为个体层次截距项与斜率项，其分配均以 0 为平均数，以 τ_{00} 与 τ_{11} 为变异数，以 τ_{01} 为共变数的二元常态分布。若 τ_{10}^b 的估计值达到统计显著水平，且 τ_{01}^c 的估计值不显著（或显著，但其绝对值小于 τ_{01}^c 估计值的绝对值），且随机效果的 τ_{11} 估计值也显著，则存在 β_{1j}^b 的异质性时，应考虑多层次或跨层次调节式中介效果。

方程式（5－10）变异数成分 τ_{11} 估计值若显著，可检验跨层次的交互作用 γ_{11}^d 是否显著，调节式中介作用成立（温福星，2009）。

$$Y_{ij} = \beta_{0j}^d + \beta_{1j}^d M_{ij} + \varepsilon_{ij}^d \qquad (5-11)$$

$$\beta_{0j}^d = \gamma_{00}^d + \gamma_{01}^d X_j + u_{0j}^d \qquad (5-12)$$

$$\beta_{1j}^d = \gamma_{10}^d + \gamma_{11}^d X_j + u_{1j}^d \qquad (5-13)$$

第二节　个体层次的数据分析

一　相关分析

笔者利用相关分析对个体层次的"真实型领导""上级支持"与"员工创造力"三个变量及其关系，团队层次的"真实氛围""团队协力"与"团队创造力"，跨层次的"真实氛围""团队协力"与"员工创造力"进行了分析，以初步了解各个变量之间相关关系的强弱与方向，为下一步的多元回归分析和多层次线性模型分析做基础。

个体层次上，各变量的均值、标准差及相关系数（见表5－3），"真实型领导"与"上级支持"（$r=0.680$，$p<0.01$）、"员工创造力"（$r=0.430$，$p<0.01$）呈显著正相关关系，"上级支持"与"员工创造力"（$r=0.402$，$p<0.01$）呈显著正相关关系。

跨层次上，各变量的均值、标准差及相关系数（见表5－4），"员工创造力"与团队层次的"真实氛围"（$r=0.141$，$p<0.01$）和"团队协力"（$r=0.351$，$p<0.01$）呈显著正相关关系。

表5-3 个体层次上各变量的相关系数、均值及标准差（$n_1 = 574$，$n_2 = 113$）

变量	1	2	3	4	5	6	7	8	9
1. 成员性别	1								
2. 成员年龄	-0.151***	1							
3. 成员学历	0.042	-0.020	1						
4. 加入团队时间	-0.049	0.463***	0.037	1					
5. 真实型领导	0.026	0.114**	-0.113**	0.191***	1				
6. 上级支持	0.005	0.042	-0.090**	0.080	0.681***	1			
7. 真实氛围 a	-0.020	0.052	-0.031**	0.138***	0.267***	0.200***	1		
8. 团队协力 a	-0.112***	0.126**	-0.089**	0.168***	0.360***	0.437***	0.351***	1	
9. 员工创造力	0.024	0.018	0.026	0.117***	0.430***	0.402***	0.144**	0.227***	1
平均值	1.380	3.178	2.327	3.801	2.819	2.662	2.829	2.672	3.034
标准差	0.497	1.279	1.121	1.263	0.680	0.738	0.379	0.426	0.749

注：本研究中，真实氛围 a、团队协力 a 均由团队均值计算所得；n_1 表示574个团队成员样本，n_2 表示113个团队样本，下同。*$p < 0.1$ 双边检验，**$p < 0.05$ 双边检验，***$p < 0.01$ 双边检验。

表 5－4 团队层次上各变量的相关系数、平均值及标准差（$n_2 = 113$）

变 量	1	2	3	4	5	6	7	8
1. 团队领导性别	1							
2. 团队成员年龄	-0.095	1						
3. 领导年资	0.048	0.495***	1					
4. 领导受教育程度	-0.079	0.167	0.169	1				
5. 团队规模	0.020	0.157	0.128	0.038	1			
6. 真实氛围	-0.151	0.090	-0.131	-0.129	0.038	1		
7. 团队协力	-0.101	0.002	0.154	-0.101	0.051	0.341***	1	
8. 团队创造力	0.089	-0.002	0.057	-0.087	0.080	0.344***	0.570***	1
平均值	1.140	2.900	1.590	2.770	2.020	2.823	2.678	2.972
标准差	0.350	0.925	0.809	1.069	0.935	0.380	0.445	0.415

注：$*p<0.1$ 双边检验，$**p<0.05$ 双边检验，$***p<0.01$ 双边检验。

团队层次上，各变量的均值、标准差及相关系数（见表 5－4），"真实氛围"与"团队协力"（$r = 0.341$，$p < 0.01$）、"团队创造力"（$r = 0.344$，$p < 0.01$）呈显著正相关关系，"团队协力"与"团队创造力"（$r = 0.570$，$p < 0.01$）呈显著正相关关系。

二　真实氛围、真实型领导对员工创造力的影响

表5－5、表5－6分别给出了真实氛围、真实型领导对员工创造力的层级回归模型（Hierarchical Regression Modeling）分析结果。笔者采用层次和逐步回归的方法来验证假设1"真实氛围"对"员工创造力"和假设2a"真实型领导"对"员工创造力"的作用大小与方向。表5－5是不考虑控制变量的回归分析结果，表5－6是考虑控制变量的回归分析结果。

表5－5　真实氛围、真实型领导对员工创造力的回归分析结果

（不考虑控制变量）（$n_1 = 574$）

变　量	因变量：员工创造力		
	模型 1	模型 2	
		β	B
自变量：			
真实型领导	0.480^{***}	0.494^{***}	0.440^{***}
真实氛围*		0.570^{***}	0.550^{***}
F	12.380	27.490	
R^2	0.178^{**}	0.284^{*}	
$\triangle R^2$	0.180^{**}	0.002	

注：* $p < 0.1$ 双边检验，＊＊ $p < 0.05$ 双边检验，＊＊＊ $p < 0.01$ 双边检验。

表 5 - 6　真实氛围、真实型领导对员工创造力的回归分析结果

（考虑控制变量）（$n_1 = 574$）

变　量	因变量：员工创造力			
	模型 3	模型 4	模型 5	
			β	B
自变量：				
真实型领导		0.480***	0.501***	0.447***
真实氛围*			0.570***	0.550***
控制变量：				
员工性别	0.040	0.010	0.040	0.024
员工年龄	-0.020	0.050	0.020	0.011
员工学历	0.010	0.050	0.040**	0.116**
员工职称	0.080	0.030	0.070	-0.081
员工加入团队时间	-0.139	0.067	0.037	0.062
团队规模	0.039	0.037	0.015	0.041
团队所在单位性质	-0.015	-0.031	-0.031	-0.036
团队所在地区	0.130	0.074	0.091	0.076
团队所在行业	0.010	0.038	0.043	0.041
F	12.380	27.490	13.920	
R^2	0.206***	0.301***	0.284**	
△R^2	0.578***	0.556***	0.201*	

注：*$p < 0.1$ 双边检验，* *$p < 0.05$ 双边检验，* * *$p < 0.01$ 双边检验。

（一）不考虑控制变量的结果

以"员工创造力"为因变量，自变量为"真实型领导"和"真实氛围"。由表 5 - 5 可知，首先进入模型的是"真实型领导"（β = 0.480），然后是"真实氛围"（β = 0.570）。当这两个因变量全部进

入模型 2 之后，"真实型领导"仍然通过 1% 的高显著性水平检验，最后进入模型的"真实氛围"也通过 1% 的显著性水平检验。方差分析对整个方差的回归系数进行检验，F 值也达到 1% 的显著性水平。这说明"真实型领导"和"真实氛围"两个变量与"员工创造力"有着显著的直接影响。

在最终的模型 2 中，判定系数 R^2 等于 0.284，说明"真实型领导"和"真实氛围"对"员工创造力"解释力为 28.4%。从模型 2 还可以看出，"真实氛围"对"员工创造力"的解释力度大于"真实型领导"。

（二）考虑控制变量的结果

以"员工创造力"为因变量，依次引入控制变量（员工性别、员工年龄、员工学历、员工职称、员工加入团队时间、团队规模、团队所在单位性质、团队所在地区、团队所在行业），"真实型领导"和"真实氛围"作为自变量进行分析。由表 5－6 可知，首先进入模型的仍然是"真实型领导"（ $\beta = 0.480$ ， $p < 0.01$ ），之后为"真实氛围"（ $\beta = 0.570$ ， $p < 0.01$ ）。当控制变量和 2 个自变量全都进入模型 5 以后，"真实型领导"和"真实氛围"对"员工创造力"仍然有显著的正向的影响。

从表 5－6 中还可以看出，控制变量对员工创造力的影响。结果表明，团队因素（团队规模、团队所在单位性质、团队所在地区、团队所在行业）对员工创造力没有影响，员工个体因素中员工的性别、年龄、职称、加入团队时间也对员工创造力没有影响。只有员工的个人学历会对员工创造力产生作用。具体而言，"员工创造力"随着"学历"的提升而逐渐提升（ $\beta = 0.040$ ， $p < 0.05$ ），其未标准

化系数 0.040 表示每当员工学历提升一个档次（如从大专以下提升到本科、本科提升到硕士、硕士提升到博士），员工创造力提高 0.040。

比较表 5 – 5 和表 5 – 6 的模型，两个表呈现出的结果基本一致，引入控制变量之后，"真实氛围" 和 "真实型领导" 两个自变量依然通过了 1% 的高显著性检验，模型 5 的方差分析依然也通过了 1% 的高显著性检验。因此，假设 1、假设 2a 成立。"真实型领导"、"真实氛围" 对员工创造力有着显著的正向影响，且 "真实氛围" 的影响比 "真实型领导" 对 "员工创造力" 的更大。

三　上级支持的中介作用检验

"上级支持" 在 "真实氛围" 与 "员工创造力" 之间的中介作用检验属于 2 – 1 – 1 型跨层次模型检验，考虑到自变量 "真实氛围" 处于较高层次，可能同时对较低层次的中介变量 "上级支持" 和因变量 "员工创造力" 产生影响，笔者进行了多层次调节式中介效果的检验（温福星，邱正浩，2009）。在跨层次上，笔者考虑了 "真实氛围" × "上级支持" 的调节效应。结果发现（见表 5 – 7），回归系数估计值及 T 检验都达到显著水平（$\gamma_{10} = 0.135$，$p < 0.01$），加入中介变量后，回归系数估计值下降、显著性消失（$\gamma_{20} = 0.325$，ns.），且 "真实氛围" × "上级支持" 的调节效应不显著（$\gamma_{11} = -0.040$，ns.）。因此，假设 3b 上级支持在真实氛围与员工创造力之间起完全中介作用（Full Mediation）成立。

表 5 – 7　HLM 线性模型结果：上级支持的中介作用检验（$n_1 = 574$，$n_2 = 113$）

层次与变量	上级支持	员工创造力		
	M6	M7	M8	M9
个体层次 L1				
截距项（γ00）	2.657***	1.540***	3.098***	3.030***
真实型领导（γ10）	0.526*	0.458***	0.353***	0.434***
上级支持（γ20）			0.135*	0.325
团队层次 L2				
真实氛围（γ01）	0.109	0.530***	0.406***	0.483***
团队协力（γ02）	0.723***		0.129⁺	0.162
跨层次				
团队导向的真实型领导 × 上级支持（γ11）				
模型方差	1256.21	1181.84	1179.14	1184.98

注：L1 代表个体层次，L2 代表团队层次，下同；EC 代表员工创造力，AC 代表真实氛围，SS 代表上级支持，下同；$*p < 0.10$，$**p < 0.05$，$***p < 0.01$。M20 的 L1 中介变量上级支持进行了中心化处理。

第三节　团队层次的数据分析

本研究中，笔者依据自变量、中介变量和因变量所处的层次（其中，1 代表个体层次，2 代表团队层次），将假设 3b 和假设 4a 的中介检验分别命名为 2 – 1 – 1 型和 2 – 2 – 1 型的中介作用检验。

一　聚合分析

本研究中，由于"真实氛围""团队协力"与"团队创造力"定义在团队层次，在聚合成员的回答到团队层次之前，笔者采用

Bliese（2000）所提出的组织一致性 Rwg（Within – Group Agreement）、组内相关 ICC（1）［Intra Class Correlation（1）］和 ICC（2）［Intra Class Correlation（2）］三个在多层次研究中常用的指标，来确认聚合有理论与实证的支持。其中，Rwg 指标用来衡量团队内部不同个体对构念有相同的反映程度，取值范围在 0 ~ 1 之间，假若它的值大于0.70 表示聚合有足够的一致度（Bliese，2000）；ICC（1）指标用来检验聚合个别回答到群体层次之前，不同的组之间是否具有足够的组间差异，取值范围在 0.00 ~ 0.50 之间，中位数为 0.12；ICC（2）指标用来测量将个体层次变量聚合成群体层次变量时，此变量的群体平均数的信度，取值最好达到 0.7（James，1982；James，Demaree & Wolf，1984）。本研究中，各项指标的具体数值见表 5 – 8，所测量的变量均符合团队层次的数据聚合的要求（郭玮，李燕萍，杜旌，陶厚永，2012）。

表 5 – 8　数据的聚合分析

变　　量	Rwg 平均值	ICC（1）	ICC（2）
真 实 氛 围[a]	0.819	0.106	0.930
团 队 协 力[a]	0.811	0.136	0.947
团 队 创 造 力[a]	0.809	0.101	0.927

二　真实氛围对团队创造力的影响

表 5 – 9、表 5 – 10 分别给出了"真实氛围"对"团队创造力"的层级回归（Hierarchical Regression Modeling）分析结果。表 5 – 9是不考虑控制变量的回归分析结果，表 5 – 10 是考虑控制变量的回归分析结果。笔者采用层次和逐步回归的方法来验证假设 2b"真实氛围"对"团队创造力"的作用大小与方向。

表 5 – 9　真实氛围对团队创造力的回归分析结果（不考虑控制变量）（$n_2 = 113$）

变　量	因变量：团队创造力	
	模型 10	
自变量：	β	B
真实氛围	0.420 ***	1.200 ***
F	13.380 ***	
R^2	0.144 ***	
$\triangle R^2$	0.040 ***	

注：* $p < 0.1$ 双边检验，* * $p < 0.05$ 双边检验，* * * $p < 0.01$ 双边检验。

表 5 – 10　真实氛围对团队创造力的回归分析结果
（考虑控制变量）（$n_2 = 113$）

变　量	因变量：团队创造力		
	模型 11	模型 12	
		β	B
自变量：			
真实氛围		0.457 ***	1.200 ***
控制变量：			
团队领导性别	0.088	0.150	– 0.077
团队领导年龄	– 0.012	– 0.046	– 0.019
团队领导年资	0.037	0.077	0.091
领导学历	– 0.035	– 0.015	– 0.136
团队规模	0.034	0.027	0.106
团队所在单位性质	0.130	0.037	0.075
团队所在地区	0.127	0.081	0.126
团队所在行业	0.059	0.024	0.043
F	1.249	15.521	
R^2	0.088	0.118 ***	
$\triangle R^2$	0.018	0.110 ***	

注：* $p < 0.1$ 双边检验，* * $p < 0.05$ 双边检验，* * * $p < 0.01$ 双边检验。

（一）不考虑控制变量的结果

以"团队创造力"为因变量，自变量为"真实氛围"。由表5-9可知，自变量"真实氛围"对"团队创造力"的影响为通过了1%的高显著性水平（$\beta = 0.420$）检验，F值也达到了1%的高显著水平。这说明"真实氛围"对"团队创造力"有着显著的直接影响。判定系数R^2等于0.144，说明"真实氛围"对"团队创造力"的解释力为14.4%。

（二）考虑控制变量的结果

以"团队创造力"为因变量，依次引入控制变量（团队领导的性别、年龄、年资、学历、团队规模、团队所在单位性质、团队所在地区、团队所在行业）对"真实氛围"作为自变量进行分析。由表5-9可知，当控制变量和自变量"真实氛围"全部进入模型12以后，"真实氛围"对"团队创造力"仍然有显著的正向影响（$\beta = 0.45$，$p < 0.01$）。

从表5-10中还可以看出，控制变量对团队创造力的影响。结果表明，团队因素（团队领导的性别、年龄、年资、学历、团队规模、团队所在单位性质、团队所在地区、团队所在行业）对团队创造力没有影响。

比较表5-9和表5-10的模型，两个表呈现出的结果基本一致，引入控制变量之后，模型12的方差分析依然通过了1‰的高显著性检验，R^2为0.118，没有变化。因此，假设1、假设2a成立，"真实氛围"对"团队创造力"有着显著的正向影响。

三　团队协力的中介作用检验

团队层次上（见表 5 - 11），在控制了团队领导者的性别、年龄、年资、学历和团队规模的情况下，"真实氛围" 与 "团队创造力" 呈显著正相关（模型 14，$\beta = 0.420$，$p < 0.01$），加入 "团队协力" 后，"真实氛围" 对 "团队创造力" 的影响系数和显著性水平都有所下降（模型 15，$\beta = 0.207$，$p < 0.01$），且 "团队协力" 对 "团队创造力"（模型 16，$\beta = 0.487$，$p < 0.01$）有显著的正向影响，这都说明了 "团队协力" 在 "真实氛围" 与 "团队创造力" 之间起部分中介作用。因此，假设 2a 和假设 4b 得到验证（郭玮，李燕萍，杜旌，陶厚永，2012）。

表 5 - 11　团队层次的层级回归检验结果（$n_2 = 113$）

因变量→ 解释变量↓	团队创造力			
	模型 13	模型 14	模型 15	模型 16
控制变量				
领导性别	0.088	0.150	0.182	0.201
领导年龄	- 0.012	- 0.046	0.017	- 0.003
领导年资	0.037	0.077	- 0.033	- 0.005
领导学历	- 0.035	- 0.015	- 0.005	0.002
团队规模	0.034	0.027	0.022	0.020
自变量				
真实氛围[a]		0.420**		0.207*
中介变量				
团队协力			0.551**	0.487**
R^2	0.025	0.160**	0.593**	0.380**
F	0.545	3.378	9.597	7.334
△R^2	0.025	0.136**	0.327**	0.220**
△F	0.545	17.131	53.532	37.276

注：$*p < 0.10$，$**p < 0.05$，$***p < 0.01$。

第四节 模型验证及假设结果

笔者以中国 R&D 团队的领导者和成员为样本，从多层次的视角探讨了真实氛围对团队创造力，真实氛围、真实型领导对员工创造力的正向作用及其影响机制。通过聚合检验、相关分析、层级回归和多层次线性模型进行了假设检验。实证结果显示，在个体层次，真实型领导与员工创造力正向相关，假设 1 得到支持；上级支持在真实型领导与员工创造力的关系之间不起中介作用，假设 3a 不成立；在团队层次，真实氛围与团队创造力正向相关，假设 2b 得到支持；团队协力在真实氛围与团队创造力的关系之间起完全中介作用，假设 4b 得到支持；在跨层次上，真实氛围与员工创造力正向相关，假设 2a 得到支持；上级支持在真实氛围与员工创造力的关系之间起完全中介作用，假设 3b 得到支持；团队协力在真实氛围与员工创造力的关系之间起部分中介作用，假设 4a 得到支持。总的来说，实证结果显示，本文所得出的大部分假设得到充分的支持，从整体上验证了本文提出的理论模型。各假设检验及补充的结果如表 5 - 12 所示。

表 5 - 12 真实氛围、真实型领导与创造力的多层次研究假设验证汇总

假　　　设	是否成立
H1：真实型领导对员工创造力有正向影响。	是
H2a：真实氛围对员工创造力有正向影响。	是
H2b：真实氛围对团队创造力有正向影响。	是
H3a：上级支持在真实型领导与员工创造力之间起中介作用。	否
H3b：上级支持在真实氛围与员工创造力之间起中介作用。	是
H4a：团队协力在真实氛围与员工创造力之间起中介作用。	是
H4b：团队协力在真实氛围与团队创造力之间起中介作用。	是

本章小结

本章中，笔者界定了本研究中各个变量的层次，归纳了验证真实氛围、真实型领导与创造力的多层次模型中需要用到的数据分析方法。在进行数据分析时，首先，将个体层次的变量聚合到团队层次，并通过了 Rwg、ICC（1）和 ICC（2）检验。其次，利用 SPSS 软件验证同层次的中介作用假设，运用 HLM6.08 软件进行跨层次的中介作用假设。最后，除假设 3a "上级支持在真实型领导与员工创造力之间起中介作用" 没有被验证外，其他 6 个假设得到支持和补充，从整体上验证了本文提出的理论模型。

第六章

研究讨论与展望

在第四、第五章的详细分析与研究基础上，本章将研究结果加以归纳、推广与总结，并试图结合相关的理论来解释这些重要的结论，发现其背后的深层次原因，由此提出相应的建议与启示。

第一节　研究讨论

本研究曾提出领导者的"德"对员工个体和团队整体的创造力是否有影响这一基本问题。在回顾和评述国内外多层次导向的真实型领导、创造力的多层次研究，以及领导－上级支持与员工创造力的相关研究、真实氛围－团队协力与团队创造力的相关研究之后，基于社会交换理论、内在动机理论、行为整合理论、组织认同理论和知识创造理论，构建真实氛围、真实型领导与创造力的多层次假设模型，并提出相应的假设。作者通过实证研究表明 R&D 团队的真实型领导能在员工个体和团队整体两个层次上都对创造力产生影响。本研究提出的七个假设中有六个假设得到支持和补充，从整体上验证了理论模型。本节将在上述研究结果深入分析和讨论的基础之上，对这一基本问题进行回答和阐述，并总结和提炼基于真实氛围、真实型领导与创造力模型提升 R&D 团队创造力的路径和方法。

一 多层次研究的合理性

团队研究的多层次理论认为，员工在团队中工作会受到团队情境对工作绩效的跨层次影响。由此，即使团队成员个体创造力是构成团队整体创造力的重要组成部分，团队创造力也并不等同于个体创造力的简单加总，有其独特属性或作用机理。因此，本文分别从员工个体与团队整体两个层次上对真实氛围、真实型领导与创造力的作用机理展开研究。作者将员工个体作为团队创造力的基础，直接探讨属于团队层面本身的复杂社会互动过程，从而更系统、深入地揭示 R&D 团队整体创造活动的特有属性和作用机制。在团队层次数据的处理上，通过测算得到113个团队在各个变量的 Rwg 值都超过 0.8 的临界标准，表明团队内成员回答的一致性和较高的相似性。因而，本研究能在员工个体和团队整体两个层次上分析真实氛围、真实型领导与创造力研究的可行性。

二 对领导力与创造力相关结论的讨论

（一）真实氛围、真实型领导与员工创造力相关的结论

1. 真实型领导与员工创造力的结论

本研究以"员工创造力"为因变量，"真实型领导"为自变

量，进行一元一次回归分析，发现真实型领导能解释员工创造力发挥的 17.8%（$R^2 = 0.178$），证明了中国领导者的"德"也能对员工创造力产生一定正向作用（郭玮，李燕萍，杜旌，陶厚永，2012）。

2. 真实氛围与员工创造力的结论

本研究以"员工创造力"为因变量，"真实氛围"为自变量，进行一元一次回归分析，发现真实氛围能解释员工创造力发挥的 28.4%（$R^2 = 0.284$），这一结论高于真实型领导对员工创造力的解释力。可见，在团队中工作的员工，同事对领导"真实"的评价更有利于提高其个体创造力（郭玮，李燕萍，杜旌，陶厚永，2012）。

（二）真实氛围、真实型领导与员工创造力相关的讨论

第一，证明了真实型领导能提升员工创造力。北宋时期的司马光就曾指出："才者，德之资也，德者，才之帅也。"现代学者关于中国领导者的人格感知维度中，也验证了"社会品德"维度的存在。可见，在中国人的"领导"概念中，"德才兼备"的概念早已有之（凌文辁，艾卡尔，1987）。此外，大量跨文化管理的研究还发现（Hosfetede，1993），在西方文化中得出的领导学理论，在东方文化中并不见得也同样成立。这是由于西方的领导主要是和管理相区别，而中国文化中领导的概念更多地强调与权力、地位和职务之间的联系（任真，王登峰，2008）。然而，本研究却表明，在中国情境下，真实型领导的四种关键行为与传统文化中对领导者"德"的内在要求有相契合的内容，为其引入我国做出了有益的探索。其次，作为一种新兴的领导风格，真实型领导的相关理论研究成果十分有限，

且多探讨其对下属工作、情感产出的影响（Gardner, Avolio, Luthans, May & Walumbwa, 2005; Avolio & Gardner, 2004）。本研究中，我们将真实型领导引入员工创造力研究领域，发现其能解释员工创造力发挥的 17.8%（$R^2 = 0.178$），证明了中国领导者的"德"也能对员工创造力产生一定正向作用（郭玮，李燕萍，杜旌，陶厚永，2012）。

第二，探明了真实型领导如何在团队整体和员工个体两个层次上对员工创造力产生影响。以往学者研究领导风格与员工创造力的关系时，主要有两种思路：一种是关注领导风格对员工个体创造力的影响（Shung & Zhou, 2003; Farmer, Tierney & Kung - Mcintyre, 2003），另一种是探讨领导风格对团队整体创造力的影响（Shung & Zhou, 2007; Amabile, Barsade, Mueller & Staw, 2004）。这些相互割裂的单一层次的研究，很难解释领导风格是如何在团队层次对员工创造力产生跨层次影响的。因此，本研究在个体、团队两个层次都选择意义相同的自变量，即个体层次的真实型领导与团队层次的真实氛围，既将真实型领导的研究从个体层次扩展到团队层次，也发现了真实氛围能对员工创造力产生正向作用（郭玮，李燕萍，杜旌，陶厚永，2012）。

（三）真实氛围与团队创造力相关的结论

本研究以"团队创造力"为因变量，"真实氛围"为自变量，进行一元一次回归分析，发现真实氛围能解释团队创造力发挥的 14.4%（$R^2 = 0.144$），在团队层次上证明了真实氛围对团队创造力的正向作用。

（四） 真实氛围与团队创造力相关的讨论

本研究证明了真实氛围对团队创造力的正向作用。这是由于在组织行为学中，研究层级（Level of Analysis）对研究结果有着重要的影响作用。同一个研究，即使在个体层次上已被证明成立，在团队层次上不一定同样成立（Rousseau，1985；Bliese，2000；Hitt，Beamish，Jackson & Mathieu，2007）。尽管团队创造力来源于员工的个体创造力，但团队创造力并不等同于员工创造力的加总，很大程度上取决于团队内部成员之间的相互作用（Drazin，Glynn & Kazanjian，1999）。虽然，团队成员更多地通过他们所处的团队情境来获得真实氛围的感知，但本研究却发现真实氛围对团队创造力仍有 14.4% 的解释力（$R^2 = 0.144$），在团队层次上证明了真实氛围对团队创造力的正向作用（郭玮，李燕萍，杜旌，陶厚永，2012）。

三　中介作用相关结论的讨论

（一） 与上级支持相关的结论

1. 上级支持在真实型领导与员工创造力之间的中介作用

个体层次上，以"员工创造力"为因变量，"上级支持"为中介变量，"真实型领导"为自变量进行数据分析。不考虑控制变量时，假设 3a 不成立，"上级支持"在"真实型领导"与"员工创造力"之间不起中介作用。考虑控制变量时，团队因素的控制变量：团队规模、团队所在单位性质、团队所在行业、团队所在地区等对员工创造力没有影响；员工个体因素中的控制变量，如员工的性别、年龄、职称、学历、加入团队时间也对员工创造力没有影响。这再次证明了假设3a不成立,"上级支持"在"真实型领导"与"员工创造力"之间不起中介作用。

2. 上级支持在真实氛围与员工创造力之间的中介作用

在以"上级支持"为中介变量、"真实氛围"为自变量、"员工创造力"为因变量的2-1-1型的跨层次模型中介作用的检验中发现,假设3b上级支持在真实氛围与员工创造力之间起完全中介作用成立。

(二) 与上级支持相关的讨论

第一,真实型领导不经由上级支持作用于员工创造力。这与Amabile,Barsadc,Mucllcr & Staw(2004)研究中,上级支持在领导风格与员工创造力的关系中起中介作用有显著差异。作者认为,这一结果的差异可能与真实型领导的特质有关。在其他领导风格下,员工需要获得更高的上级支持感来提升创造力。但真实型领导者更善于以下属认为"真实"的方式行事(Luthans & Avolio,2003;Avolio & Gardner,2005),即他不是通过一对一的领导部署交换关系来作用于员工创造力,而是通过自己的榜样作用,以及下属对其的价值观、道德感等的主观认同,来增强领导者对员工的感召力,直接对员工的行为和态度产生影响。在工作中,他们的处事态度更加开放,更善于鼓励下属发表不同的观点,即使与自己的意见相左,也乐于包容;既承认员工之间的个体差异,又能一视同仁地对待所有的下属,帮助每个成员实现自我发展。正是这些有利于员工在团队中发表新的想法和提议的特质,使真实型领导能直接作用于员工创造力(Walumbwa,Avolio,Gardner,Wernsing & Peterson,2008;

郭玮，李燕萍，杜旌，陶厚永，2012）。

第二，上级对创新工作的支持是真实氛围发挥作用的中继站。在中国情境下，真实氛围完全通过这个中介变量来影响员工创造力的。这一结果与社会交换理论的预测结果也是一致的，证实了在团队内部形成彼此诚实、相互信任的氛围，将有助于员工创造力的提升。因此，我们的研究不仅有助于理解真实氛围对员工创造力的作用机制，也为领导在团队创新文化形成中的重要作用提供了一些佐证。

（三）与团队协力相关的结论

1. 团队协力在真实氛围与团队创造力之间的中介作用

团队层次上，以"团队创造力"为因变量，"团队协力"为中介变量，"真实氛围"为自变量。不考虑控制变量时，假设4b得到了支持和验证，团队协力在真实氛围与团队创造力之间起完全中介作用。考虑团队因素的控制变量时，团队规模、团队所在单位性质、团队所在行业、团队所在地区对团队创造力没有影响；领导个人因素中的控制变量，如团队领导的性别、年龄、年资、受教育程度也对团队创造力没有影响。再次验证了假设4b，团队协力在真实氛围与团队创造力之间起完全中介作用。

2. 团队协力在真实氛围与员工创造力之间的中介作用

在以"团队协力"为中介变量、"真实氛围"为自变量、"员工创造力"为因变量的 2 - 2 - 1 型的跨层次模型检验中发现，假设4a得到支持和验证，团队协力在真实氛围与员工创造力的关系之间起部分中介作用。

（四） 与团队协力相关的讨论

就团队而言，真实氛围能通过团队协力来提升团队整体的创造力。在目前为数不多的领导风格与团队创造力的研究中，学者多以领导风格作为调节变量（Shung & Zhou，2007），尤其缺乏领导风格对团队创造力具体机理的研究。本文则为打开该理论的作用机制提供了一种思路，研究结果与个体员工感受到领导者的感召一致。当成员感知到其领导者在团队中营造的真实氛围时，成员之间的相互帮助和人际支持等团队协力行为也是领导者在团队中的一种感召力，从理论上解释了真实氛围对团队创造力的影响机理（郭玮，李燕萍，杜旌，陶厚永，2012）。

第二节 实践启示

中国情境下，西方学者新提出的真实型领导能否促进员工和团队创造力的提升？目前尚未有真实型领导和创造力的研究涉及以上领域，笔者从创造力的多层次理论模型出发，探讨了以团队整体感知的领导概念——真实氛围与员工个体感知的领导概念——真实型领导为自变量，以团队整体的团队协力和员工个人的上级支持为中介变量，以团队创造力和员工创造力为因变量的多层次模型。为组织管理者和团队领导者促进员工创造力和团队创造力的提高和开发提供了一些经验和启示。

（一） 对组织管理者的启示

第一，组织管理者在招聘员工时，除了考察应聘者必需的工作技能和经验外，员工的受教育程度也要纳入重点考核指标，尽量录取获得本科以上学历的员工。其次，做好员工的团队生涯管理。对于在团队工作时间少于6个月的"适应期"员工，要关注其与团队其他成员及文化的融合度；对于在团队工作时间7~12个月的"上升期"员工要鼓励其注重个人发展，不断提升个体创造力；对于在团队工作时间在13~24个月的"稳定期"员工，应重点保持他们的高创造力；对于在团队工作时间在25~36个月的"成熟期"最富有创造力的员工，要激发他们的最大创造力，赋予更多的工作自主权，并将带新人的工作纳入他们的工作考核指标。

第二，组织管理者在选择团队领导者候选人时，重"德"应胜于"学历"。具体而言，应注重以下五个方面的考察：（1）在品行上，具有较高的道德水准，即使面对团队外部的压力也能做出与其内在价值观一致的行为；（2）在个性特征上，具有乐观、坚毅、充满希望等积极的心理；（3）在日常工作中，愿意与下属分享信息和知识、鼓励下属表达不同于自己的意见和建议、与下属人际关系良好、能在同事/下属面前展现真实的自己、善于在决策时考虑下属的建议、愿意为下属的职业发展做出承诺和努力、能结合下属的不同特质对其给予个性化的内在激励等；（4）在学历上，本科或硕士学历的候选人已在专业上具有担任团队领导者的资质；（5）在同等条件下，组织管理者应优先选择年龄在31~40岁、年资在11~20年之间的候选人。处于此阶段的候选人年富力强、最具创造性，领导的团队整体创造力也将达到最高。

第三，组织管理者应为不同年龄、不同资质、不同学历的团队领导者设计不同的职业生涯管理。例如，对于年龄在20~30岁、具有本科学历、年资在5~10年的"新兴"团队领导者，应注重其学历、个体创造力的发展和管理潜力的提升。在个人专业素质的培养上，为他们提供在高等院校继续深造的机会，鼓励他们获得更高的学历，为未来个体创造力的提高打下坚实的基础；在团队管理工作上，为他们提供更多的团队管理实践、丰富其管理经验，有效提升团队整体的创造力。对于年龄在31～40岁、具有硕士学历、年资在11～20年的"中坚"团队领导者，应为其提供更为广阔的平台。在个人专业素质的培养上，为他们提供两种可供选择的继续教育选择：一种为在高等院校攻读博士学位，另一种为与国际相关领域的专家学者相互交流的机会。在团队管理工作上，鼓励他们带领自己的团队承担级别更高、创新难度更大的科研项目。对于年龄在50～60岁、具有博士学历、年资在21～29年的"资深"团队领导者，应注重其帮传带的"传承"作用。在个人专业素质的培养上，多给予他们与国际相关领域的专家学者相互交流的机会。在团队管理工作上，将其帮助"新兴"团队领导者的指导工作纳入绩效考核体系，鼓励他们为组织发挥更大的作用。

第四，组织管理者应依据团队生命周期设计绩效考核体系。对于在成长期（存续时间在6个月以下）的团队，应不予绩效考核。对于在磨合期（存续时间在7～12个月）的团队，应淡化绩效考核，为其发展提供一定的适应期。对于高速发展期（存续时间在25～36个月）的团队，对每个员工进行个体绩效考核的同时，应增大团队整体绩效考核比例，鼓励团队内部员工之间的帮助和支持行为。对于衰退发展期（存续时间在37个月以上）的团队，可以考虑采取为团队增加新成员或组建跨部门团队等措施为团队发展注入新的发展力量。在此之后6个月，再依据员工个体和团队整体的创造力进行绩效考核。

（二）对团队领导者的启示

第一，团队领导者应以"德"启发员工创造力和团队创造力的发挥。

首先，就员工个体而言，领导者的"德"体现在自我意识、平衡信息处理、真实行为和真实的上下级关系四个方面。团队领导者要与时俱进、博采众长，学习西方真实型领导风格的特质，为我国建设创新型国家和创新型团队所用。在管理 R&D 团队时，领导者应时刻以高道德标准要求自己，再通过自身的道德模范作用，对员工的态度和行为产生积极影响；即使面对团队外部的压力也能做出与其内在价值观一致的行为；有意识地培养自己具有乐观、坚毅的个性，自信地面对创新过程中可能出现的失败；深刻了解、认识到自身的优点和缺点，在工作中扬长避短；勇于承认自身不足并对自己的行为负责，愿意为下属成功做出承诺；为员工提供决策所需的信息和知识；征求团队成员的反馈意见以改进上下级的互动关系；与下属保持亲近关系，展现自己的真实意思；鼓励下属发表不同意见；激发下属成就动机；提升下属自我效能感，不断改进现有领导方式。总之，真实型领导者应"严于律己、宽于待人"，以增强下属对其价值观的认同来实现对员工的感召力，进而作用于员工创造力的提升。

其次，就团队整体而言，领导者的"德"贡献在团队内部"真实氛围"的营造。员工更多地通过他们所处的团队情境来获得对真实氛围的感知。例如，某些员工可能与领导者见面、接触的机会较少，他们对领导者评价更多的来自团队中的同事的评价。此时，同事对领导者领导风格的感知影响了员工个体对其风格的感知。因此，对于 R&D 团队而言，领导者在团队中着重营造一种"彼此信任、相互真诚"的氛围。在这种有利于团队内部信息、知识、情感共享的氛围下，一方面，有利于团队成员之间形成互帮互助的良好协力；另一方面，有利于员工增强领导对下属创新的上级支持感，进而促进员工个体和团队整体创造力的共同提升。

第二，团队协力的中介作用表明来自团队内部其他成员的帮助和支持是提升团队整体创造力和员工个人创造力的重要途径，领导者应该鼓励团队内部成员之间的帮助和支持行为。

首先，领导者应改变团队内部员工个体的绩效考核标准，采取个体绩效加团队绩效的综合考评方式。这种绩效考核方式能有效地鼓励团队成员之间的帮助和支持，增加团队内部成员之间的合作，淡化员工个体利益，让团队中的员工更愿意为了团队的整体绩效提升而贡献力量。

其次，领导者应对团队内部"帮助他人"的员工及时给予正向激励，引导团队中的其他人模仿这种行为，在团队内部形成互相帮助、相互支持的良好局面。

再次，领导者应为团队内部成员提供各种不同方式的交流，通过正式与非正式的沟通渠道，如组成一个项目小组或召开头脑风暴会议，或者是举办户外拓展、郊游活动等，为团队成员提供定期、不定期的见面机会，以增进团队成员之间的信息、知识和情感的交流。还可以利用 MSN、QQ、微信等即时聊天工具和微信等互动平台，及时公布团队内部的共享信息等。这种信息、知识和情感的共享也会增强团队内部的凝聚力和向心力，促进团队内部成员之间的协力，进而提升员工个体创造力与团队整体创造力。

第三节 研究展望

由于各种主客观原因的限制，本研究尚存在一些局限之处，在未来研究中需要进一步完善。

第一，以定期收集被试数据的方式开展创造力的追踪研究。这种方法相对于横截面数据而言，数据较难获得且需要长时间测量，一定程度上增加了研究的难度。但是，它能有效地解释因果关系的推论和作用机制，可以动态地反映出真实型领导、团队协力、上级支持影响员工创造力的提升过程，更深入地分析以上变量之间的内在关系。

第二，建议在未来研究中，与海外学者开展合作研究，为了进一步提升研究结果的推广性和可信度，可通过增加科研经费、延长实地调研的时间，运用统计学中的随机抽样或分层抽样的方式来选择被试团队。

第三，未来研究在样本的选择上，可以选用具有不同特质的员工，进行领导力与创造力的研究；或将本研究的结论拓展到其他工作性质的员工和团队。

第四，未来的研究中，笔者建议学者在采用上级报告（主观报告）员工创造力的同时，也采用员工的工作日记、团队会议纪要、所获得的专利等客观资料辅助调研，以更加全面、确切地反映员工的个体创造力。

第五，本研究试图打开多层次导向的真实型领导在个体、团队两个层次对员工创新结果影响机制。但这只是初步的探索性研究，还有很多问题值得进一步深入研究。在未来研究中，希望通过更为全面的理论分析以及探索性案例分析，识别出其他的中介变量，将其纳入多层次导向的真实型领导与员工创新结果的关系模型中，以建立更为完善的、有解释力的理论模型，进一步提高研究结论的系统性和针对性。

本章小结

本章中，笔者在第四、五章数据分析的基础上，从多层次研究的合理性、领导力与创造力的关系以及作用机制三个方面进行了总结与讨论，提出了本文的相关结论和启示，指出了未来研究的方向。

参考文献

1. Agars, M. D., Kaufman, J. C., & Locke, T. R.. 2008. Social influence and creativity in organizations: A multilevel lens for theory, research, and practice. In: Mumford, M. D., Hunter, S. T. &Bedell – Avers, K. E. (eds) *Multi – Level Issues in Organizational Innovation.* Amsterdam: JAI Press, pp. 3 – 61.

2. Allen, B. C., Sargent, L. D. & Bradley, L. M.. 2003. Differential effects of task and reward interdependence on perceived helping behavior, effort, and group performance. *Small Group Research*, 34 (6), 716 – 740.

3. Amabile, T. M.. 1995. Discovering the unknowable, managing the unmanageable. In C. M. Ford & D. A. Gioia (Eds.), Creative Action in Organizations: Ivory Tower Visions and Real World Voices (pp. 77 – 82). Thousand Oaks, C. A.: Sage.

4. Amabile, T. M., & Conti, H.. 1999. Changes in the work environment for creativity during downsizing. *Academy of Management Journal*,

42，630 – 640.

5. Amabile，T. M. ，Barsade，S. G. ，Mueller，J. S. ，& Staw，B. M. . 2005. Affect and creativity at work. *Administrative Science Quarterly*，50，367 – 403.

6. Amabile，T. M. ，Conti，R. ，Coon，H. ，Lazenby，J. ，& Herron，M. . 1996. Assessing the work environment forcreativity. *Academy of Management Journal*，39，1154 – 1184.

7. Amabile，T. M. ，& Gryskiewicz，N. D. . 1989. The creative environment scales：Work environment inventory. *Creativity Research Journal*，2（4），231 – 253.

8. Amabile，T. M. ，Hadley，C. N. ，& Kramer，S. J. . 2002. Creativity under the gun. *Harvard Business Review*，8，52 – 61.

9. Amabile，T. M. ，Hennessey，B. A. ，& Grossman，B. S. . 1986. Social influences on creativity：The effects ofcontracted – for reward. *Journal of Personality and Social Psychology*，50，14 – 23.

10. Amabile，T. M. ，Schatzel，E. A. ，Moneta，G. B. ，& Kramer，S. J. . 2004. Leader behaviors and the work environment for creativity：Perceived leader support. *The Leadership Quarterly*，15，5 – 32.

11. Amabile，T. M. . 1979. Effects of external evaluation on artistic creativity. *Journal of Personality and Social Psychology*，37，221 – 223.

12. Amabile，T. M. . 1982. Social psychology of creativity：A consensual assessment technique. *Journal of personality and social psychology*，43，997 – 1013.

13. Amabile，T. M. . 1983. Social psychology of creativity：A consensual assessment technique. Journal of *Personality and Social Psychology*，45，

357 – 376.

14. Amabile, T. M. . 1988. A model of creativity and innovation in organizations. In B. M. Staw, & L. L. Cummings (Eds.), *Research in organizational behavior* (pp. 123 – 167). Greenwich, CT: JAI Press.

15. Amabile, T. M. . 1995. Discovering the unknowable, managing the unmanageable. In C. M. Ford & D. A. Gioia (Eds.), Creative action in organizations: Ivory tower visions and real world voices (pp. 77 – 82). Thousand Oaks, CA: Sage.

16. Amabile, T. M. . 1996. *Creativity in context: Update to the social psychology of creativity.* Boulder, Co. : Westview Press.

17. Amabile, T. M. . 2003. Positive psychology in the workplace: The blest (and worst) days at work. Presented at the annual meeting of the American psychology association. Toronto, Canada.

18. Ancona, D. C. . 1990. Outward bound: Strategic for team survival in an organization. *Academy of Management Journal*, 33 (2), 334 – 365.

19. Anderson, J. C. & Gerbing, D. W. . 1988. Structural equation modeling practice: A review and recommend two – step approach. *Psychological Bulletin*, 103, 411 – 423.

20. Anderson, N. R. , & West, M. A. . 1998. Measuring climate for work group innovation: development and validation of the team climate inventory, *Journal of Organization Behavior*, 19 (3), 217 – 322.

21. Anderson, N. , De Dreu, C. K. W. , & Nijstad, B. A. . 2004. The reutilization of innovation research: A Constructively critical review of the state – of – the – science. *Journal of Organizational Behavior*, 25, 147 – 173.

22. Avolio，B. J.，& Gardner，W. L. . 2005. Authentic leadership development：Getting to the root of positive forms of leadership. *The Leadership Quarterly*，16（3），315 – 338.

23. Avolio，B. J.，Gardner，W. L.，Walumbwa，F. O.，Luthans，F.，& May，D. R. . 2004. Unlocking the mask a look at the process by which authentic leader's impact follower attitudes and behaviors. *Leadership Quarterly*，15（6），801 – 823.

24. Avolio，B. J.，Jung，D.，Murry，W. D .，& Sivasubramaniam，N. . 1996. Vital forces：Buildings highly – developed：Focusing on shared leadership process，efficacy，trust and performance. In M. M. Beyerlein，D. A. Johnson，& S. T. Beyerlein（Eds.），Advances in interdisciplinary studies of work teams（pp. 173 – 209）. Greenwich，CT：JAI Press.

25. Avolio，B. J. . 1999. Full Leadership Development. Thousand Oaks，C A：Sage.

26. Axtell，C. M.，Holman，D. J.，Unsworth，K. L.，Wall，T. D.，Waterson，P. E.，& Harrington，E. . 2000. Shopfloor innovation：facilitating the suggestion and implementation of ideas. *Journal of Occupational and Organizational Psychology*，3，265 – 285.

27. Baek – Kyoo，（Brian）J.，McLean，G. N.，& Yang. B. Y.. 2013. Creativity and human resource development：An integrative literature review and a conceptual framework for future research，*Human Resource Development Review*，12（4），390 – 421.

28. Baer，M.，Oldham，G. R.，& Cummings，A. . 2003. Rewarding creativity：When does it really matter? *Leadership Quarterly*，14，569 – 586.

29. Bagozzi, R, P. , & Yi, Y. . 1988. On the evaluation of structural e-quation models. *Journal of the Academy of Marketing Science*, 16 (1), 74 – 94.

30. Barlow, C. P. . 2007. Deliberate insight in team creativity. *The Journal of Creativity Behavior*, 34 (2), 101 – 117.

31. Baron, R. M. , & David, A. K. . 1986. The Moderator – mediator variable distinction in Social psychological research : Conceptual, strategic, and statistical considerations. *Journal of Personality and Social Psychology*, 51 (6), 1173 – 1182.

32. Barron, F. , & Harrington, D. M. . 1981. Creativity, intelligence, and personality. *Annual Review of Psychology*, 32, 439 – 476.

33. Barron, R. . 1955. The disposition toward originality. *Journal of Abnormal and Social Psychology*, 51, 478 – 485.

34. Bartis, S. , Szymanski, K. , & Harkins, S. G. . 1988. Evaluation and performance: A two edged knife. *Personalityand Social Psychology Bulletin*, 14, 242 – 251.

35. Basadur, M. S. . 2004. Leading others to think innovatively together: Creative leadership, *leadership Quarterly*, 15, 103 – 121.

36. Basadur, M. S. , Graen, G. B. , & Green, S. G. . 1982. Training in creative problem solving : Effects on ideation and problem solving in an applied research organization. *Organizational Behavior and Human Decision Processes*, 30, 41 – 70.

37. Benjamin, S. , &Arnon, E. R. . 1983. On the etiology of climates. *Personnel Psychology*, 36 (1), 19 – 39.

38. Bennism, W. G. . 1956. Values and organization in a university social

– research group, *American Sociological Review*, 21, 555 – 563.

39. Bernard, A. N., & Carsten, K. W. De Dreu.. 2002. Creativity and group innovation, *Applied Psychology*, 51 (3), 400 – 406.

40. Bissola, R., & Imperatori, B.. 2011. Organizing individual and collective creativity: Flying in the face of creativity Clichés, *Creativity and Innovation Management*, 20 (2), 77 – 89.

41. Blake, E. & Ashforth, F. M.. 1989. Social Identity Theory and the Organization. *Academy of Management Review*, 14 (1): 20 – 39.

42. Blau, P. M.. 1964. Exchange and Power in Social Life. New York: John Wiley.

43. Bliese, P. D.. 2000. Within – group agreement, non – independence, and reliability: Implications for data aggregation and analysis, In K. J. Klein & S. W. Kozlowski (Eds.), *Multilevel theory, Research, and Methods in Organizations: Foundations, Extensions and New Directions*. San Francisco: Jossey – Bass.

44. Boden, M. A.. 1991. The creative mind: Myths and mechanisms. New York, NY: Basic.

45. Bollen, K. A.. 1989. A new incremental fit index for general structural equation models. *Sociological Methods and Research*, 17 (3), 303 – 316.

46. Browne, M. W., & Cudeck, R.. 1993. Alternative ways of assessing model fit (In K. A. Bollen, & J. S. Long (Eds.), Testing Structural Equation Models. *Newbury Park, C A: Sage Publications*, 136 – 162.

47. Burke, C. S., Stagl, K. C., Klein, C., Goodwin, G. F., Stanley, E. S., & Halpin, M.. 2006. What type of leadership behaviors are functional in teams? A meta – analysis, *The Leadership Quarter-*

ly, 17 (3), 288－307.

48. Caldwell, D. F. , & O'Reilly, C. A. . 2003. The determinants of team － based innovation in organization: the role of social influence. *Small Group Research*, 34, 497－517.

49. Cappelli, P. , & Sherer, P. D. . 1990. The missing role of context in OB: The need for a meso － level approach. *Department of Management*, Wharton School of the University of Pennsylvania.

50. Cardinal, L. B. . 2001. Technological innovation in the pharmaceutical industry: the use of organizational control in managing research and development, *Organization Science*, 12, 19－36.

51. Carmel, A. , & Schaubroeck, J. . 2006. Top management team behavioral integration, decision quality, and organizational decline. *The Leadership Quarterly*, 20 (2): 207－218.

52. Carmeli, A. , & Halevi, M. Y. . 2009. How top management team behavioral integration and behavioral complexity enable organizational ambidexterity: The moderating role of contextual ambidexterity. *The Leadership Quarterly*, 20 (2): 207－218.

53. Carmeli, A. . 2008. Top management team behavioral integration and the performance of service organizations. *Group & Organization Management*, 33 (6): 712－735.

54. Catherine, A. R. , & Ulrich, S. . 2000. The roles of supervisory support behavior and environmental policy in employee "ecoinitiatives" at leading edge European companies. *Academy of Management Journal*, 43 (4), 605－626.

55. Cerne, M. , & Škerlavaj, M. . 2013. Authentic leadership, creativity,

and innovation: A multilevel perspective. *Leadership*, 9, 63 – 85.

56. Chan, D. . 1998. Functional relations among constructs in the same content domain at different levels of analysis: A typology of composition models. *Journal of Applied Psychology*, 83, 234 – 246.

57. Chawla, A. , & Singh, J. P. . 1998. Organizational environment and performance of research groups – a typological analysis. *Scientometrics*, 43 (3), 373 – 391.

58. Cheek, J. M. , & Stahl, S. S. . 1986. Shyness and verbal creativity. *Journal of Research in Personality*, 20, 51 – 61.

59. Chen, G. , Bliese, P. , & Mathieu, J. . 2005. Conceptual framework and statistical procedures for delineating and testing multilevel theories and homology. *Organizational Research Methods*, 8, 375 – 409.

60. Chen, G. , Mathieu, J. E. , & Bliese, P. D. . 2004. A framework for conducting multi – level construct validation. *Research in Multi – level Issues*, 3, 273 – 303.

61. Chen, M. H. , Chang, Y. C. , & Hung, S. C. . 2008. Social capital and creativity in R&D project teams. *R&D Management*, 28 (1), 21 – 34.

62. Chen, M. H. . 2006. Understanding thebenefits and determents of confliction on team creativity process. *Creativity & Innovation Management*, 15 (1), 105 – 116.

63. Choi, H. S. , & Thompson, L. . 2005. Old wine in a new bottle: Impact of membership change on group creativity. *Organizational Behavior and Human Decision Process*, 98, 121 – 312.

64. Choi, J. N. , Anderson, T. A. , & Veillette, A. . 2009. Contextual

inhibitors of employee creativity in organizations. *Group & Organization Management*, 34 (3), 330 – 357.

65. Choi, J. N.. 2007. Group composition and employee creative behavior in Koreanelectronicscompany: Distinct effects of relational demography and group diversity. *Journal of occupational and organizational psychology*, 80 (2), 213 – 234.

66. Clapp – Smith R., Vogelgesang, G. R., & Avey, J. B.. 2009. Authentic leadership and positive psychological capital: The mediating role of trust at the group level of analysis. *Journal of Leadership and Organizational Studies*, 15, 227 – 240.

67. Collins, L. M., John, W. G., & Brian, P. F.. 1998. An alternative framework for defining mediation. *Multivariate Behavioral Research*, 33 (2), 295 – 312.

68. Cook, K. S., & Rice, E.. 2003. Social exchange theory. In J. Delamater (Ed.), *Handbook of Social Psychology*. New York: Kluwer Academic.

69. Cooper, C. D., Scandura, T. A., & Schriesheim, C. A.. 2005. Looking forward but learning from our past: Potential challenges to developing authentic leadership theory and authentic leaders. *Leadership Quarterly*, 16, 475 – 493.

70. Crant, J. M.. 2000. Proactive behavior in organizations. *Journal of Management*, 26, 435 – 462.

71. Csikszentmihalyi, M., & Getzel, J. W.. 1988. Creativity and problem finding. In F. H. Farley & R. W. Neperud (Eds.), *The foundations of aesthetics, art, and art education* (pp. 91 – 106). New York,

N. Y. ; Praeger.

72. Csikszentmyhali, M.. 1996. *Creativity: Flow and psychology of discovery and invention.* New York, N. Y. ; Haroer Perennial.

73. Damanpour, F.. 1991. Organizational innovation: A meta – analysis of effects of determinants and moderators, *Academy of Management Journal*, 34 (3), 555 – 590.

74. Dasborough, M. T. & Ashkanasy, N. M.. 2005. Follower emotional reactions to authentic and inauthentic leadership influence, In Gardner, W. L. , Avolio, B. J. & F. O. Walumbwa (Eds.), *Authentic Leadership Theory and Practice: Origins, Effects, and Development*, Oxford, UK; Elsevier.

75. Deci, E. L. , & Ryan, R. M.. 1985. *Intrinsic motivation and self – determination in human behavior.* New York; Plenum.

76. Deci, E. L. , Connell, J. P. , & Ryan, R. M.. 1989. Self – determination in a work organization. *Journal of Applied Psychology*, 74, 580 – 590.

77. Dewet, T.. 2007. Linking intrinsic motivation, risk taking, and employee creativity in an R&D environment. *R&D Management*, 37 (3), 197 – 208.

78. Dirks, K. T. , & Ferrin, D. L.. 2002. Trust in leadership: Meta – analytic Findings and implications for research and practice. *Journal of Applied Psychology*, 87 (4), 611 – 628.

79. Drazin, R. , Glynn, M. , & Kazanjian, R.. 1999. Multilevel theorizing about creativity in organizations: A sensemakingperspective. *Academy of Management Review*, 24 (2), 286 – 307.

80. Dukerich, J. M. , Golden, B. R. & Shortell, S. M.. 2002. Beauty is

in the eye of the beholder : the impact of organizational identification, identity, and image on the cooperative behaviors of physician. *Administrative Science Quarterly*, (47): 507 – 533.

81. Ebadi, Y. M. , & Utterback, J. M. . 1984. The effects of communication on technological innovation. *Management Science*, 30 (5): 572 – 585.

82. Edmonds, A. C. . 2003. Speaking up in the operating room: How team leader promote learning interdisciplinary action teams. *Journal of Management Studies*, 40 (6), 1419 – 1452.

83. Edmonson, A. C. . 1992. Psychological safety and learning behavior in work team. *Administrative Science Quarterly*, 2, 350 – 383.

84. Eisenberger, R. , & Armeli, S. . 1997. Can salient reward increase creative performance without reducing intrinsic creative interest? *Journal of Personality and Social Psychology*, 72, 652 – 663.

85. Eisenberger, R. , & Rhoades, L. . 2001. Incremental effects of rewards on creativity. *Journal of Personality and Social Psychology*, 81, 728 – 741.

86. Eisenberger, R. , Cummings, J. , Armeli, S. , & Lynch, P. . 1997. Perceived organizational support, discretionary, treatment, and job satisfaction. *Journal of Applied Psychology*, 82 (5), 812 – 820.

87. Eisenberger, R. , Huntington, R. , Hutchison, S. , & Sowa, D. . 1986. Perceived organizational support. *Journal of Applied Psychology*, 71, 500 – 507.

88. Eisenberger, R. . 1992. Learned industriousness. *Psychological Review*, 99, 248 – 267.

89. Eysench, H. J. . 1993. Creativity and personality: An attempt to bridge divergent traditions. *Psychological Inquiry*, 4, 238 – 246.

90. Faring, M. L., Stone, A. G., & Winston, B. E.. 1999. Servant leadership: Setting the stage for empirical research. *Journal of Leadership Studies*, 6 (1/2), 49 – 72.

91. Farmer, S. M., Tierney, P., & Kung – Mcintyre, K.. 2003. Employee creativity in Taiwan: An application of role identity theory. *Academy of Management Journal*, 46 (5), 618 – 630.

92. Ford, C. M., & Gioia, D. A.. 1995. Guidelines for creative action taking in organizations. In C. M. Ford & D. A. Gioia (Eds.), Creative action in organizations: Inory tower visions and real world voices (pp. 355 – 366). Thousand Oaks, CA: Sage.

93. Ford, C. M., & Gioia, D. A.. 2000. Factors influencing creativity in the domain of managerial decision making. *Journal of Management*, 26, 705 – 322.

94. Ford, C. M.. 1995. Creativity is mystery: Clues from the investigators' notebooks. In C. M. Ford & D. A. Gioia (Eds.), *Creative action in organizations: Ivory tower visons and real world voices*. Thousand Oaks, C. A.: Sage.

95. Ford, C. M.. 1996. A theory of individual creative action in multiple social domains. *Academy of Management Review*, 21: 1112 – 1142.

96. Ford, C. M., & Gioia, D. A.. 2000. Factors influencing creativity in the domain of managerial decision making. *Journal of Management*, 26, 705 – 732.

97. Fry, L. W., Vitucci, S., & Cedillo, M.. 2005. Spiritual leadership and army transformation: Theory, measurement, and establishing a baseline. *Leadership Quarterly*, 16, 835 – 86.

98. Gardner, H. . 1993. *Frames of mind*: *The theory of multiple intelligences*. New York, N. Y. : Basic Books.

99. Gardner, W. L. , Avolio, B. J. , Luthans, F. , May, D. R. , & Walumbwa, F. . 2005. Can you see the real me? A self - based model of authentic leader and follower development. *The Leadership Quarterly*, 16 (3), 343 - 372.

100. George, J. M. , & Zhou, J. . 2001. When openness to experience and conscientiousness are related to creative behavior: An interactional approach. *Journal of Applied Psychology*, 86, 513 - 524.

101. George, J. M. , & Zhou, J. . 2002. Understanding when bad moods foster creativity and good ones don't: The roleof context and clarity of feelings. *Journal of Applied Psychology*, 87, 687 - 697.

102. George, J. M. , & Zhou, J. . 2007. Dual tuning in a supportive context: Joint contributions of positive mood, negative mood, and supervisory behaviors to employee creativity. *Academy of Management Journal*, 50 (3), 605 - 622.

103. Gerber, E. . 2006. *Authentic leadership*: *The development and initial validation of a measure*. Unpublisheddoctoraldissertation, University of Georgia.

104. Gibson, C. . 2001. From knowledge accumulation to accommodation: Cycles of collective cognition in work groups. *Journal of Organizational Behavior*, 22, 145 - 160.

105. Gilson, L. L. , & Shelley, C. E. . 2004. A little creativity goes a long way: An examination of team's engagement in creative process. *Journal of Management*, 30, 453 - 470.

106. Goncalo, J. A. , & Staw, B. M. . 2006. Individualism – collectivism and group creativity. *Organizational Behavior and Human Decision Processes*, 100, 96 – 109.

107. Gong, Y. , & Huang, J. C. . 2009. Employee learning orientation, transformational leadership, and employee creativity: The mediating role of employee creative self – efficacy. *Academy of Management Journal*, 52 (4), 765 – 778.

108. Gordon W. J. . 1956. Operational approach to creativity. *Harvard Business Review*, 34, 41 – 51.

109. Gough, H. G. . 1979. A creative personality scale for the adjective check list. *Journal of Personality and Social Psychology*, 37, 1398 – 1405.

110. Gradstein, D. L. . 1984. Group in context: A model of task group effectiveness. *Administrative Science Quarterly*, 29, 499 – 517.

111. Graen, G. B. , & Scandura, T. A. . 1987. Toward a psychology of dyadic organizing. *Research in Organizational Behavior*, 9: 175 – 208.

112. Gretchen, M. S. . 1995. Psychological empowerment in the workplace: Dimensions, measurement, and validation. *Academy of Management Journal*, 38 (5), 1442 – 1465.

113. Gruber, H. E. . 1981. *Darwin on man: A psychological study of scientific creativity* (rev. ed.). Chicago: University of Chicago Press.

114. Guilford, J. P. . 1950. *Creativity research: Paste, present and future.* American Psychologist.

115. Guilford, J. P. . 1959. Traits of creativity. In H. H. Anderson (Eds.), *Creativity and its cultivation* (pp. 142 – 161) . New York: Harper.

116. Guilford, J. P. . 1963. Intellectual resources and their values as seen by scientists. In C. W. Taylor & F. Barron (Eds.), *Scientific creativity: Its recognition and development.* New York: Wiley.

117. Guilford, J. P. . 1967. *The nature of human intelligence.* New York: McGraw – Hill.

118. Gully, S. M. , Devine, D. J. , & Whitney, D. J. . 1995. A meta – analysis of cohesion and performance: effects of level analysis and task interdependence. *Small Group Research*, 26, 497 – 520.

119. Hackman, J. R. , & Oldham, G. R. . 1980. *Work redesign.* Reading, M. A. : Addison – Wesley.

120. Hackman, J. R. . 1992. Group influences on individuals in organizations. In M. D. Dunnette& L. M. Hough (Eds.), Palo Alto, C. A. : Consulting Psychologists Press. *Handbook of industrial organizational psychology*, 3.

121. Hambrick, D. C. . 1994. Top management groups: A conceptual integration and reconsideration of the "team" label, In B. M. Staw, &L. L. Cummings (Eds.), *Research in Organizational Behavior.* Greemwich, C. T. : JAI Press), 16: 171 – 214.

122. Hannah, S. T. , Avolio, B. J. , & Walumbwa, F. O. . 2011. Relationships between authentic leadership, moral courage, and ethical and prosocial behaviors. *Business Ethics Quarterly*, 21, 555 – 578.

123. Hargadon, A. B. , & Bechky, A. . 2006. When collections of creatives become creative collectives: A field study of problem solving at work. *Organization Science*, 17, 484 – 500.

124. Harman, H. H. . 1967. *Modern Factor Analysis* (2nd ed) . Chicago:

University of Chicago Press, 272 – 277.

125. Hassan, A. , & Ahmed, F. . 2011. Authentic leadership, trust and work engagement. *International Journal of Human and Social Sciences*, 6, 164 – 170.

126. Henderson, J. E. , & Brookhart, S. M. . 1996. Leader authenticity: Key to organizational climate, health and perceived leader effective-ness. *Journal of Leadership & Organizational Studies*, 3, 87 – 103.

127. Henderson, J. E. , & Hoy, W. K. . 1983. Leader authenticity: The development and test of an operational measure. Educational and Psy-chological Research, 3, 63 – 75.

128. Hennessey, B. A. . 1989. The effects of extrinsic constraints on children's creativity while using a computer. *Creativity Research Jour-nal*, 2, 151 – 168.

129. Hirst, G. , Knippenberg, D. V. , & Zhou, J. . 2009. A cross – level perspective on employee creativity: Goal orientation, team learning behavior, and individual creativity. *Academy of Management Journal*, 52 (2), 280 – 293.

130. Hitt, M. A. , Beamish, P. W. , Jackson, S. E. , & Mathieu, J. E. . 2007. Building theoretical and empirical bridges across level: Multilevel research in management. *Academy of Management Journal*, 50 (6), 1385 – 1399.

131. Hmieleski, K. M. , Cole, M. S. , & Baron, R. A. . 2012. Shared authentic leadership and new venture performance. *Journal of Manage-ment*, 38, 1476 – 1499.

132. Hoegl, M. , & Gemuenden, H. G. . 2001. Teamwork quality and

the success of innovative projects: A theoretical concept and empirical evidence, *Organization Science*, 12 (4), 435 – 449.

133. Hoegl, M. , Weinkauf, K. , & Gemuenden, H. G. . 2004. Inter-team coordination, project commitment, and teamwork in multi – team R&D projects: A longitudinal study, *Human Resource Management*, 15 (1), 38 – 55.

134. Hofstede, G. . 1993. Cultural constraints in management theories. *Academy of Management Executive*, 7 (1), 81 – 94.

135. Hogarth, R. . 1980. Judgment and choice. Chicester, England: Wiley.

136. Homans, G. C. . 1958. Social behavior as exchange. *American Journal of Sociology*, 63 (6), 597 – 606.

137. Homans, G. G. . 1961. Social Behavior: Its Elementary Forms. New York: Harcourt Brace.

138. Hsiung, H. H. . 2012. Authentic leadership and employee voice behavior: A multi – level psychological process. *Journal of Business Ethics*, 107, 349 – 361.

139. Hulsheger U. R. , Anderson N. , & Salgado L. F. . 2009. Team – level predictors of innovation at work: A comprehensive meta – analysis spanning three decades of research. *Journal of Applied Psychology*, 94 (5), 1128 – 1145.

140. Iansiti, M. , & West, J. . 1999. Technology integration: turning great research into great products. In Iansiti M. , West J. , Cherbourg H. , et al. (Eds.) . *Harvard Business Review on Managing High-tech Industries*. Boston: Harvard Business School Press, 1 – 29.

141. Ilies, R. , Morgeson, F. P. , & Nahrgang J. D. . 2005. Authentic leadership and eudemonic well – being: Understanding leader – follower outcomes. *Leadership Quarterly*, 16 (3), 373 – 394.

142. Im, S. , Montoya, M. M. , & Workman, J. P. . 2013. Antecedents and Consequencesof Creativity in Product Innovation Teams. *Journal of Product Innovation Management*, 30 (1), 170 – 185.

143. James C. S. , Brian K. C. , & Joseph C. S. . 2008. Building a climate for innovation through transformational leadership and organizational culture. *Journal of Leadership and Organizational Studies*, 15 (2), 145 – 158.

144. James, L. R. , Demaree, R. G. , & Wolf, G. . 1984. Estimating within – group inter – rater reliability with and without response bias. *Journal of Applied Psychology*, 69 (1), 85 – 98.

145. James, L. R. . 1982. Aggregation bias in estimates of perceptual agreement. *Journal of Applied Psychology*, 67 (2), 219 – 229.

146. Jaussi, K. S. , & Dionne, S. D. . 2003. Leading for creativity: The role of unconventional leader behavior. *The Leadership Quarterly*, 14, 457 – 498.

147. Jehn, K. A. . 1995. A multi method examination of the benefits and detriments of intergroup conflict, *Administrative Science Quarterly*, 40 (2), 256 – 282.

148. Jensen, S. M. , & Luthans, F. . 2006. Entrepreneurs as authentic leaders: Impact on employees' attitudes. *Leadership and Organization Development Journal*, 27, 646 – 666.

149. Joo, B. K. , Mclean, G. N. , & Yang, B. Y. . 2013. Creativity and human resource development: An integrative literature review

and a conceptual framework for future research. *Human Resource Development*, 12 (4), 390 – 421.

150. Joshi, A., & Roh, H.. 2009. The role of context in work team diversity research: A meta – analytic review. *Academy of Management Journal*, 52 (3), 599 – 627.

151. Kahai, S. S., Sosik, J. J., & Avolio, B. J.. 2003. Effects of leadership style, anonymity, and rewards on creativity – relevant processes and outcomes in an electronic meeting system context. *Leadership Quarterly*, 14, 499 – 524.

152. Kahai, S. S., Sosik, J. J., & Avolio, B. J.. 1997. Effects of leadership style and problem structure on work group processes and outcomesin an electronic meeting system environment, *Personnel Psychology*, 50, 121 – 146.

153. Karabenick, S., & Knapp, J.. 1988. Help seeking and the need for academic assistance. *Journal of Educational Psychology*, 80 (3), 406 – 408.

154. Katzenbach, R., & Douglas, K., Smith.. 1993. *Thewisdom of teams: Creating the high – performance organization*, Boston: Harvard Business School Press.

155. Kelin, K. J., & Kozlowski, S. W. J.. 2000. From micro to meso: Critical steps in conceptualizing and conducting multilevel research. *Organizational Research Methods*, 3, 211 – 236.

156. Kenny, D. A., Deborah, A. K., & Niall, B.. 1998. Data Analysis in Social Psychology. In: Gilbert, Daniel T., Susan T. Fiske, and Gradner Lindzey, eds., The Hand book of Social Psychol-

ogy. New York, N. Y. : McGraw – Hill, 233 – 265.

157. Kent, A. , & Perry, J. M. . 1956. The library and the research team, *Special Libraries*, 47, 156 – 161.

158. Kernis, M. H. . 2003. Toward a conceptualization of optimal self – esteem. *Psychological Inquiry*, 14 (1), 1 – 26.

159. Kirk, S. J. , & Kent, F. S. . 1988. *Creative design decision.* Van No strand Reinhold Company Inc. .

160. Kirkpatrick, S. A. , & Locke, E. A. . 1991. Leadership: Do traits matter? *Academy of Management Executive*, 5 (2): 48 – 60.

161. Kirton, M. J. . 1976. Adaptors and innovators: A description and measure. *Journal of Applied Psychology*, 61, 622 – 629.

162. Kirton, M. J. . 1994. *Adaptors and innovators: Styles of creativity and problem solving* (2nd ed.) . New York: Rutledge.

163. Klein, K. J. , Dansereau, F. , & Hall, R. J. . 1994. Levels issues in theory development, data collection, and analysis. *Academy of Management Review*, 19, 195 – 229.

164. Koesler, A. . 1964. *The Act of Creation.* New York: Macmillan.

165. Kozloweski, S. W. J. , & Ilgen, D. R. . 2006. Enhancing the effectiveness of work groups and teams. *Psychological Science in the Public Interest*, 7, 77 – 124.

166. Kozlowski, S. W. , & Klein, K. J. . 2000. A multi – level approach to theory and research in organizations: Contextual, temporal, and emergent processes. In K. J. Klein and S. W. Kozlowsi (Eds.), *Multilevel theory, research and methods in organizations: Foundations, extensions, and new directions* (pp. 3 – 90), San Francisco: Jossey –

Bass.

167. Kratzer, J. . 2001. *Communication and performance*: *an empirical study in innovation teams*, University of Groningen.

168. Kruglanski, A. W. , Friedman, I. , & Zeevi, G. . 1971. The effects of extrinsic incentive on some qualitative aspectsof task performance. *Journal of Personality*, 39, 606 – 617.

169. Kurtzberg, T. R. . 2005. Feeling creative, being creativity: An empirical study of diversity and creativity in teams. *Creativity Research Journal*, 17 (1), 51 – 65.

170. Lagan, T. E. . 2007. *Examining authentic leadership*: *Development of a four – dimensional scale and identification of a homological network*. Unpublisheddoctoral dissertation, State university of New York at Albany.

171. Leonard, D. & Swap, W. . 1999. *When sparks fly*: *Igniting creativity in groups*. Boston: Harvard Business School Press.

172. Leonard – Barton, D. . 1989. Implementing New Production Technologies: Exercises in Corporate Learning. In M. V. Glinow& S. , Mohrmans (Eds.), *Managing Complexity in High Technology Industries*: *Systems and People*. New York: Oxford University Press.

173. Lepine, J. A. & Van Dyne, L. . 2001. Peer responses to low performance: An attribution model of helping in the context of group. *Academy of Management Review*, 26 (1), 67 – 84.

174. Lepine, J. A. , Piccolo, R. F. , Jackson, C. L. , Mathieu, J. E. , & Saul, J. R. . 2008. A meta – analysis of teamwork processes: Tests of a multidimensional model and relationships with team

effectiveness criteria, *Personnel Psychology*, 61 (2), 273 – 307.

175. Leroy, H. , Anseel, F. , Gardner, W. L. , & Sels, L. . 2012. Authentic leadership, authentic followership, basic need satisfaction, and work role performance: A cross – level study. *Journal of Management*, doi: 10. 1177/0149206312457822.

176. Liao, H. , & Chuang, A. . 2007. Transforming service employee and climate: A multilevel, multisource examination of transformation leadership in building long – term service relationships. *Journal of Applied Psychology*, 92 (4), 1006 – 1019.

177. Liao, H. , & Rupp, D. E. . 2005. The impact of Justice Climate and Justice Orientation on Work Outcomes: A Cross – Level Multifocal Framework. *Journal of Applied Psychology*, 90 (2), 242 – 256.

178. Ling, Y. , Simsek, Z. , Lubatkin, M. H. , & Veiga, J. F. . 2008. Transformational leadership's role in promoting corporate entrepreneurship: Examining the CEO – TMT interface. *Academy of Management Journal*, 51 (3): 557 – 576.

179. Long, J. S. . 1983. *Confirmatory factor analysis.* C. A. : Sage, 11 – 15.

180. Lubatkin, M. H. , Simsek, Z. , Ling, Y. , & Veiga, J. F. . 2006. Ambidexterity and performance in small to medium – sized firms: The pivotal role of TMT behavioral integration, *Journal of Management*, 32 (5): 646 – 672.

181. Lun, L. , Sinclair, S. , Whitchurch, E. R. , & Glenn, C. . 2007. (Why) do I think what you think? Epistemic social tuning and implicit prejudice, *Journal of Personality and Social Psychology*, 93 (6),

957 – 972.

182. Luthans, F., & Avolio, B. J.. 2003. Authentic leadership: A positive developmental approach. In Cameron K S, Dutton J E, Quinn R E. *Positive organizational scholarship*. San Francisco: Barrett – Koehler.

183. Machinnon, D. W.. 1962. The personality correlates of creativity: A study of American architects. *Proceedings of the Fourteenth Congress on Applied Psychology*: Vol（2）（pp. 11 – 39）, Copenhagen: Munksggard.

184. MacKinnon, D. P., Jennifer, L. K., & Chondra M. L.. 2000. Equivalence of the Mediation, Confounding and Suppression Effects. *Prevention Science*, 1（4）, 173 – 181.

185. Madhavan, R., & Grover, R.. 1998. From Embedded Knowledge to Embodied Knowledge: New Product Development as Knowledge Management. *Journal of Marketing*, 62（10）, 1 – 12.

186. Madjar, N., & Oldham, G. R.. 2002. Preliminary tasks and creative performance on a subsequent task: Effects of time on preliminary tasks and amount of information about the subsequent task. *Creativity Research Journal*, 14, 239 – 251.

187. Madjar, N., Oldham, G. R., & Pratt, M. G.. 2002. There's no place like home? The contributions of work and non – work creativity support to employee's creative performance. *Academy of Management Journal*, 45（4）, 757 – 767.

188. Marks, M. A., Mathieu, J. E., & Zaccaro, S. A.. 2001. Temporally based framework and taxonomy of team process, *Academy of Management*

Review, 26 (3), 356 –376.

189. Mathieu, J. E., & Scott R. . 2006. Clarifying conditions and decision points for meditational type inferences in organizational behavior. *Journal of Organizational Behavior*, 27 (8), 1031 –1056.

190. Mathieu, J. E., & Scott, R. T. . 2007. A framework for testing meco – mediational relationship in organizational behavior. *Journal of Organizational Behavior*, 28 (2), 141 –172.

191. McGrath, J. E. . 1964. *Social Psychology*: *A Brief Introduction*. New York.

192. Medsker, G. J., Williams, L. J., & Holahan, P. J. . 1994. A review of current practices for evaluating causal models in organizational behavior and human resources management research. *Journal of Management*, 20 (2), 439 –464

193. Michie, S., & Gooty, J. . 2005. Values, Emotions, and Authenticity: Will the Real Leader Please Stand Up? *The Leadership Quarterly*, 16 (3), 441 –457.

194. Milgram, R. M., & Milgram, N. A. . 1976. Creative thinking and creative performance in Israaii students. *Journal of educational psychology*, 68 (3), 255 –259.

195. Milliken, F., & Martins, L. L. . 2003. *Searching for common threads*: *understanding the multiple effects of diversity in work groups*: *a dynamic perspective on the affective and cognitive processes that link diversity and performance in organizational groups*. Oxford University Press, New York.

196. Mohrman, S. A., Cohen, S. G., Morhrman, & Jr, A. M. . 1955. *Designing team – based organizations*: *new forms for knowledge work*. Sann

Francisco，Jossey – Bass.

197. Morgan，J. M. ，Reynolds，C. M. ，Nelson，T. J. ，Johanning-meier，A. R. ，Griffin，M. & Andrade，P. . 2004 . Tales from the fields：sources of employee identification in agribusiness. *Management Communication Quarterly*，17：360 – 395.

198. Morrison，E. W. & Bies，R. J. . 1991. Impression management in the feedback seeking process：A literature review and research agenda. *Academy of Management Review*，16 (3)，522 – 541.

199. Mueller，J. S. . 2002. The effects of expressive writing on performance and well – being in the workplace. *Dissertation Abstracts International：Section B：The Sciences and Engineering*，63 (3 – B)，1599.

200. Mumford，M. D. ，Scott，G. M. ，Gaddis，B. H. ，& Strange，J. M. . 2002. Leading creative people：Orchestrating expertise and relationship. *Leadership Quarterly*，13，705 – 750.

201. Mumford，M. D. ，& Gustafson，S. B. . 1988. Creativity syndrome：Integration，application，and innovation. *Psychological Bulletin*，103，27 – 43.

202. Mumford，M. D. ，Baughman，W. A. ，Maher，M. A. ，Costanza，D. P. ，& Supinski，E. P. . 1997. Process based measures of creative problem solving skills：4. Category combination. *Creativity Research Journal*，10，59 – 71.

203. Mumford，M. D. ，Scott，G. M. ，Gaddis，B. ，& Strange，J. M. . 2002. Leading creative people：Orchestrating expertise and relationships. *Leadership Quarterly*，13，705 – 750.

204. Murray，J. Y. . 2007. The effects of cultural distance among NPD

team learning. *AMA Winter Educators' Conference Proceedings*, 18, 247 – 248.

205. Naomi, E. , Dick, De G. , S. , & Alexander, H. . 2004. Motivating individuals and groups at work：A social identity perspective on leadership and group performance. *Academy of Management Review*, 29 （3）：459 – 478.

206. Neider, L. L. , & Schriesheim, C. A. . 2011. The authenticleadership inventory （ALI）：Development and empirical tests. *Leadership Quarterly*, 22, 1146 – 1164.

207. Newell, A. , Shaw, J. C. , & Simon, H. A. . 1962. The process of creative thinking. In H. Gruber, G. Terrell, & M. Wertheimer （Eds. ）, *Contemporary approaches to creative thinking* （pp. 43 – 62）. New York：Atherton.

208. Ng, K. Y. , & Van Dyne, L. . 2005. Antecedents and performance consequences of helping behavior in work group：A multi – level analysis, *Group and Organization management*, 30 （5）, 514 – 540.

209. Nickerson, R. S. . 1999. Enhancing creativity. In R. J. Sternberg （Ed. ）, *Handbook of creativity* （pp. 392 – 430） . Cambridge, U. K. ：Cambridge University Press.

210. Nijstad, B. A. , & De, Dreu, C. K. W. . 2002. Creativity and group innovation. *Applied Psychology*, 51 （3）, 400 – 406.

211. Ohly, S. , & Sonnentag, S. P. . 2006. Reutilization, work characteristics and their relationship with creative and proactive behaviors. *Journal of Organizational Behavior*, 27 （3）, 257 – 279.

212. Oldham, G. R. , & Cummings, A. . 1996. Employee creativity：

Personal and contextual factors at work. *Academy of Management Journal*, 39 (3), 607 – 634.

213. Osborn, A. F. . 1953. *Applied imagination.* New York: Scribner's & Sons.

214. Özkan, S. , & Ceylan, A. . 2012. A multi – level analysis of authentic leadership from a Turkish construction engineers perspective. *South East European Journal of Economics and Business*, 7, 101 – 114.

215. Parnes, S. J. , Noller, R. B. , & Biondi, A. M. . 1977. *Guide to Creative Action.* New York: Charles Scribner's Sons.

216. Paulus, P. B. , & Yang, H. . 2000. Idea generation in groups: A basis for creativity in organizations. *Organizational Behavior and Human Decision Processes*, 82, 76 – 87.

217. Paulus, P. . 2000. Groups, teams, and creativity Thecreative potential of idea – generating groups. *Applied Psychology*, 49 (2), 237 – 262.

218. Perry – Smith J. E. . 2006. Social capital yet creative: the role of social relationships in facilitating individual creativity. *Academy of Management Journal*, 49 (1), 85 – 101.

219. Peterson, S. J. , Walumbwa, F. O. , Avolio, B. J. , & Hannah, S. T. . 2012. The relationship between authentic leadership and follower job performance: The mediating role of follower positivity in extreme contexts. *Leadership Quarterly*, 23, 502 – 516.

220. Peus, C. , Wesche, J. S. , Streicher, B. , Braun, S. , & Frey, D. . 2012. Authentic leadership: An empirical test of its antecedents, consequences, and mediating mechanisms. *Journal of Business Ethics*, 107, 331 – 348.

221. Pinto, M. B., & Pinto, J. K.. 1990. Project team communication and cross – functional cooperation in new program development. *Journal of Product Innovation Management*, 7 (3): 200 – 212.

222. Pirola – Merlo, A., & Mann, L.. 2004. The relationship between individual creativity and team creativity: aggregating across people and time. *Journal of Organizational Behavior*, 25 (2), 235 – 257.

223. Pittinsky, T. L. & Tyson, C. J.. 2005. Leader authenticity markers: Findings from a study of perceptions of African American political leaders, In W. L. Gardner, B. J. Avolio, & F. O. Walumbwa (Eds.), *Authentic Leadership Theory and Practice: Origins, Effects, and Development.* Oxford, U. K.: Elsevier,

224. Podsakoff, P. M. & Organ, D. W.. 1986. Self – reports inorganizational research : Problems and prospects. *Journal of Management*, 12, 531 – 544.

225. R. T. Keller.. 2001. Cross – functional project groups in research and new product development: Diversity, communications, job stress, and outcomes. *Academy of Management Journal*, 44 (3), 547 – 555.

226. Ramus, C. A., & Steger U.. 2000. The roles of supervisory support behaviors and environment policy in employee ecoinitiatives at leading – edge European companies. *The Academy of Management Journal*, 43 (4), 605 – 626.

227. Reave, L.. 2005. Spiritual values and practices related to leadership effectiveness. *Leadership Quarterly*, 16, 655 – 687.

228. Rego, A., Sousa, F., Cunha, M. P., Correia, A., & Amaral, I. S.. 2007. Leaderself – reported emotional intelligence and per-

ceived employee creativity: An exploratory study. *Creativity and Innovation Management*, 16 (3), 250 – 264.

229. Rego, A., Sousa, F., Marques, C., & Cunha, M. P.. 2014. Hope and positive affect mediating the authentic leadership and creativity relationship. *Journal of Business Research*, 67, 200 – 210.

230. Rego, A., Sousa, F., Marques, C., & Cunha, M. P.. 2012. Authentic leadership promoting employees' psychological capital and creativity. *Journal of Business Research*, 65, 429 – 437.

231. Rego, A., Vitória, A., Magalhães, A, Ribeiro, N., & Cunha, M. P.. 2013. Are authentic leaders associated with more virtuous, committed and potent teams? *Leadership Quarterly*, 24, 61 – 79.

232. Reicher, S. D., & Hopkins, N.. 1996. Self – category constructions in political rhetoric: An analysis of Thatcher's and Kinnock's speeches concerning the British Miners' Strike (1984 – 5) . *European Journal of SocialPsychology*, 26: 353 – 372.

233. Rhoades, L., & Eisenberger, R.. 2002. Perceived organizational support: a review of the literature. *Journal of Applied Psychology*, 87 (4), 698 – 714.

234. Richards, T., & Moger, S.. 2006. Creativity leaders: Adecade of contributions from creativity and innovation management journal. *Creativity &Innovation Management*, 15 (1), 4 – 18.

235. Robinson, A. G., & Stern, S.. 1997. Corporate creativity: How innovation and improvement actually happen. San Francisco, CA: Berrtet – Koehler Publishers Inc.

236. Rogers, C.. 1954. Toward a Theory of Creativity. *A Review of General Semantics*, 11, 249 – 262.

237. Roos, P. A., & Treiman, D. J.. 1980. Worker functions and work traits for the 1970 U. S. census classification. In A. Miller (Ed.), *Work, jobs and occupations*: 336 – 389. Washington, D. C.: National Academy Press.

238. Rousseau, D.. 1985. Issues of level in organizational research: Multilevel and cross – level perspectives. In L. L. Cummings & B. M. Staw (Eds.), *Research in organizational behavior*, Vol (7): 1 – 37. Greenwich, C. T.: JAI Press.

239. Runco, M. A.. 1991. Predicting creative performance from divergent thinking. In: Runco M. A. (Ed) . *Divergent thinking*. Norwood, N. J.: Ablex, 137 – 145.

240. Ruscio, J., Whitney, D. M., & Amabile, T. M.. 1998. Lookinginside the fishbowl of creativity: Verbal and behavioral predictors of creativity performance. *Creativity Research Journal*, 11, 243 – 263.

241. Schneider, B., & Reichers, A. E.. 1983. On the Etiology of Climates. *Personnel Psychology*, 36, 19 – 39.

242. Schneider, B., Mark, G. E., David, M. M., Jessica, L. S., & Kathryn, N. J.. 2005. Understanding Organization – customer Links in Service Settings. *Academy of Management Journal*, 48 (6), 1017 – 1032.

243. Schneider, B., White, S. S., & Paul, M. C.. 1998. Linking service climate and customer perceptions of service quality: Tests of a causal model. *Journal of Applied Psychology*, 83 (2), 150 – 163.

244. Schrodt, P.. 2002. The relationship between organizational identifi-

cation and organizational culture: employee perceptions of culture and identification in a retail sales organization. *Communication Studies*, 53: 189 – 202.

245. Scott, S. G. , & Bruce, R. A. . 1994. Determinants of innovative behavior: A path model of individual innovation in the work-place. *Academy of Management Journal*, 37, 580 – 607.

246. Sendjiaya, S. , & Sarros, J. S. . 2002. Servant leadership: Its origin, development, and application in organizations. *Journal of Leadership and Organizational Studies*, 9 (2), 57 – 91.

247. Sethi, R. , Smith, D. C. , & Park, C. W. . 2001. Cross – functional product development teams, creativity, and the innovativeness of new consumer products, *Journal of Marketing Research*, 73 – 85.

248. Shalley, C. E. , & Gilson, L. L. . 2004. What leaders need to know: A review of social and context factors that can foster or hinder creativity? *Leadership Quarterly*, 15, 33 – 54.

249. Shalley, C. E. , & Oldham, G. R. . 1997. Competition and creative performance: Effects of competitor presence and visibility. *Creativity Research Journal*, 10, 337 – 345.

250. Shalley, C. E. , & Perry – Smith, J. E. . 2001. Effects of social – psychological factors in creative performance: The role of informational and controlling expected evaluation and modeling experience. *Organizational Behavior and Human Decision Processes*, 84, 1 – 22.

251. Shalley, C. E. , Zhou, J. , & Oldham, G. R. . 2004. The Effects of Personal and Contextual Characteristics on Creativity: Where Should We Go from Here? *Journal of Management*, 30 (6), 933 –

958.

252. Shalley, C. E. . 1991. Effects of productivity goals, creativity goals, and personal discretion on individual creativity. *Journal of Applied Psychology*, 76, 179 – 185.

253. Shalley, C. E. . 1995. Effects of coactions, expected evaluation, and goal setting on creativity and productivity. *Academy of Management Journal*, 38, 483 – 503.

254. Shamir, B. , & Eilam, G. . 2005. What's your story? A life – stories approach to authentic leadership development. *The Leadership Quarterly*, 16 (3), 395 – 417.

255. Shrout, P. E. , & Niall, B. . 2002. Mediation in experimental and nonexperimentalstudies: New procedures and recommendations. *Psychological Methods*, 7 (4), 422 – 445.

256. Shung, J. S. , & Zhou, J. . 2003. Transformational Leadership, Conservation, and Creativity: Evidence from Korea. *Academy of Management Journal*, 46 (6), 703 – 714.

257. Shung, J. S. , & Zhou, J. . 2007. When is educational specialization heterogeneity related to creativity in research and development teams? Transformational leadership as a moderator. *Journal of Applied Psychology*, 92 (6), 1709 – 1721.

258. Shung, J. S. , Zhou, J. . 2003. Transformational Leadership, Conservation, and Creativity: Evidence from Korea, *Academy of Management Journal*, 46, 703 – 714.

259. Simonton, D. K. . 1997. Creative productivity: A predictive and explanatory model of career trajectories and landmarks. *Psychological Re-*

view, 104, 66 – 89.

260. Simonton, D. K. . 2000. Creativity: Cognitive, personal, developmental, and social aspects. *American Psychologist*, 55, 151 – 158.

261. Simsek, Z. , Veiga, J. F. , Lubatkin, M. H. , & Dino R. N. . 2005. Modeling the multilevel determinants of top management team behavioral integration. *Academy of Management Journal*, 48 (1): 69 – 84.

262. Smidts, A. , Pruyn, A. T. H. , & Van Riel, C. B. M. . 2001. The impact of employee communication and perceived external prestige on organizational identification. *Academy of Management Journal*, 49: 1051 – 1062.

263. Somech, A. . 2006. The effects of leadership style and team process on performance and innovation in functionally heterogeneous teams. *Journal of Management*, 32 (1), 132 – 157.

264. Sosa, M. E. . 2011. Where do creative interactions come from? The role of tie content and social networks, *Organization Science*, 22 (1), 1 – 21.

265. Spitzmuller, M. , & Ilies, R. . 2010. Do they [all] see my true self? Leader's relational authenticity and followers' assessments of transformational leadership. *European Journal of Work and Organizational Psychology*, 19, 304 – 332.

266. Staw, B. M. , Sandelands, L. , & Dutton, J. . 1981. Threat – rigidity effects in organization behavior: A multi – level analysis. *Administrative Science Quarterly*, 26, 501 – 524.

267. Stephen, P. , Robbins. *Management* (4th), Prentice Hall, 1994.

268. Sternberg, R. J. & Lubart, T. I.. 1999. The concept of creativity: Prospects and paradigms. In R. J. Sternberg (Ed.), *Handbook of creativity* (pp. 3 - 15). Cambridge, UK : Cambridge University Press.

269. Steven, M. F., Tierney, P., & Kate K. M.. 2003. Employee creativity in Taiwan: An application of role identity theory. *Academy of Management Journal*, 46, 618 - 630.

270. Stewart., G. L.. 2006. A meta - analytic review of relationships between team design features and team performance. *Journal of Management*, 32 (1), 29 - 55.

271. Sutton, R. I., & Hargadon, A.. 1996. Brainstorming groups in context: Effectiveness in a product design firm. *Administrative Science Quarterly*, 41, 685 - 78.

272. Szymanski, K., & Harkins, S. G.. 1992. Self - evaluation and creativity. *Personality and Social Psychology Bulletin*, 18, 259 - 265.

273. Tafel, H., Turner, J. C.. 1986. The socialidentity theory of intergroupbehavior. In S. Worchel and L. W. Austin (eds). *Psychology of Inter group Relations.* Chicago : Nelson Hall, 7 - 24.

274. Taggar S.. 2002. Individual creativity and group ability to utilize individual creative resources: a multilevel model. *Academy of Management Journal*, 75 (2), 315 - 330.

275. Tate, B.. 2008. A longitudinal study of the relationshipsamong self - monitoring, authentic leadership, and perceptions of leadership. *Journal of Leadership and Organizational Studies*, 15, 16 - 29.

276. Taylor, A., &Greve, H. R.. 2006. Superman or the fantastic four?

Knowledge combination and experience in innovative teams. *Academy of Management Journal*, 49 (4), 723 – 740.

277. Teresa, M. A. , Conti, R. , Coon, H. , Lazenby, J. , & Herron, M. . 1996. Assessing thework environment for creativity. *The Academy of Management Journal*, 39 (5), 1154 – 1184.

278. Tierney, P. , & Farmer, S. M. . 2002. Creative self – efficacy: Potential antecedents and relationship to creative performance. *Academy of Management Journal*, 45, 1137 – 1148.

279. Tierney, P. , & Farmer, S. M. . 2004. The Pygmalion process and employee creativity. *Journal of Management*, 30: 413 – 432.

280. Tierney, P. , Farmer, S. M. , &Graen, G. B. . 1999. An examination of leadership and employee creativity: The relevance of traits and relationships. *Personnel Psychology*, 52, 591 – 620.

281. Tjosvold, D. , Tang, M. M. L. , West, M. . 2004. Reflexivity for team innovation in china the contribution of goal interdependence, *Group & Organization Management*, 29 (5), 540 – 559.

282. Toor, S. , & Ofori, G. . 2009. Authenticity and its influence on psychological well – being and contingent self – esteem of leaders in Singapore construction sector. *Construction Management and Economics*, 27, 299 – 313.

283. Torrance, E. P. , & Khatena, J. . 1970. What kind of person are you? *Gifted Child Quarterly*, 14, 71 – 75.

284. Van Dyne, L. , Jehn, K. A. , & Cummings, A. . 2002. Differential effects of strain on two forms of work performance: Individual employee sales and creativity. *Journal of Organizational Behavior*, 23, 57 – 74.

285. Van Gundy A. B. . 1984. Managing group creativity：a modular approach to problem solving. New York：American Management Association.

286. Vander Vegt, G. S. , & Van de Vliert, E. . 2002. Intergroup interdependence and effectiveness：Review and proposed directions for theory and practice, *Journal of Managerial Psychology*, 17（1）, 50 – 67.

287. Wallace, D. B. , & Gruber, H. E. . 1989. *Creative people at work: Twelve cognitive case studies（ Eds. ）*. New York：Oxford University Press.

288. Wallas, G. . 1926. The art of thought. London：Cape.

289. Walumbwa, F. O. , Avolio, B. J. , Garden, W. L. , Wernsing, T. S. , & Peterson, S. J. . 2008. Authentic leadership：Development and validation of a theory – based measure. *Journal of Management*, 34, 89 – 126.

290. Walumbwa, F. O. , Luthans, F. , Avey, J. B. , & Oke, A. . 2011. Authentically leading groups：The mediating role of collective psychologicalcapital and trust. *Journal of Organizational Behavior*, 32, 4 – 24.

291. Walumbwa, F. O. , Wang, P. , Wang, H, Schaubroeck, J. , & Avolio, B. J. . 2010. Psychological processes linking authentic leadership to follower behaviors. *The Leadership Quarterly*, 21 (5), 1 – 14.

292. Wang H. , Sui, Y, Luthans, F. , Wang, D. , & Wu, Y. H. . 2014. Impact ofauthentic leadership on performance：Role of followers' positive psychological capital and relational processes. *Journal of Organizational Behavior*, 35 (1), 5 – 21.

293. Wang, L. Y. , & Ruan, A. J. . 2007. *Mechanism of R&D team creativity based on knowledge creation and organizational learning. Chinese Private Economy Innovation International Forum.* Zhejiang Taizhou, 328 – 323.

294. Wayne, S. J. , Shore, L. M. , & Liden, R. C. . 1997. Perceivedorganizational support and leader – member exchange: A social exchange perspective. *Academy of Management Journal*, 40 (1), 82 – 111.

295. Weicher, A. E. , Weibler, J. , & Petersen, M. . 2013. To thine own self be ture: The effects of enactment and life story telling on perceived leader authenticity. *Leadership Quarterly*, 24, 477 – 495.

296. West in A. F. . 1967. *Privacy and freedom.* New York: Atheneum.

297. West, M. A. , & Anderson, N. R. . 1996. Innovation in top management groups. *Journal of Applied Psychology*, 81, 680 – 693.

298. West, M. A. , & Farr, J. L. . 1990. Innovation at work. In West M. A. , Farr J. L (Eds.) . *Innovation and creativity at work, Chichester*, England: Wiley, 1 – 13.

299. West, M. A. . 2002. Sparkling fountains or stagnant ponds: An integrative model of creativity and innovation implementation. *Applied Psychology*, 51 (3), 355 – 387.

300. West, M. , & Farr, J. . 1990. Innovation at work. In M. West & J. Farr (Eds.), *Innovation and creativity at work: Psychology and organizational strategies* (pp. 3 – 13) . New York, N. Y. : Wiley.

301. Wong, C. A. , & Cummings, G. G. . 2009. The influence of authentic leadership behaviors on trust and work outcomes of health care staff. *Journal of Leadership Studies*, 3, 6 – 23.

302. Wong, C. A. , & Giallonardo, L. M. . 2013. Authentic leadership

and nurse – assessed adverse patient outcomes. *Journal of Nursing Management*, 21, 740 – 752.

303. Wong, C. A. , Laschinger, H. K. , & Cummings, G. G. . 2010. Authentic leadership and nurses' voice behavior and perceptions of care quality. *Journal of Nursing Management*, 18, 889 – 900.

304. Woodman, R. W. , Sawyer, J. E , & Griffin, R. W. . 1993. Toward a theory of organizational creativity. *The Academy of Management Review*, 18 (2): 293 – 321.

305. Woodman, R. W. . 1995. Managing creativity. In C. M. Ford & D. A. Gioia (Eds.) , *Creative action in organizations: Ivory tower visons and real world voices* (pp. 60 – 64) . Thousand Oaks, CA: Sage.

306. Woolley, L. , Caza, A. , & Levy, L. . 2011. Authentic leadership and follower development: Psychological capital, positive work climate, and gender. *Journal of Leadership & Organizational Studies*, 18, 438 – 448.

307. Yammarino, F. J. , Dionne, S. D. , Chun, J. U. K. , & Dansereau, F. . 2005. Leadership and levels of analysis: A state – of – the – science review. *The Leadership Quarterly*, 16 (6), 879 – 919.

308. Yammarino, F. J. , Dionne, S. D. , Schriesheim, C. A. , & Dansereau, F. . 2008. Authentic leadership and positive organizational behavior: A meso, multi – level perspective. *The Leadership Quarterly*, 19 (6), 693 – 707.

309. Zhang, A. Y. , Tusi, A. S. , & Wang, D. X. . 2011. Leadership behavior and group creativity in Chinese organizations: The role of group processes. *Leadership Quarterly*, 22, 851 – 862.

310. Zhang, X. M. , & Bartol, K. M. . 2010. Linkingempowering leadership and employeecreativity: The influence of psychological empowerment, Intrinsicmotivation and creative process engagement. *Academy of Management Journal*, 1, 107 – 128.

311. Zhou, J. X. , & Pirola – Merlo, A. , & Mann, L. . 2004. The relationship between individual creativity and team creativity: aggregating across people and time. *Journal of Organizational Behavior*, 25 (2), 235 – 257.

312. Zhou, J. , & George, J. M. . 2001. When job dissatisfaction leads to creativity: Encouraging the expression of voice. *Academy of Management Journal*, 44, 682 – 696.

313. Zhou, J. , & George, J. M. . 2003. Awakening employee creativity: The role of leader emotional intelligence. *Leadership Quarterly*, 14, 545 – 568.

314. Zhou, J. , & Shalley, C. E. . 2003. Research on employee creativity: A critical review and directions for future research. *Research in Personnel and Human Resources Management*, 12, 165 – 217.

315. Zhou, J. , Shin, S. J. , Brass, D. J. , Choi, J. , & Zhang, Z. – X. . 2009. Social networks, personal values, and creativity: Evidence for curvilinear and interaction effects. *Journal of Applied Psychology*, 94, 1544 – 1552.

316. Zhou, J. . 1998. Feedback valence, feedback style, task autonomy, and achievement orientation: Interactive effects on creative performance. *Journal of Applied Psychology*, 83, 261 – 276.

317. Zhou, J. . 2003. When the presence of creative coworkers related to

creativity：Role of supervisory close – monitoring, developmental feedback, and creative personality. *Journal of Applied Psychology*, 88 (3), 413 – 422.

318. Zhou, Q., Hirst, G., & Shipton, H.. 2011. Context matters：Combined influence of participation and intellectual stimulation on the promotion focus – employee creativity relationship. *Journal of Organizational Behavior*, 33, 894 – 909.

319. Zhou, Q., Hirst, G., & Shipton, H.. 2012. Promoting creativity at work：The role of problem solving demand. *Journal of Applied Psychology*, 61 (1), 56 – 80.

320. Zohar, D.. 2000. A group – level model of safety climate：Testing the effect of group climate on micro accidents in manufacturing jobs. *Journal of Applied Psychology*, 85 (4), 587 – 596.

321. 〔美〕盖伊·拉姆斯登等著《群体与团队沟通》，冯云霞等译，机械工业出版社，2001。

322. 〔美〕周京、克里斯蒂娜·E. 莎莉：《组织创造力研究全书》，北京大学出版社。

323. 巴克著《生物实验室管理手册》，黄伟达、王维荣等译，科学出版社，2005。

324. 白新文、刘武、林琳：《共享心智模型影响团队绩效的权变模型》，《心理学报》2011 年第 5 期。

325. 蔡亚华、贾良定、尤树洋、张伟、陈艳露：《差异化变革型领导对知识分享与团队创造力的影响：社会网络机制的解释》，《心理学报》2013 年第 5 期。

326. 曾湘泉、周禹：《创新视角下的人力资源管理研究述评：个体、

组织、区域三个层面的研究》，《首都经济贸易大学学报》2006
年第 6 期。

327. 查连芳：《加强科研团队建设》，《中国基础科学》2002 年第
1 期。

328. 陈春花、杨映珊：《基于团队运作模式的科研管理研究》，《科
技进步与对策》2002 年第 4 期。

329. 陈璐、高昂、杨百寅、井润田：《家长式领导对高层管理团队
成员创造力的作用机制研究》，《管理学报》2013 年第 6 期。

330. 戴昌钧、郁屏：《团队合作中提供帮助的最优委托权安排模
型》，《管理评论》2003 年第 12 期。

331. 邓子鹃、王勇、蒋多：《真诚领导与员工组织公民行为的关系
研究》，《江阴工学院学报》2012 年第 1 期。

332. 丁琳：《变革型领导对员工创造力的作用机理研究》，《管理科
学》2008 年第 12 期。

333. 丁志华、李萍、胡志新、李丰年：《团队创造力数学模型的研
究》《九江学院学报》（自然科学版）2005 年第 3 期。

334. 冯博、刘佳：《大学科研团队知识共享的社会网络分析》，《科
学学研究》2007 年第 6 期。

335. 傅世侠、罗玲玲、孙雍君、邓雪梅、邵全辉：《科技团队创造
力评估模型研究》，《自然辩证法研究》2005 年第 2 期。

336. 郭玮、李燕萍、杜旌、陶厚永：《多层次导向的真实型领导对
员工与团队创新的影响机制研究》，《南开管理评论》2012 年第
3 期。

337. 韩翼、杨百寅：《真实型领导：理论、测量与最新研究进展》，
《科学学与科学技术管理》2009 年第 2 期。

338. 蒋春燕、赵曙明:《社会资本和公司企业家精神与绩效的关系:组织学习的中介作用》,《管理世界》2006 年第 10 期。

339. 康旭东、王前、郭东明:《科研团队建设的若干理论问题》,《科学学研究》2005 年第 4 期。

340. 孔芳、赵西萍:《真实型领导及其与下属循环互动机制研究》,《外国经济与管理》2010 年第 12 期。

341. 李超平、时勘:《变革型领导的结构与测量》,《心理学报》2005 年第 6 期。

342. 李先江:《企业营销创新中真实型领导与创新绩效的关系研究》,《财经论丛》2011 年第 5 期。

343. 李雪芹、周怀营、蔡翔:《高校科研团队信任与知识共享关系实证研究》,《图书情报工作》2010 年第 10 期。

344. 李志宏、赖文娣、白雪:《高校科研团队创新氛围对隐性知识共享意愿影响研究》,《图书情报工作》2011 年第 2 期。

345. 凌文辁、艾卡尔:《内隐领导理论的中国研究:与美国的研究进行比较》,《心理学报》1991 年第 3 期。

346. 凌文辁、陈龙、王登:《CPM 领导行为评价量表的建构》,《心理学报》1987 年第 2 期。

347. 凌文辁、方俐洛、艾卡尔:《内隐领导理论的中国研究——与美国的研究进行比较》,《心理学报》1991 年第 3 期。

348. 刘芳、汪纯孝、张秀娟、陈为新:《饭店管理人员的真诚型领导风格对员工工作绩效的影响》,《旅游科学》2010 年第 4 期。

349. 刘衡、李西:《研发团队公平感、领导方式对创新的影响研究》,《科研管理增刊》2010 年第 5 期。

350. 罗瑾琏、赵佳、张洋:《知识团队真实型领导对团队创造力的影响及作用机理研究》，《科技进步与对策》2013 年第 8 期。

351. 罗志文、王婧：《产学研视角下的高校科研团队构建与管理机制模型构建》，《科技管理研究》2009 年第 8 期。

352. 马光远：《中国创造力报告（2012～2013）：创新驱动中国梦》，社会科学文献出版社，2013。

353. 潘安成、刘爽：《社会性偷闲能"偷出"团队创造力吗?》，《管理世界》2013 年第 8 期。

354. 潘静洲、楼雅婷、周文霞：《龙生龙，凤生凤? 领导创新性工作表现对下属创造力的影响》，《心理学报》2013 年第 10 期。

355. 冉宗植：《科研组织行为学》，科学技术文献出版社，1992。

356. 任真、王登峰：《中国领导心理与行为实证研究二十年进展》，《心理学探析》2008 年第 1 期。

357. 尚润芝、龙静：《高科技企业研发团队的创新管理：网络结构、变革型领导对创新绩效的影响》，《科学管理研究》2010 年第 10 期。

358. 宋晓辉、施建农：《创造力测量手段——同感评估技术（CAT）简介》，《心理科学进展》2005 年第 6 期。

359. 汤超颖、朱月利、商继美：《变革型领导、团队文化与科研团队创造力的关系》，《科学学研究》2011 年第 2 期。

360. 王端旭、国维潇、刘晓莉：《团队内部社会网络特征影响团队创造力过程的实证研究》，《软科学》2009 年第 9 期。

361. 王端旭、洪雁：《组织氛围影响员工创造力的中介机制研究》，《浙江大学学报》（人文社会科学版）2010 年第 9 期。

362. 王端旭、薛慧娟、张东锋：《试论"远缘杂交"与创造力的提升——以高校科研团队为例》，《科学学与科学技术管理》2009

年第 7 期。

363. 王端旭、薛慧娟：《交互记忆系统对团队创造力的影响极其作用机制——以利用性学习和探索性学习为中介》，《科研管理》2013 年第 6 期。

364. 王黎萤、陈劲：《研发团队创造力的影响机制研究——以团队共享心智模型为中介》，《科学学研究》2010 年第 3 期。

365. 王黎萤：《研发团队创造气氛、共享心智模型与团队创造力研究》，浙江大学 2009 年博士学位论文。

366. 王烨、余荣军、周晓林：《创造性研究的有效工具——远距离联想测验（RAT）》，《心理科学进展》2005 年第 6 期。

367. 王怡然：《高校创新团队信任构建及其影响绩效的机制研究》，天津大学 2007 年博士学位论文。

368. 王勇、陈万明：《企业真诚型领导的结构维度研究》，《华东经济管理》2012 年第 7 期。

369. 王勇、陈万明：《真诚领导感知、心理资本与工作嵌入关系研究》，《华东经济管理》2013 年第 5 期。

370. 王震、宋萌、孙健敏：《真实型领导：概念、测量、形成与作用》，《心理科学进展》2014 年第 3 期。

371. 魏钧、陈中原、张勉：《组织认同的基础理论、测量及相关变量》，《心理科学进展》2007 年第 6 期。

372. 魏昕、张志学：《组织中为什么缺乏抑制性进言?》，《管理世界》2010 年第 10 期。

373. 温福星、邱正浩：《组织研究中的多层次调节式中介效果：以组织创新气氛、组织承诺与工作满意的实证研究为例》，《管理学报》2009 年第 2 期。

374. 夏维力、陈晨、钟培：《基于复杂适应系统理论的组织知识创造机制研究》，《情报杂志》2009 年第 6 期。

375. 谢衡晓：《诚信领导的内容结构及其相关研究》，暨南大学 2007 年博士学位论文。

376. 徐佩：《软件研发项目团队有效性研究》，河海大学 2006 年博士学位论文。

377. 薛继海、李海：《团队创新影响因素研究述评》，《外国经济与管理》2009 年第 2 期。

378. 杨鑫、贾良定、蔡亚华、尤树洋：《团队人之多样性和个体创造力的关系研究——以社会网络和关系性人口学为视角》，《科学学与科学技术管理》2013 年第 8 期。

379. 杨志蓉、谢章澍、宝贡敏：《团队快速信任、互动行为对团队创造力的作用机理研究》，《福州大学学报》（哲学社会科学版）2010 年第 6 期。

380. 杨志蓉：《团队快速信任、互动行为与团队创造力研究》，浙江大学 2006 年博士学位论文。

381. 张蕾、于广涛、周文斌：《真实型领导对下属真实型追随的影响：基于认同中介和组织政治知觉调节作用的研究》，《经济管理》2012 年第 10 期。

382. 张鹏程、刘文兴、廖建桥：《魅力型领导对员工创造力的影响机制：仅有心理安全足够吗?》，《管理世界》2011 年第 10 期。

383. 张鹏程、彭菡：《科研合作网络特征与团队知识创造关系研究》，《科研管理》2011 年第 7 期。

384. 张崴：《研究型大学科研团队结构对创造力的影响》，大连理工大学 2013 年博士学位论文。

385. 张新安、何慧、顾锋：《家长式领导行为对团队绩效的影响：团队冲突管理方式的中介作用》，《管理世界》2009 年第 3 期。

386. 张燕、怀明云、章振、雷专英：《组织内创造力影响因素的研究综述》，《管理学报》2011 年第 2 期。

387. 张莹瑞、佐斌：《社会认同理论及其发展》，《心理科学进展》2006 年第 3 期。

388. 张志学：《组织心理学研究的情境化及多层次理论》，《心理学报》2010 年第 1 期。

389. 赵卓嘉：《团队内部人际冲突、面子对团队创造力的影响研究》，浙江大学 2009 年博士学位论文。

390. 郑航芝、刘志华：《诚信领导对追随者实现幸福感的作用机制研究》，《科技情报开发与经济》2008 年第 31 期。

391. 郑建君、金盛华、马国义：《组织创新气氛的测量及其在员工创新能力与创新绩效关系中的调节作用》，《心理学报》2009 年第 12 期。

392. 周蕾蕾：《企业诚信领导对员工组织公民行为影响研究——以领导 - 成员交换为中介变量》，武汉大学 2010 年博士学位论文。

393. 周耀烈、杨腾蛟：《个体创造力向团队创造力转化的机理研究》，《科学学研究》2007 年第 12 期增刊。

394. 朱少英、齐二石、徐渝：《变革型领导、团队氛围、知识共享与团队创新绩效的关系》，《软科学》2008 年第 11 期。

395. 朱晓婧：《团队多样化影响团队创造力的过程模型研究》，浙江大学 2010 年博士学位论文。

396. 邹竹峰、杨紫鹏：《真实型领导对员工建言行为的影响：建言效能感与领导 - 部署交换的作用》，《中国人力资源开发》2013 年第 21 期。

攻博、博士后期间发表的科研成果目录

➢ **主持课题：**

2012 年 5 月至 2013 年 12 月，第 51 批中国博士后基金《女性党政领导社会网络格局及其对组织—个人领导力的影响》（2012M510474），资助额度五万元。

➢ **主研课题：**

1. 2014 年 5 月至 2015 年 5 月，北京市科学技术委员会重点软课题《北京市公务员岗位职责规范与对策研究》

2. 2011 年 11 月至 2013 年 11 月，中共中央组织部立项调研课题《地方官员领导力强度研究》

3. 2011 年 11 月至 2012 年 11 月，中共中央组织部委托清华大学课题《公选高级领导干部的领导力与执政绩效研究》

4. 2012 年 3 月至 7 月，中共中央组织部招标课题《国外主要发达国家领导力测评方法研究及启示》

5. 2010 年 10 月至 2013 年 10 月，教育部重大人文社科重点项目《中国特色产学研用结合的模式、机制及政策研究》

6. 2012 年 3 月至 6 月，中共中央组织部委托清华大学陈旭常务副书记承担课题《领导干部培训体系研究》

7. 2012 年 3 月至 6 月，中共中央组织部委托清华大学陈旭常务副书记承担课题《领导干部考核问题研究》

8. 2008 年 9 月至 2009 年 10 月，中国科学技术协会重大课题（20082CYJ18－A）《提高我国科研经费使用效率问题研究：基于科技工作者视角》

9. 2008 年 6 月至 2010 年 1 月，教育部高等教育师资研究协会委托武汉大学人事部承担的重大课题《高等学校海外高层次人才保障机制研究》

10. 2008 年 9 月至 2009 年 12 月，国家社会科学基金重点项目《中国特色的人才强国战略实施与动力机制研究》（07AJY023）

➢ **参与课题：**

1. 2012 年 1 月至 2015 年 12 月，国家自然科学基金项目《新生代员工工作价值观、组织社会化策略对工作行为的作用机理——一项多层次研究》（71172203/G0205）

2. 2012 年 1 月至 2015 年 12 月，国家自然科学基金项目《本土文化情境下领导行为对员工变革反应的影响：基于图式理论的动态研究》（71172202/G020401）

3. 2011 年 1 月至 2013 年 12 月，国家自然科学基金《员工身份的"差序格局"对其敬业度影响的机理研究》（71002099/G0205）

4. 2008～2009 年，武汉市科技局政策类项目《中青年创新人才成长的外部环境研究》（200842133586）

5. 2009～2010 年，湖北省财政厅、科技厅政策类科研项目《中

央在鄂高校与湖北企业合作现状调研》

6. 2009～2010 年，武汉市科技局政策类科研项目《武汉市"十二五"期间科技发展战略研究》

7. 2009～2010 年，湖北省财政厅、科技厅政策类科研项目《做强湖北省高科技产业问题研究》

➢ **即将出版著作：**

《中国地方领导力强度问题研究》，博士后出站报告，清华大学出版社，2014。

➢ **政府研究报告：**

1. 中共中央组织部领导干部考试与测评中心《领导干部考试与测评工作通讯》约稿，《考试测评程序与方法技术优化组合运用》（2012 年 9 月，3000 字）

2. 中共中央组织部，《领导干部培训体系研究》结题报告（2012 年 6 月，5000 字）

3. 中共中央组织部，《领导干部考核问题研究》结题报告（2012 年 6 月，5000 字）

4. 中共中央组织部，《海外主要国家领导干部考试测评问题研究》（招标课题）结题报告（2012 年 7 月，5000 字）

5. 中国科学技术协会，重大课题（200802CYJ18 – A）《提高我国科研经费使用效率问题研究：基于科技工作者视角》中期考核、专报及结题报告（140000 字）

6. 教育部，《高等学校海外高层次人才保障机制研究》中期考核、分报告及结题报告（80000 字）

7. 教育部，《高等学校高层次创造性人才队伍建设研究》结题报告（30000 字）

8. 《我国科研经费管理政策严重滞后——提高我国科研经费使用效率问题研究之一》，2010 年专报（3000 字）

9. 《我国科研经费使用效率低的根源与对策——提高我国科研经费使用效率问题研究之二》，2010 年专报（3000 字）

10. 《现行科研经费管理制度严重抑制了科技工作者创新热情和创新活力的发挥——提高我国科研经费使用效率问题研究之三》，2010 年专报（3000 字）

➤ **学术论文：**

1. 涂乙冬、陆欣欣、郭玮、王震：《道德型领导者得到了什么？道德型领导、团队平均领导—部署交换及领导者收益》，《心理学报》2014（9）：1378 – 1391。

2. 战伟萍、郭玮：《借力社交网络服务平台提升企业招聘效率》，《人力资源管理》2014（6）：172 – 174。

3. 郭玮、李燕萍、杜旌、陶厚永：《多层次导向的真实型领导对员工与团队创新的影响机制研究》，《南开管理评论》2012（3）：51 – 60。

4. 郭玮：《厅处科三级干部领导力培训的现状、问题与对策》，《中国井冈山干部学院学报》2013（5）：139 – 144。

5. 郭玮、战伟萍：《集聚优势视角下的领导力提升：人力资本与社会资本的互动》，《湖北社会科学》2012（10）：45 – 48。

6. 郭玮：《高校领导干部考核制度问题与对策思考》，《西南农业大学学报》（社会科学版）2012（9）：42 – 43。

7. 马富萍、郭玮：《高管持股、技术创新与企业绩效的关系研究——基于资源型上市公司的实证检验》，《内蒙古大学学报》（哲学社会科学版）2012（5）：105 - 109。

8. 郭玮、于永达：《地方官员领导力强度的概念及其测评模型设计》，《领导科学》2011（12）：23 - 25。

9. 李燕萍、郭玮：《高校海外高层次引进人才中亟待解决的问题及对策》，《西南农业大学学报》（社会科学版）2011（5）：150 - 155。

10. 李燕萍、郭玮：《我国女性高层次人才内涵、类型及其成长的影响：基于文献研究》，《荆楚理工学院学报》2010（12）：51 - 56。

11. 郭玮、李燕萍、罗昱：《美国产学研结合与引进海外人才策略研究》，《科技进步与对策》2010（5）：55 - 57。

12. 李燕萍、郭玮、黄霞：《科研经费的有效使用特征及其影响因素——基于扎根理论》，《科学学研究》2009（11）：1685 - 1691。

13. 于永达、陈操、郭玮：《以公众建言为例解析新时期道德型领导的作用》，《领导科学》2012（6）。

14. 李燕萍、黄霞、郭玮：《英国科研经费使用支出管理对我国的启示》，《中国城市经济》2011（6）：60 - 69。

➤ **国际会议论文：**

1. GUO Wei, YU Yong - da. Ethical Leadership and Employee - Team Voice：A Multi - Level Study. ILA's 14th Annual Conference. 2012 年 10 月 23 ~ 27 日，美国丹佛，宣讲论文。

2. GUO Wei, YU Yong - da. Authentic Leadership and Employee - Team Creativity：A Multi - Level Study. ILA's 14th Annual Conference. 2012 年 10 月 23 ~ 27 日，美国丹佛，宣讲论文。

3. GUO Wei, LI Tai. An Empirical Study on Organizational Commitment and Turnover of IT Industry. Proceedings of the International Conference on E – Business and E – Government, *ICEE 2010*, pp. 904 – 906, 2010. EI 检索。

4. GUO Wei, LI Yan – ping. The Effects of transformational leadership and Team Climate on Employee Creativity：A Cross – level Model. Proceedings of the International Conference on Optimization Design ICOD 2010.

➤ **国内会议论文：**

1. 郭玮、李燕萍、罗昱：《美国产学研结合与引进海外人才策略研究》，2009 年产学研合作与区域产业振兴高峰论坛二等奖。

2. 李燕萍、郭玮、彭峰：《基于灰色理论的战略性新兴产业科技人才需求预测——以武汉东湖自主创新示范区为例》，2010 年，《"两区"同建与科学发展——武汉市第四届学术年会论文集》，增强自主创新能力篇：第 129 ~ 132 页。

3. 李燕萍、郭玮、宋姝婷：《科研经费使用中科研工作者学术责任缺失的行为分析》，2009 年 11 月，北京：第四届管理学年会。

4. 李燕萍、郭玮、吴绍棠：《高校海外高层次人才引进保障机制的建立与对策》，2009 年 11 月，北京：第四届管理学年会。

5. 李太、李燕萍、郭玮：《以产学研合作促进人才强国战略的实施：创新人才的视角》，2009 年产学研合作与区域产业振兴高峰论坛。

附　录

附录1　员工调查问卷

单位编号：　　　　　　　　　　　　　　　　　问卷编号：

员工调查问卷

尊敬的先生/女士：

您好！非常感谢您在百忙之中抽出时间填写问卷。您的回答对本课题的研究质量非常重要。问卷实行匿名填写，我们将对您的个人信息严格保密，请您不要有任何顾虑。谢谢您的支持与合作！

祝您工作顺利，生活愉快！

请您根据自己的真实感受，在您认为适当的空格处打"√"

编号	题项	非常同意	比较同意	同意	不同意	非常不同意
1	团队负责人很清楚地表达了他/她的意思。	1	2	3	4	5
2	团队负责人犯了错，会承认错误。	1	2	3	4	5
3	团队负责人鼓励团队成员说出他们自己的想法。	1	2	3	4	5

续表

编号	题项	非常同意	比较同意	同意	不同意	非常不同意
4	即使面临困难和压力，团队负责人也会告诉成员实情。	1	2	3	4	5
5	团队负责人能真实地表达自己内心的感情。	1	2	3	4	5
6	团队负责人根据他/她的核心价值观做出决策。	1	2	3	4	5
7	团队负责人要求我持有符合自己核心价值观的观点	1	2	3	4	5
8	在危急情况下，团队负责人也能根据高标准的道德守则做出抉择。	1	2	3	4	5
9	团队负责人鼓励团队成员说出与他/她不同立场的观点。	1	2	3	4	5
10	团队负责人在得出结论前会认真听取各种不同意见。	1	2	3	4	5
11	团队负责人征求团队成员的反馈意见以改善互动关系。	1	2	3	4	5
12	团队负责人能准确地描述他人是如何看待他/她的能力的。	1	2	3	4	5
13	团队负责人知道何时重新评估他/她的能力。	1	2	3	4	5
14	团队负责人知道何时重新评估他/她对重要问题的看法。	1	2	3	4	5
15	团队成员会主动协助我完成任务。	1	2	3	4	5
16	团队成员之间经常就工作中的问题进行交流和探讨。	1	2	3	4	5
17	我感受到团队成员的支持和关心。	1	2	3	4	5
18	工作上的创意能够得到团队负责人的支持。	1	2	3	4	5
19	团队负责人能适当地授权。	1	2	3	4	5
20	遇到困难时，我能够得到团队负责人的支持。	1	2	3	4	5
21	团队负责人鼓励新的工作思路。	1	2	3	4	5

个人基本信息：

1. 您的性别：1□男　2□女

2. 您的年龄:

1□20 岁以下　2□20~25 岁　3□26~30 岁　4□31~35 岁

5□36~40 岁　6□41~45 岁　7□46~50 岁　8□51~55 岁

9□55~60 岁　10□61 岁以上

3. 您加入该团队的工作已有:

1□3 个月以下　2□3~6 个月　3□7~12 个月　4□13~24 个月

5□24 个月以上

4.01 您在团队中主要从事的工作:

02 您已从事相关方面的工作:

1□6 个月以下　2□7~12 个月　3□13~24 个月

4□25~36 个月　5□36 个月以上

5. 您目前已取得专业技术职称是:

1□无职称　2□初级职称　3□中级职称　4□高级职称

6.01 您目前已取得的最高学历是:

1□大专及以下　2□本科　3□硕士研究生（或双学士）

4□博士研究生及以上

02 您的最高学历是_____学位。

1□哲学　2□经济学　3□法学　4□教育学　5□文学

6□历史学　7□理学　8□工学　9□建筑学　10□农学

11□医学　12□军事学　13□管理学

03 您的第一学历是_____学士。（若双学位，可多选）

1□哲学　2□经济学　3□法学　4□教育学　5□文学

6□历史学　7□理学　8□工学　9□建筑学　10□农学

11□医学　12□军事学　13□管理学

再次感谢您的参与，祝您工作顺利、全家幸福！

附录2 领导调查问卷

单位编号：   问卷编号：

领导调查问卷

尊敬的先生/女士：

您好！本调查纯属学术行为，大概会占用您十分钟的时间。您的回答对本课题的研究质量非常重要。问卷实行匿名填写，我们将对您的个人信息严格保密，请您不必有任何顾虑。谢谢您的支持与合作！

祝您工作顺利，生活愉快！

一、员工创造力评价

请根据您的真实感受，为您团队的每名成员打分。非常满意为"5分"，比较满意为"4分"，一般为"3分"，比较不满意为"2分"，完全不满意为"1分"。

编号	题项	姓名1	姓名2	姓名3	姓名4	姓名5	姓名6
1	该员工第一个尝试新的思路和方法。						
2	该员工能主动寻求新的思路和解决问题的办法。						
3	该员工能在其专业相关领域产生突破性的想法。						
4	该员工是一个创新型员工的好榜样。						

续表

编号	题项	姓名7	姓名8	姓名9	姓名10	姓名11	姓名12
1	该员工第一个尝试新的思路和方法。						
2	该员工能主动寻求新的思路和解决问题的办法。						
3	该员工能在其专业相关领域的产生突破性的想法。						
4	该员工是一个创新型员工的好榜样。						

二、团队基本情况：

1. 您所在的团队规模：

（1）□5人及以下　（2）□6~9人　（3）□10~14人

（4）□15人及以上

2. 您负责团队成员的专业背景构成：

（1）□每个团队成员的专业背景都不相同

（2）□团队成员来自不同的几个专业

（3）□团队成员的专业背景基本一致

（4）□团队成员的专业背景完全一致

3. 您负责团队的成员年龄构成：

（1）□团队成员之间的年龄差距很大，老、中、青各个年龄层的都有

（2）□团队成员之间年龄差距比较明显，但基本可以划分为两个年龄层

（3）□团队成员之间年龄差异并不明显，只有一两个特别年长或特别年轻

（4）□所有团队成员都处于同一个年龄层

4. 您负责团队的人员能力构成：

（1）□成员彼此之间能力（或专业）水平差距很大，有一两个人能力特别突出

（2）□成员彼此之间能力（或专业）水平存在一定差距，有几个人相对比较出色

（3）□团队成员整体能力（或专业）水平相仿，没有显著的差异

（4）□团队成员整体能力（或专业）水平完全一致

5. 您负责团队主要从事＿＿＿＿＿＿＿＿＿＿＿＿研发工作

6. 您负责团队所处的发展阶段：

（1）□组建期　　（2）□磨合成长期　　（3）□稳定成熟期
（4）□衰退期

7. 您负责团队组建的时间：

（1）□6 个月以下（含）　　　（2）□7～12 个月

（3）□13～24 个月　　　　　（4）□25～36 个月

（5）□36 个月及以上

8. 您预计团队的存续时间：

（1）□6 个月以下（含）　　　（2）□7～12 个月

（3）□13～24 个月　　　　　（4）□25～36 个月

（5）□37 个月及以上

9. 你负责团队目前从事的项目（任务）的进展状况：

（1）□前期分析与分工阶段　　（2）□稳定进展阶段

（3）□瓶颈阶段　　　　　　　（4）□收官阶段

10.01 您目前所在的单位是：

（1）□企业　（2）□高等院校　（3）□科研院所

（4）□社会团体

5.□其他

02 如果您所在单位是"1□企业"，请问属于哪一类？

（1）□国有企业　（2）□集体企业　（3）□民营企业

（4）□三资企业　（5）□转制院所　（6）□其他

三、个人基本信息

1. 您的性别：（1）□男　（2）□女

2. 您的年龄：

（1）□25 岁以下　　（2）□26～30 岁

（3）□31～40 岁　　（4）□41～50 岁

（5）□51～60 岁　　（6）□61 岁及以上

3. 您担任团队负责人的工作已有：

（1）□5 年以下　　（2）□6～10 年

（3）□11～20 年　　（4）□21～29 年

（5）□30 年及以上

4.01 您目前已取得的最高学历是：

（1）□大专及以下　　（2）□本科

（3）□硕士研究生（或双学士）

（4）□博士研究生及以上

02 您的最高学历是_____学位。

（1）□哲学　（2）□经济学　（3）□法学

（4）□教育学　（5）□文学　（6）□历史学

（7）□理学　（8）□工学　（9）□建筑学

（10）□农学　　（11）□医学

（12）□军事学　（13）□管理学

03 您的第一学历是_____学士。（若双学位，可多选）

（1）□哲学　　（2）□经济学　（3）□法学

（4）□教育学　（5）□文学　　（6）□历史学

（7）□理学　　（8）□工学　　（9）□建筑学

（10）□农学　　（11）□医学　　（12）□军事学

（13）□管理学

再次感谢您的参与，祝您工作顺利、全家幸福

致　谢

　　本书以笔者的博士毕业论文为基础，经博士后期间的修改和增补后正式出版。从某种意义上说，本书记录了笔者博士、博士后阶段的求学经历。至今，还记得那个怀着憧憬与忐忑参加博士入学考试的笔者，仍难以忘记刚开始读学术文献时的困惑和煎熬、撰写学术论文不顺利时的挫败和绝望、新的研究想法出现时的激动和兴奋，更不会忘记被点拨后的醍醐灌顶和豁然开朗。回首数年的科研经历，笔者最大的收获不是博士学位或是博士后出站证书，而是自我人生态度的转变。曾经，笔者会天真地以为，自己现在所拥有的一切都是自我努力的结果，但现在的笔者更相信，这些个人的拥有都来自他人的无私帮助、理解和支持。在众人的关注和关心下笔者才走到今天。

　　感谢笔者的博士导师李燕萍教授。作为武汉大学经济与管理学院的常务副院长、中国产学研合作问题研究中心副主任，导师在承担大量教学任务的同时，更身负学院和中心发展的重任，但却总能在繁忙的行政之余参加每周一次的团队 workshop，不厌其烦地聆听和纠正笔者许多不成熟的想法。本文从选题开始，到收集资料、研究设计、论文写作，直至成稿，每一个过程都凝结了导师的教诲与心血。三年的师生情已远胜学术指导的范畴，除了要感谢导师给笔者参与项国家重点、重大课题以及学术会议的机会外，还要感谢导师将笔者视为自己的孩子，与笔者分享她的人生经历与感悟，在督促笔者努力完成学业的同时，更教会笔者如何去培养爱人的能力。尤其令人难忘的是当笔者在研究中遇到挫折时，导师给予的引导与鼓励，让笔者在彷徨中感受到希望和依靠。

感谢笔者的博士后合作导师于永达教授。作为清华大学公共管理学院原国际所所长、中国公共领导力中心教授，从笔者进入公共管理流动站之初，老师就结合个人研究专长，依托清华大学公共管理学院——国际一流的公共管理学术平台，以中组部立项课题《中国地方领导力强度》为博士后期间的工作主线，在不断鼓励笔者完成一批具有鲜明时代特征，聚焦如何测评、培训与开发中国党政领导干部领导力等重点、热点、难点问题研究工作的同时，还给予多次机会，使笔者参与中组部的其他重点课题和国际学术交流活动。

感谢武汉大学经济与管理学院的李锡元教授、梁文潮教授、严若森教授、海峰教授、谭力文教授、赵锡斌教授、杜旌副教授、陈建安副教授、陶厚永副教授等给予过笔者指导和帮助的人力资源管理研究中心的老师。

感谢笔者的博士后出站报告评审组组长——中国人民大学心理系资深教授时勘老师。感谢清华大学公共管理学院院长薛澜教授、党委书记孟庆国教授、副院长彭宗超教授等给予过笔者无私帮助和指导的公共管理学院老师。

感谢 IACMR 徐淑英、樊景立、梁觉、周京等诸位老师对笔者研究方法的指导，特别是 2009 成都 workshop 的小组指导老师——廖卉老师对笔者的鼓励和支持。

感谢珞珈人力资源团队的施丹、孙红、黄霞、李太、宋姝婷、许颖、马富萍、罗昱、吴绍棠、汪曲、段玥珺、涂乙冬、彭峰、徐嘉、李玲、张海雯、吴璐、邓清心、刘畅、贺欢、杨拉克、王洁、张彬、陆欣欣等兄弟姐妹。他们不仅为笔者的论文撰写提供了许多灵感和真知灼见，更给笔者提供了许多帮助和鼓励。尤其感谢秘书长涂乙冬为珞珈人力资源团队做出的大量工作和努力。感谢清华大学公共管理学院同期的博士后，如吴丹、乔小勇、江山等同事的鼓励。感谢210实验室的李英武、汪斌、药宁、罗思平、陈操、吴田等同门的帮助。

感谢在数据收集和调研中给予大力支持与配合的同学、朋友和亲人。你们的鼎力相助是本文实证研究的基础（排名不分先后）：感谢邬忠琴、伍莉夫妇，陈旭、唐一为、闫平、秦岭、刘栋森、罗云飞、杨锐、李坚、赵春霞、刘晓玲、朱海渊、范晓峰、李君俊、彭斌夫妇、陈永、王新刚、李晓玲、王栋、柳叶、杜若峰、张晓伟等同学，宋姝婷、马富萍夫妇，徐嘉、张欣艳等同门，张杨、王绍仁、贺政纲、龚志坚等师兄，李炳、石剑波、王磊、陈劲峰等朋友。石叔叔、钱卫红阿姨等长辈，小姨夫宋荆沙、表弟黎旭等亲戚以及许多素昧平生的朋友在问卷调查中也给予了慷慨支持！此外，特别感谢笔者发小——华东理工大学全舒教授、博士后同事（哈佛大学访问学者）郭薇副教授在外文参考文献收集上给予笔者的帮助。

感谢武汉大学经济与管理学院2008级博士二班党支部的党员和全体同学，非常荣幸来到这个优秀的群体，在美丽的枫园与你们相识是笔者一生的荣耀。感谢过去三年中，邵校、邹雷、代伊博、李太、王新刚、李星等同学对笔者工作的理解和支持。感谢经济与管理学院研工办焦丽老师、王芳老师、王江海老师，清华大学博士后管理办公室邓芳主任，公共管理学院徐颖老师，中国领导力中心秘书王超老师。感谢他们对笔者工作的指点和帮助。感谢社会科学文献出版社的责任编辑陈晴钰老师为本书的辛勤付出。

感谢父母对笔者的经济支持和精神鼓励。几乎与共和国同龄的他们历经"文化大革命"、高校停招、参军、提干、转业等人生起伏，却始终与世无争、淡泊名利，既不要求笔者大学或者硕士毕业就投身金融业的高薪工作，也不将笔者与其他已取得一定社会、经济地位的同龄人相比较，只是默默地支持笔者继续学业、坚守梦想，让笔者没有衣食之忧地攻读学位。可能他们只是天下最平凡的父母，但在笔者心中，他们是最伟大的父母，也是让笔者不断向上的力量。

感谢爱人贾志军博士对笔者研究工作的理解、包容和支持，以及其在本书校对工作中的帮助。

最后，谨以此文献给在笔者求学路上遇到的每一位良师益友！那些关心、帮助、给过笔者鼎力支持而在此尚未提及的人们，比如笔者的启蒙老师刘贵珍、周发映、郭文静，高中班主任李祖安老师，大学毕业论文指导老师张庆、辅导员王展旭老师，硕士毕业论文指导老师黄庆老师、辅导员蔡老师等；Workshop 大会中，结识的张可军博士、刘芳博士、吴继红副教授、刘超博士夫妇、张嘉宜博士（台湾大学）、蔡年泰博士（台湾大学）等，你们的情意笔者已铭记于心！

郭　玮

2014 年 10 月于北京

图书在版编目（CIP）数据

真实型领导与团队：员工创造力的实证研究 / 郭玮著 .
—北京：社会科学文献出版社，2014.10
　ISBN 978 - 7 - 5097 - 6573 - 9

　Ⅰ. ①真…　Ⅱ. ①郭…　Ⅲ. ①组织管理学　Ⅳ. ①C936

中国版本图书馆 CIP 数据核字（2014）第 229031 号

真实型领导与团队－员工创造力的实证研究

著　　者 / 郭　玮

出 版 人 / 谢寿光
项目统筹 / 陈晴钰
责任编辑 / 陈晴钰

出　　版 / 社会科学文献出版社·皮书出版分社 (010) 59367127
　　　　　　地址：北京市北三环中路甲 29 号院华龙大厦　邮编：100029
　　　　　　网址：www. ssap. com. cn
发　　行 / 市场营销中心 (010) 59367081　59367090
　　　　　　读者服务中心 (010) 59367028
印　　装 / 三河市尚艺印装有限公司

规　　格 / 开本：787mm × 1092mm　1/16
　　　　　　印张：19　字数：238 千字
版　　次 / 2014 年 10 月第 1 版　2014 年 10 月第 1 次印刷
书　　号 / ISBN 978 - 7 - 5097 - 6573 - 9
定　　价 / 69. 00 元

本书如有破损、缺页、装订错误，请与本社读者服务中心联系更换

▲ 版权所有　翻印必究